Sebastian Friedrich / Patrick Schreiner (Hg.):

Nation – Ausgrenzung – Krise
Kritische Perspektiven auf Europa

Der Sammelband »Nation – Ausgrenzung – Krise. Kritische Perspektiven auf Europa« untersucht Formen und Auswirkungen ausgrenzenden und nationalistischen Denkens im Kontext der aktuellen Finanz- und Wirtschaftskrise in Europa. Ausgrenzendes Denken und nationalistisches Denken stehen in einem engen wechselseitigen Zusammenhang mit Kapitalismus und Neoliberalismus. Die mittlerweile schon Jahre andauernde Finanz- und Wirtschaftskrise macht dies einmal mehr und in aller Brutalität deutlich: Als »Schuldige« an der Krise werden die »Anderen« identifiziert – sie werden als »faul«, als »unfähig« oder als »Last« beschimpft. Die »Anderen«, das sind zum einen soziale Gruppen innerhalb der europäischen Staaten, wie etwa Migrant_innen, »Minderheiten« oder Sozialleistungsabhängige. Zum anderen sind dies aber auch gleich ganze Länder, wie etwa die südeuropäischen. Die nationalistische und ausgrenzende Unterscheidung zwischen einem guten »Wir« und einem schlechten »Sie« ist längst zu einem festen Bestandteil der Diskussionen in Medien und Politik geworden.

Die Herausgeber:

Sebastian Friedrich ist Publizist, Mitarbeiter am Duisburger Institut für Sprach- und Sozialforschung (DISS) und Redakteur bei kritisch-lesen.de. Derzeit promoviert er zur medialen Repräsentation von Sozialleistungsabhängigen. Zu seinen Arbeitsschwerpunkten gehören soziale Ungleichheit, Klassenverhältnisse, Rassismus, Medienkritik und Diskurstheorie.

Patrick Schreiner ist Politikwissenschaftler, Publizist und hauptamtlicher Gewerkschafter. Zu seinen Arbeitsschwerpunkten gehören Finanz- und Wirtschaftspolitik, Verteilung, Nationalismus-Theorie und Diskurstheorie.

Sebastian Friedrich / Patrick Schreiner (Hg.):

Nation – Ausgrenzung – Krise

Kritische Perspektiven auf Europa

Bibliografische Information der Deutschen Bibliothek
Die Deutsche Bibliothek verzeichnet diese Publikation in der Deutschen Nati-
onalbibliografie; detaillierte bibliografische Daten sind im Internet über http://
dnb.ddb.de abrufbar.

Sebastian Friedrich / Patrick Schreiner (Hg.): Nation – Ausgrenzung – Krise
Kritische Perspektiven auf Europa

1. Auflage, Juli 2013
ISBN 978-3-942885-36-2

© edition assemblage
Postfach 27 46
D-48014 Münster
info@edition-assemblage.de | www.edition-assemblage.de

Mitglied der Kooperation *book:fair*
Mitglied der *assoziation Linker Verlage* (aLiVe)

Lektorat: Sebastian Friedrich und Patrick Schreiner
Umschlag: Klaus Viehmann, Berlin
Satz: bi, Münster
Druck: CPI Clausen & Bosse, Leck
Printed in Germany 2013

Inhalt

Sebastian Friedrich / Patrick Schreiner

Einleitung

>»Scappa, che arriva la patria!«
>(Italienische Bäuerin zu ihrem Sohn).[1]

In Zeiten der in vielen europäischen Ländern wohl schärfsten Krise des Kapitalismus seit Jahrzehnten wird einmal mehr deutlich, dass Nationalismus und Ausgrenzung von Neoliberalismus und Kapitalismus nicht zu trennen sind. Während politisch Handelnde die Krise eher verschärfen als bekämpfen, reihenweise ganze Volkswirtschaften zusammenbrechen und kleinere und größere Teile der Gesellschaften verelenden, greifen Nationalismus und Ausgrenzung in Europa immer weiter um sich.

Mit dieser Feststellung soll selbstredend keine Kausalität unterstellt oder gar Rechtfertigung geliefert werden, wohl aber wirft sie Fragen auf: Was sind auf einer analytischen Ebene die theoretischen Hintergründe des Zusammenhangs zwischen Nationalismus sowie Ausgrenzung auf der einen und neoliberalem Kapitalismus sowie Krise auf der anderen Seite? Was sind zugleich auf einer empirischen Ebene die konkreten Erscheinungsformen von Nationalismus und Ausgrenzung im heutigen Europa der Krise?

Diese beiden Fragen sind der Ausgangspunkt dieses Sammelbandes, dessen Autor_innen[2] sich mindestens einer dieser beiden Problemstellungen widmen. Es ist ihr gemeinsames Anliegen, über eine wirtschafts- und sozialpolitische Kritik der Krisenpolitik hinaus gerade auch gesellschaftspolitische Konsequenzen und Entwicklungen in den Blick zu nehmen. Zu Recht findet die Austeritäts- und Kürzungspolitik, wie sie insbesondere Berlin und Brüssel – eingeschränkt auch Paris und wohl auch London – in Europa durchgesetzt haben, massive Kritik von linker und gewerkschaftlicher Seite. Von marxistischen oder links-keynesianischen Ansätzen ausgehend, lässt sich ob der wirtschafts- und sozialpolitischen Maßnahmen und Entscheidungen der politisch Handelnden und ihrer Entourage tatsächlich nur den Kopf schütteln. Und doch blendet eine rein auf ökonomische Zusammenhänge und

---

1 »Lauf weg, das Vaterland kommt!« (zit. n. Hobsbawm, Eric 2008: Das imperiale Zeitalter. 1875-1914. Frankfurt/Main, New York. S. 181.)

2 Wir haben die Autor_innen angehalten, eine gendersensitive Schreibweise zu verwenden. In welcher Form sie dies tun, haben wir aus zwei Gründen den Autor_innen selbst überlassen: Zum einen, weil wir selbst Differenzen hinsichtlich der Frage nach der richtigen Schreibweise haben, und zum anderen, weil wir es für sinnvoll halten, die verschiedenen Perspektiven der Autor_innen nicht in unserem Sinne zu vereinheitlichen.

statistische Krisenindikatoren konzentrierte Kritik den Faktor der sozialen Verhältnisse und Beziehungen aus – und damit auch die Frage danach, wie Unterdrückung, Herrschaft, Spaltung und Entsolidarisierung hergestellt oder gestützt werden.

Dieser Sammelband analysiert vor diesem Hintergrund die Formen und Auswirkungen von Denken, Handeln und Strukturen der Ausgrenzung und des Nationalismus im Kontext der aktuellen Finanz- und Wirtschaftskrise in Europa. Ausgrenzung kann als Prozess verstanden werden, bestimmte soziale Gruppen zu markieren, abzuwerten und/oder institutionell zu diskriminieren. Ausgrenzung kann stattfinden beispielsweise anhand rassistischer Verhältnisse sowie anhand von Geschlechter- und Klassenverhältnissen. Unter Nationalismus sei, ergänzend dazu, eine Ideologie verstanden, die »Nation« ins Zentrum stellt, anhand dieser Konstruktion ein nationales »Wir« entwirft und dieses sowohl gegen soziale Gruppen nach außen – insbesondere andere Nationen – als auch gegen soziale Gruppen nach innen abgrenzt. Das nationale »Wir« wird dabei als besonders relevant oder besonders wertvoll überhöht.

Es ist anzunehmen, dass Nationalismus und Ausgrenzung in einem engen Zusammenhang stehen. So gehen nationalistische Schließungsprozesse zum einen sehr häufig mit der Ausgrenzung von Menschen einher, die – im Inland lebend – dem Idealbild einer geschlossenen und in mancherlei Hinsicht homogenen »Nation« vermeintlich oder tatsächlich nicht gerecht werden. Ausgegrenzt wird dann, wer vermeintlich nicht zur »Nation« gehört, angeblich nicht zu ihr gehören will oder nationalistisch begründete (Leistungs-)Kriterien angeblich nicht erfüllt. Zum anderen kommt es zur Abgrenzung – und damit Ausgrenzung – ganzer Gesellschaften und Staaten. Erinnert sei an die pejorativen Kommentare und Bemerkungen zu den südeuropäischen Staaten, wie sie regelmäßig nicht nur in der deutschen Politik und Presse zu finden sind.

In diesem Zusammenhang sei noch auf einen grundlegenden Sachverhalt hingewiesen: Bei vorliegendem Buch handelt es sich nicht um eine Veröffentlichung zum Thema »Rechtsextremismus« oder »Neonazismus«. Nationalismus und Ausgrenzung sind schließlich keineswegs Denk- und Handlungsweisen ausschließlich der extremen Rechten. Sie lassen sich vielmehr auch bis weit in die so genannte politische Mitte hinein und bisweilen sogar in der Linken finden. Viele der Artikel dieses Sammelbands machen dies deutlich – in einigen Fällen aus einer theoretischen Perspektive, in anderen durch ausführliche empirische Analysen. Dieses Buch stellt Fragen zu Ausgrenzung und Nationalismus, zu Entsolidarisierung und Verelendung, zu autoritären Krisenbewältigungsstrategien und Herrschaft; es fragt nicht primär nach politischen Lagern oder Parteien.

Aufbau des Buches

Der erste Teil des Buches umfasst Artikel, die sich der Frage nach Nationalismus und Ausgrenzung im Kontext der Krise aus einer allgemeinen, länderübergreifenden und bisweilen theoretischen Perspektive widmen. So befasst sich Christoph Butterwegge in seinem Artikel »*Marktradikalismus und Rechtspopulismus. Neoliberale Modernisierung als Türöffnerin für rassistische Ausgrenzung und Standortnationalismus*« mit dem Zusammenhang zwischen neoliberaler Standortlogik einerseits und Nationalismus sowie rassistischer Ausgrenzung andererseits. Anschließend widmet sich Ingo Schmidt in seinem Artikel »*Legitimationsprobleme des Euro-Kapitalismus. Krise, soziale Frage und politische Alternativen*« der Suche nach politischen Gegenentwürfen zur gegenwärtigen neoliberalen Austeritäts- und Kürzungspolitik. Patrick Schreiners Aufsatz »*Die ›Nation‹ als neoliberale Existenzgemeinschaft. Gescheiterte Heilslehren, gebrochene Versprechen und ökonomisch-soziale Krisen*« analysiert die Konsequenzen der Vorstellung, dass die individuelle ökonomische und soziale Existenz der Menschen im neoliberalen Kapitalismus zu einer Frage nationaler Zugehörigkeit geworden sei. Die gegenwärtigen Konjunkturen des Rassismus und das grundsätzliche Verhältnis von Rassismus, Kapitalismus und Krise nimmt Sebastian Friedrich in seinem Aufsatz »*Veränderte Verhältnisse. Rassismus in Zeiten der Krise*« in den Blick. Es folgt der Artikel »*Out of Control? Schengen und die Krise*« von Bernd Kasparek und Vassilis Tsianos, der sich mit den Auswirkungen der Krise auf das europäische Grenzregime befasst. Der erste Teil des Bandes schließt mit dem Beitrag von Moritz Altenried und Mariana Schütt, die sich in ihrem Artikel »*Krise und Normalität im Kapitalismus. Versuch einer schwierigen Verhältnisbestimmung*« grundsätzliche Gedanken zu Krisen im Kapitalismus machen.

Der zweite Teil umfasst Artikel, die einzelne Länder in den Blick nehmen und aktuelle Formen von Nationalismus und/oder Ausgrenzung in diesen Ländern analysieren.[3] Ganz bewusst beschränkt sich der Band dabei nicht auf jene Staaten, die in Politik, Medien und Wissenschaft im Zusammenhang mit der Krise ohnehin immer wieder thematisiert werden.

Die Länderanalysen beginnen mit Belarus, dessen Krisensituation und dessen Nationalismen Torben Villwock in seinem Artikel »*Belarus und die Krise*« analysiert. Anika Kozicki nimmt anschließend in ihrem Artikel »*Deutsche Normalität in Europa*« die nationalistischen Elemente des Krisendiskurses in Deutschland in den Blick. Mit Deutschland befasst sich auch Sara Madjlessi-Roudi, die in ihrem Aufsatz »*Entwicklungspolitik in der Krise?*« die

---

3 Die Artikel wurden im Laufe des ersten Quartals 2013 abgeschlossen. Spätere Ereignisse und Entwicklungen konnten nicht mehr berücksichtigt werden.

Auswirkungen der Krise auf entwicklungspolitische Diskussionen schildert. Maria Markantonatous Artikel *»Die Konstruktion des ›Feindes‹ in der Zeit der Finanzkrise«* konzentriert sich im Anschluss daran auf Nationalismus, Ausgrenzung und die extreme Rechte in Griechenland. Sibille Merz legt in ihrem Artikel *»Zwischen ›Big Society‹ und ›Aspiration Nation‹«*, der sich mit Großbritannien befasst, den Schwerpunkt auf den Zusammenhang zwischen Ausgrenzung und neoliberaler Ideologie. Dem italienischen Kontext widmen sich zwei Beiträge. Zunächst fokussiert Anna Curcio in ihrem Beitrag *» Wege des Rassismus im Italien der Krise«* die verschiedenen Facetten des Rassismus in Italien. Anschließend analysieren Umberto Bettarini, Alessandro Capelli und Davide Schmid den *»New Italian populism«* und die ideologischen Ausgrenzungsmechanismen, die dieser neue Populismus produziert. Frank Eckardt betrachtet in *» Verhärtung der Ausschlüsse«* solche Ausgrenzungsmechanismen in den Niederlanden. Ute Weinmann befasst sich anschließend in ihrem Artikel *»Nerzmäntel für die Mittelklasse oder wer füttert den Kaukasus«* mit Russland, einem Land, von dem im Zusammenhang mit der Krise in Westeuropa eher selten die Rede ist. Patrick Eser analysiert in seinem Artikel *»Kulturen der Ausgrenzung?«* regionale Nationalismen in Spanien vor dem Hintergrund der Krise. Dem Zusammenhang zwischen dem türkischen Nationalismus und der Krise widmet sich Savaş Taş in seinem Artikel *»Neue Ambitionen für das Establishment?«*. Es folgt der Aufsatz *»Mehrfache Krisen und rechte Allianzen«* von Lea Arnold und Patrick Schreiner, hier sind Nationalismus und Ausgrenzung in Ungarn das Thema. Der Sammelband endet mit einer kurzen, schlaglichtartigen Darstellung der Situation in weiteren europäischen Ländern.

Unser Dank

Ebenso wie niemand für sich alleine schreibt und denkt, sind auch wir nicht die einzigen, die an der Konzeption und Durchführung dieses Sammelbandes beteiligt waren. Am Zustandekommen von *»Nation – Ausgrenzung – Krise«* haben durch ihre Ideen, Anregungen, Perspektiven und vor allem durch ihre Kritik viele Menschen direkt oder indirekt mitgewirkt. Es ist uns an dieser Stelle nicht möglich, alle Beteiligten adäquat zu würdigen, einigen Menschen wollen wir aber unseren ausdrücklichen Dank aussprechen. Zuvorderst danken wir allen Autor_innen, die nicht nur diesen Sammelband, sondern auch uns persönlich mit ihren unterschiedlichen Zugängen bereicherten und unsere Perspektiven erweiterten. Wir danken außerdem den Aktivist_innen der edition assemblage, die von Beginn an begeistert waren und unser Vorhaben in gewohnt unkomplizierter und solidarischer Weise unterstützten. Herzlich gedankt sei auch Klaus Viehmann für das einprägsame Cover und die ebenfalls gewohnt ausgezeichnete Zusammenarbeit. Außerdem danken wir Friedrich Burschel, Ismail Küpeli und Sandro Mezzadra für die Vermittlung von Autor_innen. Einem britischen Gewerkschaftskollegen, der ungenannt bleiben möchte, sowie Moritz Altenried danken wir für Übersetzungs- und Korrekturarbeiten. Schließlich danken wir der mittlerweile aufgelösten Redaktion der Stattzeitung für Südbaden, bei der wir Herausgeber unsere ersten politischen Schritte machten und nicht zuletzt uns kennenlernten – besonders danken wir in diesem Zusammenhang Fritz Güde, dem wir beide nicht nur hinsichtlich unserer politischen und wissenschaftlichen Entwicklung sehr viel zu verdanken haben.

Theoretische und länderübergreifende Perspektiven

Christoph Butterwegge

Marktradikalismus und Rechtspopulismus
Neoliberale Modernisierung als Türöffnerin für rassistische Ausgrenzung und Standortnationalismus

Seit die Bankenkrise mit dem Zusammenbruch der US-Investmentbank Lehman Brothers am 15. September 2008 globale Dimensionen angenommen hat, befindet sich die Welt in einem ökonomischen, politischen und sozialen Transformationsprozess. Wegen der wachsenden Erwerbslosigkeit und der Ausbreitung prekärer Beschäftigungsverhältnisse im Gefolge der Finanz-, Wirtschafts- und Währungskrise nehmen Armut und Verelendung auch in Europa stark zu. Lohndumping fällt den transnationalen Konzernen in solchen Krisenzeiten leichter, weshalb künftig erheblich mehr Beschäftigungsverhältnisse im Niedriglohnsektor angesiedelt sein dürften. Während sich der Reichtum noch stärker bei wenigen Kapitalmagnaten, Finanzinvestoren und Investmentbankern sammelt, sind Angehörige des Kleinbürgertums heute stärker als früher vom sozialen Absturz bedroht, was die politisch-ideologischen Zugänge zum Rechtsextremismus bzw. -populismus vermehrt (Butterwegge 2011).

Wenn sich bei der langsam erodierenden Mittelschicht die Furcht ausbreitet, in den von der Finanzmarktkrise erzeugten Abwärtssog hineingezogen zu werden, sind irrationale Reaktionen und Rechtstendenzen nicht ausgeschlossen. Davon könnte wiederum ein Signal an die Eliten ausgehen, das bestehende Gesellschaftssystem durch autoritäre Herrschaftsformen zu konsolidieren. Sofern das parlamentarische Repräsentativsystem in einer solchen Umbruchsituation scheinbar blockiert und durch seine Hilflosigkeit gegenüber Krisenerscheinungen der Ökonomie diskreditiert ist und die Politik der etablierten Parteien als durch mächtige Lobbygruppen korrumpiert gilt, haben rechtspopulistische »Bürgerbewegungen« gute Chancen, Wahlerfolge zu erringen sowie ihre außerparlamentarische Mobilisierungsfähigkeit und Durchschlagskraft zu steigern.

Ohne historische Parallelen überstrapazieren und durch den Blick zurück die momentanen Krisenerscheinungen des Kapitalismus dramatisieren zu wollen, denkt man an die Weltwirtschaftskrise gegen Ende der 1920er- und Anfang der 1930er-Jahre. Damals leiteten Bankenpleiten und Börsenzusammenbrüche international den Niedergang zahlreicher Unternehmen und riesige Entlassungswellen ein, die Massenarbeitslosigkeit, Sozialabbau sowie Not und Elend großer Bevölkerungskreise nach sich zogen. Der rasante Aufstieg des Faschismus in Deutschland, Italien und Österreich wäre ohne diese spezifischen gesellschaftlichen und politischen Rahmenbedingungen kaum möglich gewesen.

Hauptverantwortlich für die aktuellen Tendenzen zur Pauperisierung, sozialen Polarisierung und Prekarisierung ist der Neoliberalismus. Aus einer ökonomischen Theorie, die während der 1930er-Jahre in Reaktion auf die damalige Weltwirtschaftskrise und den Keynesianismus als staatsinterventionistischem Lösungsansatz entstand (Ptak 2008: 16ff.), hat sich der Neoliberalismus im vergangenen Vierteljahrhundert zu einer Sozialphilosophie entwickelt, welche die ganze Gesellschaft im Rahmen eines strategischen Plans nach dem Modell von Markt und Leistungskonkurrenz (um)gestalten will, wobei ihr der Wettbewerb zwischen (arbeitenden) Menschen, Unternehmen, Regionen und Nationen, kurz: »Wirtschaftsstandorten« unterschiedlicher Art, als Wundermittel zur Lösung aller Probleme erscheint. Hans-Gerd Jaschke spricht vom Neoliberalismus als einem »Marktradikalismus« bzw. »-fundamentalismus«, der sein Gesicht erkennbar wandle:

> »Von einer interessenpolitisch begründeten und nachvollziehbaren wirtschaftspolitischen Position wird er immer deutlicher zu einer umfassenden politischen Ideologie, die sich unangreifbar gibt, indem sie auf die Globalisierung verweist, auf den Konkurrenzdruck und das angedrohte Abwandern von Unternehmen« (Jaschke 1998: 114).

Da die Ideologie des Neoliberalismus alle Poren der Gesellschaft durchdrungen und sogar Eingang in Gewerkschaften, Kirchen und Wohlfahrtsverbände gefunden hat, spricht man zu Recht davon, dass er die öffentliche Meinungsführerschaft ausübt. Diese neoliberale Hegemonie verstärkt nicht nur die soziale Asymmetrie im Finanzmarktkapitalismus, wie sie die zunehmende Spaltung in Arm und Reich repräsentiert (Butterwegge 2012), sondern ist auch eine Gefahr für die Demokratie.

Zwar befindet sich der Neoliberalismus gegenwärtig in einer Legitimationskrise, da er aber längst zu einer Weltanschauung, ja zu einer politischen Zivilreligion avanciert ist, hat er die Hegemonie trotz seiner erkennbaren Mitschuld am sozioökonomischen Krisendebakel nicht verloren (Butterwegge 2010). Vielmehr prägt er weiterhin das Alltagsbewusstsein der Menschen im Hinblick auf Leistungsanforderungen und Wettbewerbsorientierung, wie auch die Krisenbewältigungsstrategien fast aller Staaten noch immer seinen Rezepten folgen. Anders ist die südeuropäischen Ländern wie Griechenland, Portugal und Spanien von der Europäischen Union (EU) aufoktroyierte Austeritätspolitik überhaupt nicht verständlich. Gleichzeitig breiten sich in weiten Teilen Europas wohlstandschauvinistische Stimmungen und rechtspopulistische Strömungen aus (Butterwegge/Hentges 2008; Forschungsgruppe

Europäische Integration 2012; Bathke/Hoffstadt 2013), weshalb hier der Zusammenhang von Neoliberalismus, Rechtspopulismus und (Standort-) Nationalismus thematisiert werden soll.

Die neoliberale Hegemonie als Gefahr für die Demokratie

Die neoliberale Hegemonie hat in der Gesellschaft bisher allgemein verbindliche Gleichheits- und Gerechtigkeitsvorstellungen auf den Kopf gestellt. Galt früher der soziale Ausgleich zwischen den gesellschaftlichen Klassen und Schichten als erstrebenswertes Ziel staatlicher Politik, so steht heute nach offizieller Lesart den Siegertypen alles, den »Leistungsunfähigen« bzw. »-unwilligen« höchstens das Existenzminimum zu. In einer »Winner-take-all«-Gesellschaft (Frank/Cook 1995) zählt nur der (sich in klingender Münze auszahlende) Erfolg. Durch die Ökonomisierung, Kommerzialisierung und Monetarisierung zwischenmenschlicher Beziehungen wird Tendenzen der Entpolitisierung und Entdemokratisierung massiv Vorschub geleistet, weil die Gesellschaft nicht mehr wie bisher politisch zu gestalten, das heißt demokratisch zu entwickeln ist. Man kann zwar als Marktteilnehmer/in ethischen Prinzipien gemäß handeln, eine »Moralisierung der Märkte« findet dadurch aber nicht statt, wie Nico Stehr (2007) fälschlicherweise meint. Märkte fungieren als Regulierungsmechanismen und Wachstumsmotoren, sind aber keine moralischen Institutionen, die ethischen Maximen gehorchen, sondern gleichen eher gefühllosen Maschinen.

Wer eine bestimmte Form der Ökonomie verabsolutiert, wie das Marktradikale tun, negiert die Politik im Allgemeinen und die Demokratie im Besonderen, weil sie Mehrheitsentscheidungen zum Fixpunkt gesellschaftlicher Entwicklungsprozesse machen und nicht das Privateigentum an Produktionsmitteln. Selbst das Grundgesetz der Bundesrepublik ist Neoliberalen ein Dorn im Auge (Darnstädt 2004), gilt es doch, sein Sozialstaatsgebot außer Kraft zu setzen und dem Markt nicht nur Vor-, sondern auch Verfassungsrang einzuräumen. Dabei stören demokratische Willensbildungs- und Entscheidungsprozesse, die mehr Zeit in Anspruch nehmen als dezisionistische Maßnahmen, zum Beispiel das Prinzip der Gewaltenteilung und föderale Strukturen, die Macht beschränken, sowie der Konsenszwang eines Parteienstaates nur.

Wo die permanente Umverteilung von unten nach oben mit dem Hinweis auf Globalisierungsprozesse – als für den »eigenen Wirtschaftsstandort« nützlich, ja unbedingt erforderlich – legitimiert wird, entsteht ein Diskriminierung begünstigendes Klima. Je mehr die ökonomische Konkurrenz nach neoliberalen Restrukturierungskonzepten im Rahmen der »Standortsicherung« verschärft wird, umso leichter lässt sich die kulturelle Differenz zwischen Menschen unterschiedlicher Herkunft politisch aufladen und als Ab- bzw. Ausgrenzungskriterium gegenüber Mitbewerber(inne)n um Arbeitsplätze sowie wohlfahrtsstaatliche Transferleistungen instrumentalisieren. Gewalt gegenüber (ethnischen) Minderheiten nimmt zu, wenn – trotz eines weiterhin relativ kontinuierlich wachsenden Bruttoinlandsprodukts – der Eindruck vorherrscht, dass sich die gesellschaftlichen Verteilungsspielräume verengen. Verteilungskämpfe werden zu Abwehrgefechten der Einheimischen gegen »Fremde« bzw. zu interkulturellen Konflikten hochstilisiert, sofern im Zeichen der Globalisierung ausgrenzend-aggressive Töne in der politischen Kultur eines Aufnahmelandes die Oberhand gewinnen.

Obwohl die meisten Neoliberalen nicht nur überzeugte Anhänger der Marktwirtschaft sind, sondern die Demokratie auch für eine mit ihr kompatible, wenn nicht ihr gar komplementäre, weil ebenfalls auf dem Wettbewerbsprinzip und der Wahlfreiheit des Bürgers beruhende Regierungsform halten, trägt das Modell einer »Marktgesellschaft« mit möglichst wenig (sozial) staatlicher Regulierung, wie sie neoliberalen Theoretikern vorschwebt, autoritäre Züge (Ptak 2008: 43, 60). Noch in einer anderen Hinsicht weisen die Denkstrukturen des Neoliberalismus und des Rechtsextremismus signifikante Übereinstimmungen auf: Beide verabsolutieren geradezu die Höchstleistung, sei es des einzelnen Marktteilnehmers oder der »Volksgemeinschaft« insgesamt, und glorifizieren die Konkurrenz, in welcher sich der Starke gegenüber dem Schwachen durchsetzen soll. Darin wurzelt die Notwendigkeit einer (sozialen) Selektion, die mit dem Prinzip der Gleichheit bzw. Gleichwertigkeit aller Gesellschaftsmitglieder im Weltmaßstab unvereinbar ist.

Regierungen degenerieren immer mehr zu bloßen Sachwalterinnen der Verwertungsbedürfnisse »ihrer« Wirtschaftsstandorte, was sie veranlasst, oft überhastet Reformen auf den Weg zu bringen, die der »Standortsicherung« bzw. den dahinter steckenden Kapitalinteressen dienen. Die neoliberale Standortlogik orientiert sich nicht an den (arbeitenden) Menschen, sondern an den internationalen Finanzmärkten. Sie erlaubt nur Standortpolitik, was auf ein »stark reduziertes Politikverständnis« (Luutz 2007: 119) hindeutet. Ein betriebswirtschaftlicher Tunnelblick verstellt dem Betrachter die Sicht auf den Gesamtzusammenhang, das heißt die politischen, sozialen und kulturellen Grundlagen der herrschenden Produktionsweise, und trübt die Einsicht, dass man Markt, Leistung und Konkurrenz nicht verabsolutieren darf.

Wenn immer mehr Länder, Städte und Gemeinden wie Firmen geführt werden und Parteiprogramme, statt gesellschaftliche Utopien zu entwerfen, Bilanzen der Regierungspraxis gleichen, dankt die Politik endgültig ab. Demokratie jedweder Art lebt von der Aktivität, Spontaneität und Kreativität ihrer Bürger/innen, die mit jenem technokratischen Herangehen, welches Neoliberale zur gesellschaftlichen Norm erheben, unvereinbar sind. Außerdem tritt staatliche Repression an die Stelle demokratischer Partizipation: Der neoliberale Minimalstaat ist eher magersüchtig als »schlank« und eher Kriminal- als Sozialstaat, weil ihn die drastische Reduktion der Wohlfahrt verstärkt zu Kontroll- und Zwangsmaßnahmen gegenüber Personen(gruppen) zwingt, die als »Modernisierungs-« bzw. »Globalisierungsverlierer/innen« zu Hauptopfern seiner im Grunde rückwärts gerichteten »Reformpolitik« werden.

> »Die Spaltung in eine globale ›Club-Gesellschaft der Geldvermögensbesitzer‹ und nationale Gesellschaften, die noch immer ›Arbeitsgesellschaften‹ sind, führt in letzter Konsequenz dazu, daß der Rechtsstaat zu einem Staat mutiert, der den ›inneren Frieden‹ mit Gewalt aufrechterhalten muß – mit Disziplinierung anstelle von Konsens und mit Sicherheitspolitik anstelle von Sozialpolitik« (Mahnkopf 1999: 120).

Der neoliberale Wettbewerbswahn fördert die politische Rechtsentwicklung in vielen Gesellschaftsbereichen und führt zur Ab- bzw. Ausgrenzung von Schwächeren, Minderheiten und so genannten Randgruppen. Es ist kein Zufall, dass rechte, rassistisch motivierte Gewalt – nicht nur, aber vor allem unter jungen Männern – gerade heute drastisch zunimmt (Hadjar 2004). Durch seine Fixierung auf den Leistungswettbewerb mit anderen Wirtschaftsstandorten schafft der Neoliberalismus einen idealen Nährboden für Standortnationalismus, Sozialdarwinismus und Wohlstandschauvinismus, die zu den verheerendsten Begleiterscheinungen eines Denkens gehören, das sich mit dem »eigenen« Wirtschaftsstandort total identifiziert und dessen Entwicklungschancen auf den Weltmärkten hypostasiert. »Die deutsche Variante des Neoliberalismus verbindet [...] ›globale‹ Elemente mit einer neurechten Lesart der Verteidigung des Nationalstaates« (Hansen 1998: 204).

Die scheinbare Übermacht der Ökonomie gegenüber der Politik bzw. transnationaler Konzerne gegenüber dem einzelnen Nationalstaat zerstört den Glauben junger Menschen an die Gestaltbarkeit von Gesellschaft, treibt sie in die Resignation und verhindert so demokratisches Engagement, das heute nötiger denn je wäre (Klönne 2001: 262). Durch die Modifikationen im Verhältnis von Ökonomie und Politik, wie sie der neoliberale Transformationsprozess bedingt, büßt die Demokratie ihre Attraktivität für viele Bürger/innen ein und verliert die herkömmliche politische Bildungsarbeit an Überzeugungskraft, wenn nicht gar ihren Gegenstand.

> »Niemand mag mehr glauben, dass in den Parlamenten die Zentren der gesellschaftlichen Willensbildung zu sehen sind, eine rege Teilnahme am parteipolitischen Leben bürgerliche Selbstbestimmung zur Geltung bringt, die Freiheit der Medien den vernunftbestimmten Diskurs über Politik garantiert und sich die gesellschaftlichen Zukunftsentscheidungen

dem grundgesetzlichen Sozialstaatsgebot gemäß steuern lassen« (Klönne 2001: 262).

Die neoliberale Hegemonie ist nicht zuletzt deshalb eine Gefahr für die Demokratie (Butterwegge/Hickel/Ptak 1998; Lösch 2008), weil sie mit dem Standortnationalismus eine Ideologie festigt, durch die der Rechtsextremismus für das Establishment bzw. die Mitte der Gesellschaft anschlussfähig wird. Dass die neoliberale Hegemonie nicht – wie man erwarten könnte – mehr Freiheit, Toleranz und Bürgerrechte mit sich bringt, sondern ganz im Gegenteil von einem Sicherheitsdiskurs begleitet wird, der Disziplin, Autorität und die Notwendigkeit sozialer Kontrolle betont (Singelnstein/Stolle 2006), verweist auf die Affinität eines betriebswirtschaftlichen Effizienzdenkens zum totalitären Gesellschaftsmodell des Rechtsextremismus.

Rechtspopulismus und Neoliberalismus – ein widersprüchlichliches Wechselverhältnis

Herbert Schui u.a. (1997) haben in einer Schrift mit dem Titel »Wollt ihr den totalen Markt?« zahlreiche Parallelen zwischen dem Neoliberalismus und dem Rechtsextremismus herausgearbeitet und deren Geistesverwandtschaft nachgewiesen. Neoliberale reduzieren den Menschen auf seine Existenz als Marktsubjekt, das sich im Tauschakt selbst verwirklicht. Letztlich zählt für sie nur, wer oder was ökonomisch verwertbar und gewinnträchtig ist. Aufgrund dieses ausgeprägten Utilitarismus, seines betriebswirtschaftlichen Effizienzdenkens, seiner Leistungsfixierung und seines Wettbewerbswahns bietet der Neoliberalismus nicht bloß Topmanagern ihren Alltagserfahrungen im Berufsleben entsprechende Orientierungsmuster, sondern auch ideologische Anschlussmöglichkeiten an den Rechtsextremismus bzw. -populismus. Populistisch ist jene Gruppierung innerhalb des Rechtsextremismus wie des Brückenspektrums zwischen diesem und dem (National-)Konservatismus zu nennen, die besonders das verunsicherte Kleinbürgertum anspricht, dessen Vorurteile gegenüber dem Wohlfahrtsstaat nährt, dabei wirtschaftsliberale Ziele verfolgt, Minderheiten abwertende Stammtischparolen aufgreift, den Stolz auf das eigene Kollektiv, die Nation bzw. deren Erfolge auf dem Weltmarkt (Standortnationalismus) mit rassistischer Stimmungsmache oder sozialer Demagogie verbindet und die verständliche Enttäuschung vieler Menschen über das Parteien- bzw. Regierungsestablishment für eine Pauschalkritik an der Demokratie schlechthin nutzt.

Der jüngste Aufstieg des Rechtspopulismus hat sich im Spannungsfeld von neoliberaler Modernisierung und antiglobalistischer Gegenmobilisierung vollzogen (Betz 2001: 168). Während der 1980er Jahre lehnte sich der Rechtspopulismus fast überall in Europa an den Neoliberalismus an, überbot dessen Marktradikalismus teilweise sogar und fungierte damit als Türöffner für den Standortnationalismus. Hatte der Nationalsozialismus auf Traditionsbewusstsein, überkommene Werte und den Mythos des Reiches gepocht, setzte der moderne Rechtspopulismus eher auf Innovationsbereitschaft, geistige Mobilität und den Mythos des Marktes. Statt der antiliberalen Grundhaltung à la Carl Schmitt war für ihn zunächst eine wirtschaftsliberale Grundhaltung à la Adam Smith kennzeichnend. Weniger einer völkischen Blut-und-Boden-Romantik als der wirtschaftlichen Dynamik verhaftet, ist der Rechtspopulismus stärker markt-, wettbewerbs- und leistungsorientiert. Statt fremder Länder wollte er neue Absatzmärkte erobern. Die ultrarechte Wertetrias, so schien es fast, bildeten nicht mehr »Führer, Volk und Vaterland«, sondern Markt, Leistung und Konkurrenzfähigkeit. Privatisierung öffentlicher Unternehmen und Dienstleistungen, Deregulierung des Arbeitsmarktes und Flexibilisierung der Beschäftigungsverhältnisse ergaben jene Zauberformel, mit der man die Zukunft des »eigenen« Wirtschaftsstandortes sichern wollte.

Anfang der 1990er Jahre äußerten die europäischen Rechtspopulisten deutlicher Vorbehalte gegenüber einer Form der Globalisierung, die Massenarbeitslosigkeit produzierte und gleichzeitig die Zuwanderung von Hochqualifizierten forcierte, um den jeweiligen Industriestandort noch leistungsfähiger zu machen. Rechtspopulisten profilierten sich als »die einzig wahren« Interessenvertreter der Arbeitnehmer/innen und Erwerbslosen, die von den sozialdemokratischen (Regierungs-)Parteien verraten worden seien. Teilweise feierten sie Wahlerfolge mit ungewohnten Tiraden gegen die Öffnung der (Arbeits-)Märkte, den Wirtschaftsliberalismus, Managerwillkür und Standortentscheidungen multinationaler Konzerne. »Selbst rechtsextreme Politikprojekte, die mit dem Neoliberalismus weiter im Bunde sind, bieten auch die Kritik der durch ihn hervorgebrachten gesellschaftlichen Veränderungen« (Kaindl 2006: 64). Geschickt verbanden Rechtspopulisten unter Hinweis auf negative Folgen der Globalisierung die soziale mit der »Ausländerfrage«, wodurch sie Anschluss an die Massenstimmung, neoliberale Sozialstaatskritik und hegemoniale Diskurse gewannen.

Christina Kaindl (2005: 182) diagnostiziert einen »Umschwung der rechtspopulistischen Parteien von Befürwortern zu Kritikern von Globalisierung und Neoliberalismus«, thematisiert allerdings nicht, ob es sich hierbei um eine Richtungsänderung oder bloß um einen taktischen Schachzug handelte. Man kann beim Rechtspopulismus keinen durchgängigen »Schwenk weg vom Neoliberalismus« (Greven 2006: 19) erkennen, sondern höchstens ein zeitweiliges Schwanken im Hinblick darauf, wie bestimmte Wählerschichten am besten zu erreichen wären. Dass der Rechtspopulismus aus wahltaktischen Gründen programmatische Konzessionen an breitere Schichten

(Arbeitermilieu, sozial Benachteiligte, »Modernisierungsverlierer«) machen musste, bedeutet natürlich keinen prinzipiellen Bruch mit dem Marktradikalismus. »Selbst dort, wo neue rechtsradikale Parteien ihre wirtschaftsliberale Rhetorik einschränken, bedeuten die Konsequenzen ihres Aufstiegs Wasser auf die Mühlen neoliberaler Sozialstaatskritik« (Kitschelt 2001: 439).

Das ist einer der Hauptwidersprüche des neoliberen Zeitgeistes: Während man Wirtschaftsmanagern und Großinvestoren grenzüberschreitend immer mehr unternehmerische Autonomie gewährt, werden den (arbeitenden) Menschen ein Verzicht auf soziale Sicherheit, eine stärkere Abhängigkeit von Marktzwängen und mehr Staatseingriffe in ihre Privatsphäre zugemutet. Das Hohelied auf die Marktfreiheit geht paradoxerweise mit der Wiederentdeckung gesellschaftlicher Konventionen, Pflichten und Sekundärtugenden einher. Offenbar harmoniert die globalisierte Postmoderne gut mit biedermeierlichem Mief und kleinbürgerlicher Spießermoral (Rickens 2006; Pinl 2007). Claudia Pinl weist auf die Geistesverwandtschaft von Neoliberalismus und Neokonservatismus hin, der in sich heterogen ist:

> »Nicht alle Neokonservativen wollen die Frauen an den Herd zurückschicken, nicht alle sind gegen Kindertagesstätten oder für die radikale Durchkommerzialisierung aller Lebensbereiche. Einige glauben vorwiegend an die Macht Gottes, andere an die Macht des Marktes oder der Gene, wiederum andere trauen vor allem dem moralisch erhobenen Zeigefinger. Woran sie eher nicht glauben: dass Menschen fähig sind und in die Lage versetzt werden müssen, über die Macht- und Ressourcenverteilung in der Gesellschaft demokratisch zu bestimmen« (Pinl 2007: 153).

Hinsichtlich der Hauptfunktion beider Geistesströmungen, der Legitimationsbeschaffung und der Herrschaftssicherung, ergeben sich frappierende Ähnlichkeiten. Nicht bloß der Rechtsextremismus will hinter die demokratischen Errungenschaften von 1789 zurück und schafft dafür die Voraussetzungen, wenn er Machtpositionen erringt, sondern auch ein Marktradikalismus, der die Menschen politisch entmündigt, indem er sie auf ihren Status als »Homines oeconomici« beschränkt.

> »Neoliberalismus ist militante Gegenaufklärung: Die Menschen sollen ihre Lage nicht durch vermehrtes Wissen in einer kollektiven, bewussten Anstrengung in den Griff bekommen. Denn dies würde mit der Herrschaft aufräumen, die der Neoliberalismus mit all seinen Kunstgriffen zu legitimieren sucht« (Schui 2006: 54).

Die wichtigste Schnittmenge zwischen Neoliberalismus und Rechtspopulismus liegt in der Überzeugung, dass man auf den »Wirtschaftsstandort D« stolz sein und ihn stärken müsse, um den Wohlstand aller zu mehren. Den festen Glauben an die Überlegenheit des »eigenen« Wirtschaftsstandortes teilen selbst prominente Gewerkschafter, die sich für Antifaschisten halten, mit den meisten Rechtspopulisten (Zeuner u.a. 2007: 20). Neoliberalismus ist nicht mit Standortnationalismus gleichzusetzen, als gesellschaftspolitisches Großprojekt aber nur schwer ohne ihn zu realisieren. Wenn sich der Neoliberalismus mit dem Nationalkonservatismus amalgamiert, resultiert daraus ein aggressiver Standortnationalismus, der geradezu als politisch-ideologische Steilvorlage für den Rechtsextremismus wirkt. Das fast alle Lebensbereiche beherrschende Konkurrenzdenken führt zur Ausgrenzung und Abwertung von Leistungsschwächeren, die im wirtschaftlichen Wettbewerb auf der Strecke bleiben, die Gewinnmargen eines Unternehmens senken, den Sozialstaat angeblich unbezahlbar machen und somit als menschlicher Ballast für den »eigenen« Standort wirken.

Standortnationalismus, Sozialdarwinismus und Wohlstandschauvinismus als Bindeglieder

Hat der Neoliberalismus in einer Gesellschaft die Hegemonie errungen und die Standortlogik fest im öffentlichen Bewusstsein verankert, rückt die Sicherung, Wiedergewinnung oder Steigerung der Wettbewerbsfähigkeit des »eigenen« Wirtschaftsstandortes quasi von selbst in den Mittelpunkt allen politischen Handelns. Matthias Matussek konstatiert in seinem Bestseller »Wir Deutschen. Warum uns die anderen gern haben können«, ohne Nationalstolz sei eine Wirtschaftsnation nicht erfolgreich:

> »Die unverklemmte Identifikation mit der eigenen Nation ist neben allem anderen ein Wettbewerbsvorteil. Auch in Zeiten der Globalisierung wird die deutsche Nation nicht überflüssig, nicht für uns, die wir hier arbeiten, hier unsere Kinder in die Schulen schicken, hier unsere Steuern bezahlen und uns hier auf Krankenhäuser und Müllabfuhr verlassen müssen, und das gilt für unsere Arbeitgeber und Arbeitnehmer gemeinsam. Für uns gibt es nationale Interessen, die über denen anderer Nationen rangieren sollten« (Matussek 2006: 244).

Obwohl die Bundesrepublik seit längerem steigende Rekordexportüberschüsse erzielt, behauptet Henrik Müller (2006: 16) allen Ernstes, dass sie bisher nicht zu den Gewinnern des »globalen Wettbewerbs« gehöre, was er auf mangelnden Patriotismus – für ihn ein zentraler Erfolgsfaktor im Wirtschaftsleben – zurückführt: »Die Deutschen haben Probleme, sich dem Wettbewerb der Nationalstaaten zu stellen, weil sie Schwierigkeiten haben, sich als Nation zu begreifen und entsprechend zu handeln – ja, den Wettbewerb der Staaten überhaupt zu akzeptieren.« Der zitierte Wirtschaftspublizist beklagt, dass Deutschland die »nationale Identität« fehle, wie sie für andere Völker selbstverständlich sei:

> »Seit den Verbrechen unter Hitler ist alles Deutsche diskreditiert. Auch heute, da die allermeisten Täter des ›Dritten Reichs‹ tot sind, ist es vielen Bundesbürgern unmöglich, sich aus vollem Herzen und mit gutem Gefühl als Deutscher zu empfinden, sich gar offen zum Deutschsein zu bekennen« (Müller 2006: 200).

Braucht ein Land im Zeitalter der Globalisierung die nationale Identität als »Gesellschaftskitt« (Henrik Müller), um als Wirtschaftsstandort leistungsfähig und erfolgreich sein zu können? Was als »Wirtschaftspatriotismus« erscheint, der laut Müller die ökonomische Leistungsfähigkeit eines Landes und seine Erfolge auf den Weltmärkten gewährleistet, ist nur eine für den modernen Finanzmarktkapitalismus charakteristische, von Teilen des organisierten Rechtsextremismus radikalisierte Form des Nationalismus, gepaart mit Wohlstandschauvinismus. Dieser übernimmt Mathias Brodkorb (2003: 84) zufolge jene Rolle, die der Antisemitismus für NS-Agitatoren spielte: »Er steht im Zentrum des öffentlichen rechten Diskurses und stellt die wichtigste Schnittstelle zum Alltagsdenken der Bevölkerung dar.« Gleichzeitig hat der Antisemitismus wieder Hochkonjunktur, was auf die ökonomische Globalisierung zurückzuführen ist, die man als Verschwörung »der Ostküste« und US-Amerikanisierung der Welt interpretiert (Weitzmann 2006).

Die für den Rechtsextremismus konstitutiven Aus- bzw. Abgrenzungsideologien, vor allem Rassismus, Nationalismus und Sozialdarwinismus, sind in letzter Konsequenz auf die Konkurrenz zurückzuführen, welche eine notwendige – wohlgemerkt: keine hinreichende – Bedingung für die Herausbildung entsprechender Handlungsanleitungen und Legitimationskonzepte zur Ausgrenzung von (ethnischen) Minderheiten bzw. Leistungsschwächeren darstellt. Die auch von seinen schärfsten Kritiker(inne)n bewunderte Produktivität, Flexibilität und Vitalität des kapitalistischen Wirtschafts- bzw. Gesellschaftssystems beruht auf der Konkurrenz, die seine Mitglieder nicht ruhen lässt, sie vielmehr zum permanenten Kampf »jeder gegen jeden« zwingt und als stärkste Triebkraft wissenschaftlich-technischer Innovationen und unternehmerischer Investitionen fungiert. Dysfunktional wirkt dagegen, dass sich die soziale Kohäsion einer Industrienation im »Säurebad der Konkurrenz« (Karl Marx) zersetzt, Ideale wie Solidarität, Gerechtigkeit und Humanität auf der Strecke bleiben und eine systemimmanente Selektion stattfindet, die eine vertrauensvolle Kooperation sogar zwischen Angehörigen derselben Bevölkerungsschicht verhindert, zumindest aber erschwert.

Während den Neoliberalen die »Rasse«, die ethnische Herkunft bzw. die Religionszugehörigkeit eines Marktteilnehmers kaum interessiert, spielt die Identifikation mit dem »eigenen« Wirtschaftsstandort eine umso größere Rolle. Menschen, die zuwandern, werden von Rechtsextremisten nach zwei Kriterien beurteilt: ihrer Leistung für die Nation bzw. den »Wirtschaftsstandort« (Nutzen), was mit dem entscheidenden Maßstab von Neoliberalen korrespondiert, und ihrer ethnischen Abstammung, was damit weniger harmoniert. Stärker erscheinen die ideologischen Überlappungen auf einem anderen Gebiet: Wegen des prononcierten Antiegalitarismus im Neoliberalismus verschwimmt die Grenze zum Sozialdarwinismus (Ptak 2008: 73), einem konstitutiven Bestandteil von Faschismus, Nationalsozialismus und Rechtsextremismus. Weder der Rechtsextremismus noch der Neoliberalismus zeigen Verständnis für die Schwachen, sozial Benachteiligten, (Langzeit-) Arbeitslosen, Kranken und Behinderten, obwohl zumindest Ersterer im politischen Tagesgeschäft teilweise um deren Stimme buhlt. Gemeinsam haben sie auch das Streben nach einem »perfekt-erfolgreichen Menschen«, welcher den Wunschtraum sämtlicher Anhänger des Sozialdarwinismus verkörpert (Malina 2006).

Neoliberalismus ist mehr als Marktradikalismus, weil sich mit der Fixierung auf den »eigenen« Wirtschaftsstandort die Tendenz zum Standortnationalismus verbindet. »Standortnationalismus« nenne ich eine Ideologie, die – eng mit dem Neoliberalismus verwandt – vielfach aus diesem hervorgeht, ihn aber nicht auf Schritt und Tritt begleitet, sondern eine relative Autonomie besitzt (Butterwegge 1998). Es handelt sich hierbei um ein Konkurrenzdenken, das auf den »eigenen« Wirtschaftsstandort fixiert ist, von der Bevölkerungsmehrheit einen Verzicht auf Wohlstandszuwächse fordert und eine primär die internationale Wettbewerbsfähigkeit steigernde (Regierungs-)Politik favorisiert.

Wenn etwa das Wohl und Wehe des »Standorts D« im Mittelpunkt aller Bemühungen um die Entwicklung der Gesellschaft steht, sind die (arbeitenden) Menschen nebensächlich, hohe Gewinnmargen der (Groß-)Anleger jedenfalls erheblich wichtiger und andere Länder nur Weltmarktkonkurrenten, die es niederzuringen gilt.

Standortnationalismus wirkt als politisch-ideologischer Kitt, der dafür sorgt, dass die kapitalistische Gesellschaft trotz ökonomischer Labilität und sozialer Zerklüftung, welche die als Spaltpilz und Sprengkraft wirkende »Reformpolitik« nach Modellvorschlägen des Neoliberalismus verstärkt, nicht auseinanderfällt. Er verbindet Rechtsextremismus bzw. -populismus und Neoliberalismus, die auf den ersten Blick wenig gemeinsam haben. Grundkonstante beider Geistesströmungen ist die Ungleichheit bzw. Ungleichwertigkeit der Menschen. Rechtsextremisten halten die Mitglieder ihres eigenen (nationalen, »rassischen« oder ethnischen) Kollektivs, sich selbst natürlich eingeschlossen, per se für etwas Besseres als die für minderwertig erklärten Angehörigen der übrigen Völker. Wirtschaftsliberale gewährleisten zwar die Rechtsgleichheit aller Individuen, verweigern ihnen jedoch die materiellen Mittel, welche nötig sind, um in deren Genuss zu kommen, sofern sie nicht am Markt erfolgreich konkurrieren. Empathie, Solidarität und soziales Verantwortungsbewusstsein sind ihre Sache nicht: Neoliberaler zu sein heißt letztlich, unsozial zu handeln; Rechtsextremist zu sein heißt darüber hinaus, brutal und rücksichtslos zumindest gegenüber »Gemeinschaftsfremden« zu handeln.

Reicht die Angst vor dem sozialen Abstieg bis in die Mitte der Gesellschaft hinein, fühlen sich insbesondere kleinbürgerliche Schichten akut bedroht, was irrationale Reaktionen auf Krisensymptome fördern kann.

> »Die im Namen des Neoliberalismus betriebene Demontage des Sozialstaats und die vom losgelassenen Markt entfesselte sozialdarwinistische Leistungskonkurrenz versetzen die Menschen in den Zustand einer permanenten Verteidigung und Aggression« (Eisenberg 2002: 120).

Rainer Benthin (2004: 190) spricht von einer »strategische(n) Koppelung neoliberaler Ideologie mit xenophoben und rassistischen Diskursmustern«, durch die sich eine radikale Sozialstaatskritik und das Postulat der sozialen Exklusion nach ethnisch-kulturellen Kriterien verbinden lassen. Jutta Menschik-Bendele und Klaus Ottomeyer (2002: 305) sehen einen Trend zum »hedonistisch-konsumistischen Sozialdarwinismus« um sich greifen:

> »Nach dem globalen Sieg der Marktwirtschaft hat jenes Prinzip, demzufolge der Stärkere sich durchsetzt und das Schwache auf der Strecke bleibt, noch an Plausibilität gewonnen. Der aktuelle Rechtsextremismus und Rechtspopulismus beruhen auf einer Brutalisierung, Ethnisierung und Ästhetisierung alltäglicher Konkurrenzprinzipien.«

Sozialdarwinismus fällt nicht vom Himmel, wurzelt vielmehr in einer Erfahrungswelt, die durch das kapitalistische Leistungsprinzip, die Allgegenwart des Marktmechanismus und den Konkurrenzkampf jeder gegen jeden geprägt wird (Kühnl 2001: 32f.). Rivalität fungiert als Haupttriebkraft einer zerklüfteten, zunehmend in Arm und Reich gespaltenen Gesellschaft. »Die sozialdarwinistische Alltagsphilosophie, die damit einhergeht, erzeugt eine unauffällige, sich von direkter Gewalt fernhaltende und als ›Sachzwang‹ der Ökonomie erscheinende Brutalität« (Klönne 2001: 266). Rivalität, Ellenbogenmentalität und Brutalität verkörpern die neoliberale Leitkultur. In einer Zeit verschärfter Konkurrenz eine ideologische Rechtfertigung der Missachtung ethischer Grundwerte und größerer sozialer Ungleichheit – im Sinne von Ungleichwertigkeit – zu offerieren, bildet laut Franz Josef Krafeld (2001: 287) heute einen Hauptgrund für die Attraktivität rechter Orientierungen.

Wenn meine Analyse des modernen Rechtsextremismus bzw. -populismus, seiner Triebkräfte und gesellschaftlichen Hintergründe zutrifft, muss ihm durch eine andere Arbeitsmarkt-, Beschäftigungs- und Sozialpolitik das materielle Fundament entzogen, die Standortlogik widerlegt und eine überzeugende Alternative zum Neoliberalismus entwickelt werden. Letztlich ist die Beantwortung der Frage entscheidend, in welcher Gesellschaft wir künftig leben wollen: Soll es eine Konkurrenzgesellschaft sein, die Leistungsdruck und Arbeitshetze weiter erhöht, Erwerbslose, Alte, Kranke, Drogenabhängige, ethnische Minderheiten und Menschen mit Behinderungen ausgrenzt sowie Egoismus, Durchsetzungsfähigkeit und Rücksichtslosigkeit eher honoriert, sich jedoch gleichzeitig über den Verfall von Sitte, Anstand und Moral wundert, oder eine soziale Bürgergesellschaft, die Kooperation statt Konkurrenzverhalten, Mitmenschlichkeit und Toleranz statt Gleichgültigkeit und Elitebewusstsein fördert? Eignet sich der Markt tatsächlich als gesamtgesellschaftlicher Regelungsmechanismus, obwohl er auf seinem ureigenen Terrain, der Volkswirtschaft, ausweislich einer sich trotz des vorübergehenden Konjunkturaufschwungs verfestigenden Massenarbeitslosigkeit gegenwärtig kläglich versagt? Darauf die richtigen Antworten zu geben heißt, den Neoliberalismus mitsamt seinem Konzept der »Standortsicherung«, aber auch Rechtsextremismus, Nationalismus und Rassismus wirksam zu bekämpfen. Mindestens das sollte uns die Krise gelehrt haben.

Quellenverzeichnis

Bathke, Peter / Hoffstadt, Anke (Hg.) 2013: Die neuen Rechten in Europa. Zwischen Neoliberalismus und Rassismus. Köln.

Benthin, Rainer 2004: Auf dem Weg in die Mitte. Öffentlichkeitsstrategien der Neuen Rechten. Frankfurt/Main, New York.

Betz, Hans-Georg 2001: Radikaler Rechtspopulismus im Spannungsfeld zwischen neoliberalistischen Wirtschaftskonzepten und antiliberaler autoritärer Ideologie. In: Loch, Dietmar / Heitmeyer, Wilhelm (Hg.), Schattenseiten der Globalisierung. Rechtsradikalismus, Rechtspopulismus und separatistischer Regionalismus in westlichen Demokratien. Frankfurt/Main. S. 167-185.

Brodkorb, Mathias 2003: Metamorphosen von rechts. Eine Einführung in Strategie und Ideologie des modernen Rechtsextremismus. Münster.

Butterwegge, Christoph / Hentges, Gudrun (Hg.) 2008: Rechtspopulismus, Arbeitswelt und Armut. Befunde aus Deutschland, Österreich und der Schweiz. Opladen, Farmington Hills.

Butterwegge, Christoph / Hickel, Rudolf / Ptak, Ralf 1998: Sozialstaat und neoliberale Hegemonie. Standortnationalismus als Gefahr für die Demokratie. Berlin.

Butterwegge, Christoph 1998: Standortnationalismus – eine Herausforderung für die politische Jugendbildung. In: Deutsche Jugend 46 (11). S. 469-477.

Butterwegge, Christoph 2010: Niedergang oder Renaissance des Neoliberalismus? – Die Folgen der Finanzkrise. In: Vorgänge 189 (2010). S. 43-52.

Butterwegge, Christoph 2011: Finanzmarktkrise, Armut und rechtsextreme Politik. In: Kopke, Christoph (Hg.): Die Grenzen der Toleranz. Rechtsextremes Milieu und demokratische Gesellschaft in Brandenburg – Bilanz und Perspektiven. Potsdam. S. 41-55.

Butterwegge, Christoph 2012: Armut in einem reichen Land. Wie das Problem verharmlost und verdrängt wird. Frankfurt/Main, New York.

Darnstädt, Thomas 2004: Die Konsensfalle. Wie das Grundgesetz Reformen blockiert. München.

Eisenberg, Götz 2002: In Erfurt und um Erfurt herum oder: Amok – eine neue Ventilsitte? Ansätze zu einer Sozialpsychologie von Wut und Haß im Zeitalter der Globalisierung. In: Eisenberg, Götz: Gewalt, die aus der Kälte kommt. Amok – Pogrom – Populismus. Gießen. S. 17-80.

Forschungsgruppe Europäische Integration (Hg.) 2012: Rechtspopulismus in der Europäischen Union. Hamburg.

Frank, Robert H. / Cook, Philip J. 1995: The Winner-take-all Society. Why the Few at the Top Get so Much More than the Rest of Us. New York.

Greven, Thomas 2006: Rechtsextreme Globalisierungskritik: Anti-globaler Gegenentwurf zu Neoliberalismus und Global Governance. In: Greven, Thomas / Grumke, Thomas (Hg.): Globalisierter Rechtsextremismus? – Die extremistische Rechte in der Ära der Globalisierung. Wiesbaden. S. 15-29.

Hadjar, Andreas 2004: Ellenbogenmentalität und Fremdenfeindlichkeit bei Jugendlichen. Die Rolle des Hierarchischen Selbstinteresses. Wiesbaden.

Hansen, Ralf 1998: Rückkehr des Leviathan. Konturen einer neuen »Sicherheitsgesellschaft«. In: Bischoff, Joachim / Deppe, Frank / Kisker, Klaus (Hg.): Das Ende des Neoliberalismus? – Wie die Republik verändert wurde. Hamburg. S. 197-215.

Jaschke, Hans-Gerd 1998: Fundamentalismus in Deutschland. Gottesstreiter und politische Extremisten bedrohen die Gesellschaft. Hamburg.

Kaindl, Christina 2005: Rechtsextremismus und Neoliberalismus. In: Kaindl, Christina (Hg.): Kritische Wissenschaften im Neoliberalismus. Marburg. S. 180-200.

Kaindl, Christina 2006: Antikapitalismus und Globalisierungskritik von rechts. Erfolgskonzepte für die extreme Rechte? In: Peter Bathke, Peter / Spindler, Susanne (Hg.): Neoliberalismus und Rechtsextremismus in Europa. Zusammenhänge – Widersprüche – Gegenstrategien. Berlin. S. 60-75.

Kitschelt, Herbert 2001: Politische Konfliktlinien in westlichen Demokratien: ethnisch-kulturelle und wirtschaftliche Verteilungskonflikte. In: Loch, Dietmar / Heitmeyer, Wilhelm (Hg.): Schattenseiten der Globalisierung. Rechtsradikalismus, Rechtspopulismus und separatistischer Regionalismus in westlichen

Demokratien. Frankfurt/Main. S. 418-442.

Klönne, Arno 2001: Schwierigkeiten politischer Jugendbildung beim Umgang mit dem Thema »Rechtsextremismus«. In: Butterwegge, Christoph / Lohmann, Georg (Hg.): Jugend, Rechtsextremismus und Gewalt. Analysen und Argumente. Opladen. S. 259-267.

Krafeld, Franz Josef 2001: Zur Praxis der pädagogischen Arbeit mit rechtsorientierten Jugendlichen. In: Schubarth, Wilfried / Stöss, Richard (Hg.): Rechtsextremismus in der Bundesrepublik Deutschland. Eine Bilanz. Opladen. S. 271-291.

Kühnl, Reinhard 2001: Nicht Phänomene beschreiben, Ursachen analysieren. Zum Problem der extremen Rechten in der Bundesrepublik Deutschland. In: Schneider, Ulrich (Hg.): Tut was! – Strategien gegen Rechts. Köln. S. 30-37.

Lösch, Bettina 2008: Die neoliberale Hegemonie als Gefahr für die Demokratie. In: Butterwegge, Christoph / Lösch, Bettina / Ptak, Ralf: Kritik des Neoliberalismus. Wiesbaden. S. 221-283.

Luutz, Wolfgang 2007: Vom Ort der Bürger zum Standort. Standortnationalismus als politischer Ausweg aus dem Entgrenzungsdilemma? In: Forum für Kritische Rechtsextremismusforschung / Herbert-und-Greta-Wehner-Stiftung (Hg.): Diffusionen. Der kleine Grenzverkehr zwischen Neuer Rechter, Mitte und Extremen. Dresden. S. 118-134.

Mahnkopf, Birgit 1999: Soziale Demokratie in Zeiten der Globalisierung? – Zwischen Innovationsregime und Zähmung der Marktkräfte. In: Eichel, Hans / Hoffmann, Hilmar (Hg.): Ende des Staates – Anfang der Bürgergesellschaft. Über die Zukunft der sozialen Demokratie in Zeiten der Globalisierung. Reinbek. S. 110-130.

Malina, Peter 2006: Auf der Jagd nach dem perfekt-erfolgreichen Menschen. Das sozialdarwinistische Gesellschaftsmodell als die große Versuchung der Moderne. In: Hobl-Jahn, Elisabeth / Malina, Peter / Renner, Elke (Hg.): MenschenHaltung. Biologismus – Sozialrassismus. Innsbruck, Wien, Bozen. S.10-27.

Matussek, Matthias 2006: Wir Deutschen. Warum uns die anderen gern haben können. Frankfurt/Main.

Menschik-Bendele, Jutta / Ottomeyer, Klaus 2002: Sozialpsychologie des Rechtsextremismus. Entstehung und Veränderung eines Syndroms. Opladen.

Müller, Henrik 2006: Wirtschaftsfaktor Patriotismus. Vaterlandsliebe in Zeiten der Globalisierung. Frankfurt/Main.

Pinl, Claudia 2007: Das Biedermeier-Komplott. Wie Neokonservative Deutschland retten wollen. Hamburg.

Ptak, Ralf 2008: Grundlagen des Neoliberalismus. In: Butterwegge, Christoph / Lösch, Bettina / Ptak, Ralf: Kritik des Neoliberalismus. Wiesbaden. S. 13-86.

Rickens, Christian 2006: Die neuen Spießer. Von der fatalen Sehnsucht nach einer überholten Gesellschaft. Berlin.

Schui, Herbert / Ptak, Ralf / Blankenburg, Stephanie / Bachmann, Günter / Kotzur, Dirk 1997: Wollt ihr den totalen Markt? – Der Neoliberalismus und die extreme

Rechte. München.

Schui, Herbert 2006: Rechtsextremismus und totaler Markt. Auf der Suche nach gesellschaftlicher Klebmasse für den entfesselten Kapitalismus. In: Bathke, Peter / Spindler, Susanne (Hg.): Neoliberalismus und Rechtsextremismus in Europa. Zusammenhänge – Widersprüche – Gegenstrategien. Berlin. S. 48-59.

Singelnstein, Tobias / Stolle, Peer 2006: Die Sicherheitsgesellschaft. Soziale Kontrolle im 21. Jahrhundert. Wiesbaden.

Stehr, Nico 2007: Die Moralisierung der Märkte. Eine Gesellschaftstheorie. Frankfurt/ Main.

Weitzmann, Mark 2006: Antisemitismus und Holocaust-Leugnung: Permanente Elemente des globalen Rechtsextremismus. In: Greven, Thomas / Grumke, Thomas (Hg.): Globalisierter Rechtsextremismus? – Die extremistische Rechte in der Ära der Globalisierung. Wiesbaden. S. 52-69.

Zeuner, Bodo / Gester, Jochen / Fichter, Michael / Kreis, Joachim / Stöss, Richard 2007: Gewerkschaften und Rechtsextremismus. Anregungen für die Bildungsarbeit und die politische Selbstverständigung der deutschen Gewerkschaften. Münster.

Ingo Schmidt

Legitimationsprobleme des Euro-Kapitalismus
Krise, soziale Frage und politische Alternativen

So ändern sich die Zeiten. Wo heute von Wirtschaftskrise, politischer Desintegration und sozialen Spaltungen die Rede ist, herrschte vor 20 Jahren Überschwang. Das Ende des Kalten Krieges wurde weithin als Beginn einer Ära angesehen, in der die Überwindung politischer Spaltung sowie die Einführung globaler Informationsnetzwerke zu ungehinderter Entfaltung individueller Kreativität und zu grenzenlosem Wirtschaftswachstum führen würden. Deutsche Einheit, Europäische Währungsunion (EWU) sowie die Osterweiterung der Europäischen Union (EU) galten als Meilensteine auf dem Weg zu einer globalen Ökonomie.

Mit der Wirklichkeit hatte diese liberale Idealwelt von Anfang an wenig zu tun. Der rechte Rand in Deutschland organisierte eine Welle rassistischer Gewalt, die von der damaligen Bundesregierung als Vorwand zur Einschränkung des Asylrechts genutzt wurde und linke Warnungen vor einem Vierten Reich plausibel erscheinen ließ. Gleichzeitig breitete sich in der politischen Mitte ein D-Mark-Nationalismus aus, der nicht so recht zum Projekt Europa passen wollte, insbesondere wenn darunter neben Binnenmarkt und Gemeinschaftswährung weiterreichende Ziele wie eine Europäische Öffentlichkeit und ein Europäisches Sozialmodell verstanden wurden. Von solch einem umfassend verstandenen Europaprojekt ist heute kaum noch etwas zu hören – und das, obwohl der Neoliberalismus, der die europäische Integration über zwei Jahrzehnte lang geprägt hatte, durch die Große Rezession 2008/09 und die Euro-Krise seit 2010 gründlich diskreditiert ist.

Allenthalben wird der Ruf nach Alternativen laut, aber kaum jemand setzt darauf, diese Alternativen im Rahmen der EU umzusetzen. Zu tief ist die Freihandelsideologie im Regelgeflecht von Kommission, Zentralbank und anderen EU-Institutionen eingebrannt. Die Krise des neoliberalen Kapitalismus ist unauflöslich mit einer politischen Krise der EU verbunden. Die soziale Frage, die vom Neoliberalismus im Namen individueller Entfaltungsmöglichkeiten für erledigt erklärt worden war, ist mit Macht auf die politische Bühne zurückgekehrt. Während das konzentrierte Privateigentum Verluste auf Arbeiterklasse und öffentliche Haushalte abzuwälzen versucht, machen sich in Mittel- und Arbeiterklassen Unsicherheit und Angst breit. In den Gläubigerstaaten der Eurozone hoffen Teile der Arbeiterklasse noch darauf, dass ihnen das Schicksal ihrer Klassengeschwister in den Schuldnerstaaten Südeuropas erspart bleiben werde. Letztere stehen mit dem Rücken zur Wand.

Sie haben mit einer Kette von Massenstreiks und Demonstrationen schon einige Regierungen zu Fall gebracht.

Gleichzeitig macht sich die politische Rechte Argumente der Linken zu eigen, zum Beispiel die Forderung nach demokratischer Kontrolle von Märkten und EU-Technokratie. Sie mischt diese mit Ausgrenzungsforderungen, die den Zugang zum unsicher gewordenen Wohlstand auf nationalistisch und rassistisch ausgewählte Bevölkerungen beschränken wollen. Die Linke bemüht sich dagegen um die Mobilisierung von sozialen Abwehrkämpfen, scheut aber vor der Ausarbeitung eines neuen sozialistischen Projektes zurück. Die sozialistischen Projekte, mit denen die historische Linke zu einer geschichtsmächtigen Kraft geworden ist, sind entweder diskreditiert und gescheitert – dies gilt für den Sowjetkommunismus – oder erschöpft und im neoliberalen Kapitalismus aufgegangen – wie die Sozialdemokratie und der chinesische Kommunismus. Linke Antworten auf die soziale Frage bleiben bislang vage und sind daher wenig mobilisierungsfähig.

Auch der vorliegende Artikel beansprucht nicht, eine konkrete Utopie der Linken zu entwickeln, so dringend diese auch gebraucht wird. Er beschränkt sich vielmehr darauf, die Bedingungen zu klären, von denen solch eine Utopie auszugehen hat. Dazu werden im ersten Teil Ursachen und Folgen der Großen Rezession und der anschließenden Euro-Krise betrachtet. Der zweite Teil befasst sich mit den Legitimationsproblemen von neoliberalem Kapitalismus und politischen, vor allem europäischen, Institutionen sowie linken und rechten Antworten auf die nunmehr auch in Europa wieder virulent gewordene soziale Frage.

Wirtschaftskrise und soziale Spaltung

Deutsche Einheit, EWU und EU-Osterweiterung haben das Operationsfeld des Neoliberalismus in die vormals staatssozialistischen Länder Osteuropas ausgedehnt (Rae 2011). Mit der Schocktherapie im Osten konnten institutionelle Barrieren für Kapitalanlagen und Ausbeutung von Natur und Arbeitskraft aus dem Weg geräumt und auf diese Weise eine Peripherie geschaffen werden, die den Konkurrenzdruck auf den Westen erheblich verschärfte. Damit kam es auch zu einer Radikalisierung des Neoliberalismus. Sie wurde ideologisch dadurch begünstigt, dass der Zusammenbruch des Sowjetimperiums als Beleg für die Unmöglichkeit politischer Eingriffe in ökonomische Prozesse angeführt werden konnte. Damit wurden auch die Sozialstaaten Westeuropas delegitimiert.

Ihren Ursprung hatte die Delegitimierung des keynesianischen Sozialstaats sowie der damit verbundene Übergang zum neoliberalen Wettbewerbsstaat aber schon in den 1970er Jahren (Schmidt 2011a). In jener Zeit stellten militante GewerkschafterInnen, neue soziale Bewegungen und sozialdemokratische Linke den Klassenkompromiss der Nachkriegszeit mit ihren Forderungen nach höheren Reallöhnen, Mitbestimmung, Ausweitung sozialer Leistungen und Schutz der Umwelt in Frage. Hätten sie sich mit diesen Forderungen durchsetzen können, wäre es zu einer massiven Umverteilung von Gewinnen zu Löhnen gekommen und die Verfügungsgewalt des Privateigentums wäre erheblich eingeschränkt worden. Es gelang dem Unternehmertum jedoch, viele der qualitativen Forderungen in eine Erhöhung von Löhnen und monetären Sozialleistungen zu kanalisieren und die damit verbundenen Kosten als Vorwand für Preiserhöhungen zu nehmen. Die so angeheizte Inflation konnte den Gewerkschaften und sozialen Bewegungen angelastet werden.

Der Kampf gegen die Inflation, für den Milton Friedmans Monetarismus die strategischen Argumente lieferte, wurde zum Ausgangspunkt des weiter reichenden neoliberalen Programms einer Umverteilung von Löhnen und öffentlichen Sozialleistungen zu Vermögenseinkommen aller Art (Schui/ Blankenburg 2002). Der wunde Punkt dieses Programms besteht darin, dass Maßnahmen zur Kostensenkung gleichzeitig zu Nachfrageausfällen führen und damit die Realisierung steigender Profite gefährden. Dieses Problem war in den 1970er Jahren besonders dringlich, weil der Nachkriegsaufschwung zu einer Ausweitung der globalen Produktionskapazitäten geführt hatte.

Eine expansive Wirtschaftspolitik hätte die zur Auslastung dieser Kapazitäten notwendige Nachfrage schaffen können, hätte aber gleichzeitig Beschäftigung und Verhandlungsmacht der Arbeiterbewegung auf einem hohen Niveau gehalten und das Kapital in eine Profitklemme geführt. Diese Gefahr wurde durch die Konjunkturkrise 1974/75 sowie durch die durch Zinssteigerungen der US-Notenbank politisch ausgelöste Weltwirtschaftskrise 1980/82 überwunden. Seither war die industrielle Reservearmee – die Zahl der Arbeitslosen – stets ausreichend, um die Durchsetzungskraft der Gewerkschaften in profit-kompatiblen Grenzen zu halten.

Paradoxerweise ebneten diese Krisen auch den Weg zu einer neoliberalen Lösung des Nachfrageproblems. Als Folge der konjunkturellen Einbrüche gingen Staatseinnahmen und Exporterlöse zurück, sodass den Staaten die Finanzierung ihrer Ausgaben sowie den Schuldnerländern die Bedienung ihrer Auslandskredite schwer fiel. Fiskal- und Schuldenkrise erwiesen sich als Hebel, mit dem die Sozialstaaten im Norden und die Entwicklungsstaaten im Süden zurückgedrängt werden konnten. Die damit einhergehenden Privatisierungen schufen Anlagemöglichkeiten.

Ein Bestandteil dieses Privatisierungsprogramms war die staatliche Förderung individuellen Immobilienbesitzes. Dieser konnte beliehen werden, sodass private Haushalte ihren Konsum auch angesichts stagnierender Realeinkommen ausweiten konnten. Zugleich verstärkten Rationalisierung und Produktionsverlagerungen die Konkurrenz von Beschäftigten aus unterschiedlichen Ländern und hielten so einen beständigen Druck auf Löhne, Sozialleistungen und Arbeitsbedingungen aufrecht. In Europa wurde diese Standortkonkurrenz durch das 1986 in Angriff genommene Binnenmarktprojekt institutionell abgesichert. Zudem gaben die mehr oder minder fixierten Wechselkurse innerhalb des Europäischen Währungssystems (EWS) den Konkurrenzdruck aus Deutschland an andere Länder weiter (Grahl 1997: Kap. 5-6). Das unausgesprochene Zusammenspiel von Tarif- und Geldpolitik in Deutschland sorgte für unterdurchschnittliche Inflationsraten innerhalb des EWS. Um ihre Wettbewerbsfähigkeit zu verteidigen, mussten die Unternehmen in anderen Ländern diesem Druck mit Kosten- und Preissenkungen kontern.

Der Zusammenbruch des Staatssozialismus in Osteuropa markierte einen Quantensprung in der gerade skizzierten neoliberalen Entwicklung. Mit der Übernahme von EU-Regeln und, nach der Osterweiterung 2004, auch von EU-Institutionen konnte die billige und gut ausgebildete Arbeitskraft in einem einheitlichen Rechtssystem ausgebeutet werden. Die neue Peripherie im Osten setzte Löhne und Arbeitsbedingungen im Westen weiter unter Druck und trieb damit die Profite der ebenfalls im Westen beheimateten Konzerne in immer neue Höhen (Onaran 2010). Andererseits bot die Weltmarktintegration Osteuropas ungeahnte Investitions- und Absatzmöglichkeiten, sodass der Nachfragedruck, den neoliberale Kostensenkungsprogramme fortwährend produzieren, vorübergehend gemildert werden konnte. In noch viel stärkerem Maße hat die gleichzeitig erfolgende Integration Chinas in den Weltmarkt zu gleichzeitigem Nachfragewachstum und Kostendruck beigetragen. Letzterer war stark genug, um die Löhne auch im Boom der 1990er Jahre deutlich hinter dem Produktivitätswachstum zurückbleiben zu lassen (Freeman 1995).

Nach dem Ende des New Economy-Booms wurde die Weltwirtschaft immer mehr vom gegenseitigen Hochschaukeln von Immobilienpreisen und kreditfinanzierter Nachfrage abhängig. Dabei bildeten sich in den 2000er Jahren nicht nur in den USA, sondern auch in Großbritannien, Spanien und Irland Immobilienblasen. Darüber hinaus war Europa über das Finanzdrehkreuz der Londoner City in das Wall-Street-dominierte Weltfinanzsystem eingebunden. Kein Wunder, dass die Börsenkurse in Europa dem Kurssturz am Hudson River im Millisekunden-Takt folgten und dass die Finanzkrise im Herbst 2008 schon Wochen später zu einer weltweiten Rezession geführt hat.

Gleichwohl war der Börsenkrach lediglich der Auslöser der allgemeinen Wirtschaftskrise, aber nicht deren Ursache. Diese lag vielmehr in einem allgemeinen Nachfragemangel. Nach dem Ende des Kalten Krieges war es zu einer geographischen Ausweitung des kapitalistischen Weltmarktes sowie zu einem Ausbau globaler Logistiksysteme und Produktionsnetzwerke gekommen. Die Konjunkturkrise 2001 zeigte aber bereits die Grenzen dieser Expansionsmöglichkeiten an. Diese Krise konnte durch eine maßlose Ausweitung der Kreditversorgung zwar überwunden werden. Die für den Schuldendienst erforderlichen Einkommenssteigerungen blieben jedoch aus, der Anteil fauler Kredite in den Bilanzen stieg schließlich soweit an, dass selbst die ignorantesten Ratingagenturen die Fragilität des Banksystems nicht mehr schönreden konnten.

Ab Sommer 2007 gerieten schließlich die Börsenkurse, die selbst in immer höherem Umfang kreditfinanziert waren, ins Trudeln. Die Schulden-Spekulations-Spirale kehrte sich um und zog die Weltwirtschaft nach unten. Geld- und fiskalpolitische Interventionen konnten die globale Rezession zwar relativ schnell eindämmen, führten aber dazu, dass die Krise des privaten Finanzsystems in eine Fiskalkrise des Staates transformiert wurde. Von Finanz-, Wirtschafts- und Fiskalkrise besonders betroffen waren Länder, deren Wirtschaft vom Zustrom ausländischen Kapitals abhing (Europäische Kommission 2012). Diese Abhängigkeit stürzte die südeuropäischen Mitglieder der Euro-Zone, aber auch Irland, das lange Zeit als Musterbeispiel neoliberaler Weltmarktintegration gegolten hatte, sowie eine Reihe osteuropäischer Länder in eine schwere Krise (Schmidt 2011b).

Griechenland war der EU 1981 beigetreten, Portugal und Spanien folgten 1986. Gemeinsam ist diesen drei Ländern, dass sie keine den europäischen Zentren vergleichbare Industrialisierung durchgemacht haben und unter Militärherrschaft mehr oder minder stark von der Arbeitsteilung, die sich nach dem Zweiten Weltkrieg in Westeuropa entwickelte, abgeschnitten waren. Italien war zwar am westeuropäischen Integrationsprozess seit Unterzeichnung der Römischen Verträge 1957 beteiligt, konnte aber das innere Entwicklungsgefälle zwischen dem industrialisierten Norden und dem agrarischen Süden nie überwinden. In die globalen Produktionsnetzwerke, die seit den 1980er Jahren entstanden, wurde Südeuropa nur an untergeordneter Stelle integriert. Aus einer weitgehend agrarischen wurde eine teilindustrialisierte Peripherie. Der Zustrom ausländischen Kapitals sorgte zwar vorübergehend für recht beachtliche Wachstumsraten, machte die Region aber auch besonders krisenanfällig.

Südeuropas periphere Einbindung in EU und Weltwirtschaft ist mit jener vergleichbar, die sich in Osteuropa nach Ende des Kalten Krieges entwickelt hat (Andor/Summers 1998; Dale 2011). Mit einem wichtigen Unterschied allerdings: Die Sozialstaaten Südeuropas sind zwar wesentlich fragiler als diejenigen, die sich während der Nachkriegsprosperität in Nordwesteuropa herausgebildet hatten (Ferrera 1996). Ihr Leistungsniveau geht aber weit über das der Rumpfsozialstaaten hinaus, die nach der neoliberalen Schocktherapie in Osteuropa entstanden (Cerami 2007). Daher kann die Eurokrise in Südeuropa als Hebel genutzt werden, um Sozialsysteme und öffentliche Wirtschaftssektoren auf osteuropäisches Niveau herabzudrücken. Völlig unverblümt erklärte Eurogruppen-Chef Juncker die Treuhand-Anstalt, die das Volksvermögen der ehemaligen DDR zu Ramschpreisen an private Anleger verschleudert hatte, zum Vorbild für die Lösung der Euro-Krise (Spiegel.de 2011).

Die dabei anfallenden Privatisierungsgewinne kommen den besitzenden Klassen in ganz Europa zu Gute, die ohne eine Sozialisierung ihrer faulen Kredite erhebliche Vermögensverluste erleiden würden. Sie erlauben aber zugleich ein Abwälzen der Krisenlasten von den Gläubigerstaaten Nordwesteuropas, mit Ausnahme Irlands, auf Südeuropa (Lapavitsas u.a. 2010). Ob es damit aber auch zu einer langfristigen Stabilisierung der Wirtschaft kommt, ist mehr als fraglich. Die Entstehung globaler Produktionsnetzwerke in den 1990er Jahren sowie der zeitgleich beginnende Investitionsboom in China haben bereits zu einem weltweiten Kapazitätsaufbau geführt, der auch ohne einen exportorientierten Umbau Südeuropas über die zahlungsfähige Nachfrage hinausgeht. Die Weltwirtschaft befindet sich in einer Stagnationsfalle (Foster/McChesney 2012). Damit werden sich auch die schon lange zu beobachtenden sozialen und regionalen Spaltungen in Europa weiter verschärfen (Bonesmo Fredriksen 2012; Europäisches Gewerkschaftsinstitut 2012).

Ursache dieser sozialen Spaltungen sind die Veränderungen der Klassenverhältnisse, die zur Durchsetzung des neoliberalen Politikmodells geführt haben – ein Politikmodell, dem Regierungen in Europa trotz Wirtschaftskrise und damit verbundenem Legitimationsverlust immer noch folgen. Diese Veränderungen haben auf beiden Seiten der Klassenspaltung zwischen Lohnarbeit und Kapital stattgefunden. Auf Seiten der Bourgeoisie führte die oben genannte Furcht vor Profitklemme und Einschränkung privater Verfügungsrechte durch betriebliche Mitbestimmung und demokratische Partizipation erstens zu einer Abkehr vom Managerkapitalismus mitsamt seiner korporatistischen Abstimmung mit Staat und Gewerkschaften auf nationalstaatlicher Ebene. Zweitens führte sie zur massiven Förderung des internationalen Finanzsystems. Sofern nationalstaatliche Korporatismen bestehen blieben, erfuhren sie einen Funktionswandel: Weg von der Aushandlung nationaler Klassenkompromisse und hin zur Erfüllung von Renditeforderungen, die von den internationalen Finanzmärkten vorgegeben wurden.

Möglich wurde die damit verbundene Macht- und Einkommensverschiebung von Lohnarbeit zum Kapital, weil es den Arbeiterbewegungen gerade nicht gelungen war, die private Investitionsfreiheit einzuschränken. Dies betraf vor allem die Industriearbeiterschaft, die besser als andere Arbeiterschichten organisiert und gegenüber dem Kapital auch am durchsetzungsfähigsten war. IndustriearbeiterInnen stellten auch ein zentrales Stimmenreservoir sozialdemokratischer Parteien dar. Sie konnten für eine Verallgemeinerung sozialer Standards sorgen, welche von der organisierten Industriearbeiterschaft errungen worden waren. In seinen Glanzzeiten war die Hegemonie dieses sozialdemokratischen Modells so stark, dass ihm auch konservative Parteien und Regierungen folgen mussten. Mit der Schwächung des Kerns des Sozial-staatsblocks, der Industriearbeiterschaft, ging jedoch nicht nur eine allgemeine Schwächung der Gewerkschaften, sondern auch der Sozialdemokratie einher.

Letztere konnte zwar in verschiedenen Bevölkerungsgruppen immer wieder WählerInnen und durch Bezugnahme auf die gute alte Zeit des Sozialstaats auch Wahlen gewinnen. Aber ihr Charakter hatte sich gewandelt. So wie konservative Parteien während der Nachkriegsprosperität sozialdemokratische Politik betreiben mussten, glaubten SozialdemokratInnen nach Ende des Kalten Krieges, ihre Position im politischen System nur durch Übernahme des neoliberalen Politikmodells behaupten zu können (Evans/Schmidt 2012). Richtig ist dies aber nur insofern, als die Alternativlosigkeit bei Parlaments-wahlen dazu geführt hat, dass die Wahlbeteiligung zunehmend auf jene Bevölkerungsschichten zusammenschrumpfte, die von der neoliberalen Um-verteilungspolitik profitieren oder zu profitieren hoffen. Gleichzeitig wächst, insbesondere am unteren Ende der Einkommens- und Machtverteilung, die Zahl derer, die sich vom politischen System nicht mehr repräsentiert fühlen, die sich bestenfalls als ProtestwählerInnen mobilisieren oder in Ausnahme-fällen zu gewalttätigen Ausschreitungen hinreißen lassen.

Ohne den neoliberalen Konsens in Frage zu stellen, wurden auf diese Weise immer wieder Legitimationsprobleme am Rand der Gesellschaft sichtbar. Im Zuge der Euro-Krise haben sich diese Probleme bis tief in die Mitte der Ge-sellschaft gefressen und stellen damit sowohl den neoliberalen Kapitalismus als auch die EU in Frage, die diesem Kapitalismusmodell einen institutionellen Überbau geschaffen hat. Das gilt, wenngleich aus etwas unterschiedlichen Gründen, für die Schuldnerstaaten der Peripherien in Ost- und Südeuropa ebenso wie für die Gläubigerstaaten in den Zentren Nordwesteuropas. Mit der doppelten Legitimationskrise von Neoliberalismus und EU kehrt die Frage nach Alternativen auf die politische Bühne zurück.

Legitimationsprobleme des Euro-Kapitalismus und politische Alternativen

Die europäische Integration war lange Zeit ein Projekt, für das sich nur po-litische und wirtschaftliche Eliten interessierten. Bedeutender für den Alltag breitester Bevölkerungsschichten in Ost- und Westeuropa waren die soziale und politische Stabilität, welche die Nachkriegsjahrzehnte so deutlich von den Weltkriegen, Wirtschaftskrisen, Revolutionen und Konterrevolutionen in der ersten Hälfte des 20. Jahrhunderts unterschied. Diese Stabilität wurde aber nicht auf supranationaler Ebene organisiert, sondern von den Sozialstaaten, die sich trotz grundlegend verschiedener Wirtschaftssysteme im kapitalistischen Westen ebenso wie im staatssozialistischen Osten herausbildeten und dem Nationalstaat nach seiner Verstrickung in Nationalismus, Rassismus, Krieg sowie den damit einhergehenden Verheerungen ungeahnte Popularität einbrachten (Milward 2000). Auch in Osteuropa waren soziale Sicherheit und allmählich wachsender materieller Wohlstand die Elemente, die der Bevölkerungsmehrheit das politisch ungeliebte Sowjetsystem lange Zeit erträglich machte (Haggard/Kaufman 2008: Kap. 4).

In den 1980er Jahren gerieten die Sozialstaaten Westeuropas jedoch, wie bereits erwähnt, unter den Druck des neoliberalen Gesellschaftsumbaus, der unter anderem mit Hilfe des EU-Binnenmarkts vorangetrieben wurde. Zur gleichen Zeit war Osteuropa in eine Stagnationsphase eingetreten, die eine immer tiefere Kluft zwischen sozialstaatlichen Versprechungen und Erwartungen auf der einen und tatsächliche soziale Leistungen auf der anderen Seite trieb und die Legitimationsreserven der staatssozialistischen Regimes rasch aufbrauchte (Haggard/Kaufman 2008). Nach dem Zusammenbruch des Staatssozialismus und der neoliberalen Schocktherapie wurden die Weichen bereits 1993 in Richtung EU-Mitgliedschaft gestellt. 2004 traten zehn osteuropäische Länder der EU bei, 2007 folgten mit Bulgarien und Rumänien zwei weitere. In Westeuropa konnte sich der Neoliberalismus aufgrund der institutionellen Kontinuität von wirtschaftlichem und politischem System nur schrittweise durchsetzen, in Osteuropa kam er mit einem Schlag. Institutionalisiert wurde er in Ost und West durch das Regelwerk der EU, das den Mitgliedstaaten zwar nicht jede einzelne Maßnahme vorschrieb, die neoliberale Richtung aber umso bestimmter vorgab (Hermann 2007).

Außerhalb neoliberaler Denkfabriken (Mirowksi/Plehwe 2009) war schnell klar, dass die sozialen Spaltungen, die der Neoliberalismus produziert, sowie der technokratische Charakter der EU zu Legitimationsproblemen führen würden. Dies hatte sich in Westeuropa bereits in den 1980er Jahren abgezeichnet, als der Neoliberalismus, mit Ausnahme Großbritanniens, noch in seinen Kinderschuhen steckte. Der Umbau von Sozialstaaten in Wettbewerbsstaaten (Hirsch 1995) samt der damit einhergehenden Massenarbeitslosigkeit und Absenkung sozialer Standards wurde vielfach als das Werk von international operierenden Unternehmen und supranationalen Institutionen wie der EU wahrgenommen.

Schutz gegen die von außen kommende Verunsicherung schien die Nation zu bieten. Das war insofern richtig, als soziale Sicherungssysteme durchweg auf nationalstaatlicher Ebene angesiedelt waren. Die Berufung auf die Nation als Schutzgemeinschaft gegen die Unbillen des Weltmarktes war aber gleichzeitig verkehrt, weil sie die Rolle heimischer Bourgeoisien und Regierungen beim neoliberalen Umbau ignorierte. Angesichts der Defensive, in die Arbeiter- und andere soziale Bewegungen zu jener Zeit gedrängt waren, erschien der Kampf gegen die Kräfte, die den Neoliberalismus auf nationaler wie internationaler Ebene unterstützten, weniger erfolgversprechend als die Bereitschaft, sich dem neoliberalen Konsens durch Unterstützung des aufkommenden Standortnationalismus unterzuordnen.

Aus dieser Perspektive erscheint der ökonomische Kampf um Marktanteile als ein Kampf um nationale Selbstbestimmung, der den Ausschluss von national oder rassistisch als minderwertig stigmatisierten Bevölkerungsgruppen erforderte. Nationalismus und Rassismus, die im Staatensystem des globalen Kapitalismus strukturell angelegt sind (Balibar/Wallerstein 1992), wurden zu aktuellen Ausdrucksformen der Legitimationsdefizite des Neoliberalismus (Heitmeyer/Loch 2001). Dabei waren die Wahl rechtspopulistischer Parteien und Terror gegen EinwanderInnen hauptsächlich die Sache von Verlierern des neoliberalen Umbaus. Dieser offene Rechtsradikalismus hatte allerdings einen Resonanzboden in der Mitte der Gesellschaft, die selbst zunehmend von der Frage verunsichert wurde, wie lange ihr Beitrag zur nationalen Wertschöpfung im internationalen Konkurrenzkampf noch gebraucht werde (Ehrenreich 1989).

Dieses Muster von neoliberalem Gesellschaftsumbau, Verunsicherung in der Mitte der Gesellschaft und offenem Rechtsradikalismus hatte sich in Westeuropa bereits in den 1980er Jahren etabliert. Die neoliberale Globalisierung nach Ende des Kalten Krieges drohte diese Entwicklung noch zu verschärfen. Zudem trat die EU seit der Unterzeichnung des Maastrichter Vertrages 1992 und dem Beginn der Beitrittsverhandlungen mit den postkommunistischen Staaten Osteuropas 1993 immer mehr als Schrittmacher des Neoliberalismus in Erscheinung, ohne dass ihre Institutionen irgendeiner parlamentarischen Kontrolle unterlagen. Die Rede vom demokratischen Defizit der EU wurde zu einem Allgemeinplatz.

Ein Angebot zur Legitimationsbeschaffung kam in jener Zeit aus den USA. Das Ende der Systemkonkurrenz sowie der gleichzeitige Aufbau globaler Informationsnetzwerke seien, so verkündeten es die Spin Doctors des US-Präsidenten Bill Clinton, die Grundlage einer New Economy, die die Verteilungskonflikte des industriellen Zeitalters hinter sich lasse. Die Botschaft von der New Economy wurde von den Meinungsmachern Europas bereitwillig übernommen, aber um einen weiteren Aspekt ergänzt: Die Rede vom Europäischen Sozialmodell. Damit konnten sich die politischen Eliten Europas von den USA in gewissem Umfang abgrenzen und so dem verbreiteten Unbehagen am neuen Selbstbewusstsein der nach dem Kalten Krieg verbleibenden Supermacht nachgeben. Gleichzeitig erlaubte das Europäische Sozialmodell die Integration der vom neoliberalen Umbau arg gebeutelten Gewerkschaften. Diese hatten schon lange gefordert, dass der Marktintegration die soziale Integration folgen müsse, und nahmen die Einladung zur Mitwirkung an einer ganzen Serie korporatistischer Gesprächsrunden auf EU-Ebene nur allzu gern an. Möglich wurde die Institutionalisierung dieses EU-Korporatismus in den späten 1990er Jahren, weil eine Mehrheit der EU-Mitgliedsländer zu jener Zeit sozialdemokratisch regiert wurde. Die materiellen Effekte des Europäischen Sozialmodells waren jedoch marginal (Schmidt 2009). Die Schaffung neuer Institutionen auf EU-Ebene ging nicht mit der Bereitstellung sozialer Leistungen einher, zugleich wurden Kürzungen auf nationalstaatlicher Ebene, nicht zuletzt unter dem Druck der EU, weiter vorangetrieben.

In Osteuropa wurde die Ernüchterung über das Ausbleiben einer neuen Prosperität und die unerfüllten Versprechen des Europäischen Sozialmodells zuerst sichtbar. Dort hatten die kommunistischen Parteien einiger Länder sich in sozialdemokratische Parteien verwandelt und konnten mit dem Versprechen der Durchsetzung sozialer Rechte im gerade erst entstehenden Kapitalismus sogar Wahlen gewinnen (Gowan 1997). Die Sozialstaatsentwicklung in Osteuropa ruhte jedoch auf noch schwächeren Füßen als im Südeuropa der 1980er Jahre. Nachdem klar war, dass die Erwartungen, die in diese Entwicklung gesetzt wurden, nicht erfüllt wurden, machten sich Enttäuschung und Verbitterung breit, die vielfach nationalistisch aufgeladen wurden (Becker 2006; Journal of Democracy 2007).

Diese Reaktion war in gewisser Hinsicht unausweichlich. Der Sowjetkommunismus war in Osteuropa vollständig diskreditiert, westliche Investoren und EU-Bürokraten hatten die Vorschusslorbeeren schnell verspielt, mit denen der Kapitalismus Anfang der 1990er Jahre Einzug gehalten hatte. Einer kleinen Zahl von Transformations-GewinnerInnen stand ein Heer von VerliererInnen gegenüber. Nachdem auch die Hoffnungen in die nunmehr als SozialdemokratInnen auftretenden PostkommunistInnen enttäuscht wurden, waren linke Alternativen zur Unterordnung unter die neuen Herren aus dem kapitalistischen Westen kaum mehr vorstellbar. Kommunismus und Kapitalismus, einschließlich seiner sozialdemokratisch eingehegten Form, waren in den Augen weiter Bevölkerungskreise gleichermaßen diskreditiert, die aufkommende Ablehnung des neuen Systems und der Wunsch nach Alternativen führte zur Sehnsucht nach der Wiederherstellung nationaler Größe, die es in einer lange zurückliegenden Vergangenheit, vor Einbruch sowjetischer Politkommissare und westlicher Finanziers, gegeben haben soll (Langenbacher/Schellenberg 2011: 197-242).

In Westeuropa führten die Große Rezession und die Euro-Krise zu einem neuen Aufschwung rechtspopulistischer und rechtsradikaler Parteien, deren Bedeutung während des New Economy-Aufschwungs der 1990er Jahre und der daran geknüpften Erwartungen zurückgegangen war (Langenbacher/ Schellenberg 2011: 57-196). Vor diesen Krisen war es weniger die Suche nach grundlegenden wirtschafts- und gesellschaftspolitischen Alternativen, die eben auch rechtsradikal oder -populistisch artikuliert werden kann, die den herrschenden Eliten Europas Kopfschmerzen bereitete, sondern die Ablehnung der EU-Verfassung in den Niederlanden und Frankreich. Dass der daraufhin zum EU-Vertrag heruntergestufte Verfassungsvertrag irischen WählerInnen noch ein zweites Mal zur Abstimmung vorgelegt wurde, weil beim ersten Mal nicht das gewünschte Ergebnis zustande gekommen war, unterstrich nur den technokratisch-arroganten Charakter, den EU-Bürokratie und nationale Regierungen gegenüber den Bevölkerung in den Mitgliedsstaaten an den Tag legen.

Diese politischen Legitimationsprobleme wurden durch die seit 2008 in verschiedenen Formen auftretenden Wirtschaftskrisen und die damit sprunghaft verschärften sozialen Konflikte in ein umfassendes und tiefes Legitimationsdefizit des neoliberalen Kapitalismus und seiner Institutionen transformiert (Streeck 2011). Der neoliberale Konsens, der noch vor einigen Jahren an den linken und rechten Rändern des politischen Spektrums umso lauter beklagt wurde, je unverrückbarer er in der Mitte der Gesellschaft zu ruhen schien, ist in Auflösung begriffen.

Dass das gegenwärtige Krisenmanagement trotzdem neoliberalen Mustern folgt, liegt vor allem daran, dass die Kräfte der Opposition in alle möglichen Richtungen zerstreut sind. Dabei stehen sich nicht nur linke und rechte Alternativen gegenüber, erstere auf Demokratie und Solidarität setzend, während letztere die gesellschaftliche Abschließung und Ausgrenzung nach nationalen und rassistischen Kriterien anstreben. Vielmehr wird links wie rechts darüber gestritten, ob das jeweils angestrebte Gesellschaftsmodell auf nationaler oder europäischer Ebene realisiert werden kann. Auf der Linken wird alles vom Selbstbestimmungsrecht der Nationen bis zu den Vereinigten Sozialistischen Staaten von Europa diskutiert, während sich die Rechte darin einig ist, dass die jeweiligen Nationen gegeneinander abgeschlossen und ihre Wertigkeit im Kampf Nation gegen Nation auszutragen haben. Was auf der Linken wie der Rechten weitgehend fehlt, sind ökonomische Alternativen zum Neoliberalismus oder zum Kapitalismus insgesamt. Das Scheitern von Sowjetkommunismus und Sozialdemokratie im 20. Jahrhundert behindert die Entwicklung eines sozialistischen Projektes für das 21. Jahrhundert trotz des lauter werdenden Rufes nach Alternativen.

In dieser Situation stoßen chauvinistische und nationalistische Appelle auf offene Ohren, obwohl die Rechte den gegenwärtig im Namen des Marktes betriebenen Verteilungskampf nicht aufgeben, sondern im Namen von Nation und »Rasse« fortführen will. Ohne eine linke Alternative, die an den unmittelbaren Bedürfnissen jener Bevölkerungsgruppen anknüpft, die gegenwärtig unter der neoliberalen Austeritätspolitik zu leiden haben, wird ein politischer Rechtsruck kaum zu stoppen sein.

Quellenverzeichnis

Andor, Laszlo / Summers, Martin 1998: Market Failure – Eastern Europe's »Economic Miracle«. London.

Balibar, Étienne / Wallerstein, Immanuel 1992: Rasse, Klasse, Nation. Ambivalente Identitäten. Berlin.

Becker, Joachim 2006: Transformation, soziale Unsicherheit und der Aufstieg der Nationalkonservativen in Zentralosteuropa. In: Prokla 36 (3). S. 397-417.

Bonesmo Fredriksen, Kaja 2012: Income Inequality in the European Union. In: OECD Economics Department Working Papers 952 (2012).

Cerami, Alfio 2007: Social Policy in Central and Eastern Europe. The Emergence of a New European Welfare Regime. Münster.

Dale, Gareth (Hg.) 2011: First the Transition, Then the Crash. Eastern Europe in the 2000s. London.

Ehrenreich, Barbara 1989: Fear of Falling – The Inner Life of the Middle Class. New York.

Evans, Bryan / Schmidt, Ingo (Hg.) 2012: Social Democracy after the Cold War. Athabasca.

Europäische Kommission 2012: Current Account Surpluses in the EU. Brussels.

Europäisches Gewerkschaftsinstitut 2012: Benchmarking Working Europe 2012. Brüssel.

Ferrera, Maurizio 1996: The »Southern Model« of Welfare in Social Europe. In: Journal of European Social Policy 17 (6). S. 17-37.

Freeman, Richard 1995: Are your Wages Set in Beijing? The Journal of Economic Perspectives 9 (3). S. 15-32.

Foster, John Bellamy / McChesney, Robert W. 2012: The Endless Crisis. How Monopoly-Finance Capital Produces Stagnation and Upheaval from the USA to China. New York.

Gowan, Peter 1997: The Post-Communist Socialists in Eastern and Central Europe. In: Sassoon, Donald (Hg.): Looking Left. Socialism in Europe after the Cold War. New York. S. 143-176.

Grahl, John 1997: After Maastricht. A Guide to European Monetary Union. London.

Haggard, Stephan / Kaufman, Robert R. 2008: Development, Democracy, and Welfare States. Latin America, East Asia, and Eastern Europe. Princeton.

Heitmeyer, Wilhelm / Loch, Dietmar 2001: Schattenseiten der Globalisierung. Rechtsradikalismus, Rechtspopulismus und separatistischer Regionalismus in westlichen Demokratien. Frankfurt/Main.

Hermann, Christoph 2007: Neoliberalism in the European Union. In: Studies in Political Economy 79 (2007). S. 61-89.

Hirsch, Joachim 1995: Der nationale Wettbewerbsstaat. Staat, Demokratie und Politik im globalen Kapitalismus. Berlin, Amsterdam.

Journal of Democracy 2007: Is East-Central Europe Backsliding? Special Focus 18.

Langenbacher, Nora / Schellenberg, Britta (Hg.) 2011: Europa auf dem »rechten« Weg? Rechtsextremismus und Rechtspopulismus in Europa. Berlin.

Lapavitsas, Costas / Kaltenbrunner, Annina / Lindo, Duncan / Michell, J. / Painceira, Juan Pablo / Pires, Eugenia / Powell, Jeff / Stenfors, Alexis / Teles, Nuno 2010: Eurozone Crisis: Beggar Thyself and Thy Neighbour. Research on Money and Finance. Occasional Report. London.

Milward, Alan S. 2000: The European Rescue of the Nation-State. London, New York.

Mirowksi, Philip / Plehwe, Dieter (Hg.) 2009: The Road from Mont Pelerin. The Making of the Neoliberal Thought Collective. Cambridge.

Onaran, Özlem 2010: The Crisis of Capitalism in Europe, West and East. In: Monthly Review 62 (5). S. 18-33.

Rae, Gavin 2011: On the Periphery. The Uneven Development of the European Union and the Effects of Economic Crisis on Central-Eastern Europe. In: Global Society 25 (2). S. 249-266.

Schmidt, Ingo 2009: New Institutions, Old Ideas. The Passing Moment of the European Social Model. In: Studies in Political Economy 84. S. 7-28.

Schmidt, Ingo 2011a: There Were Alternatives. Lessons from Efforts to Advance Beyond Keynesian and Neoliberal Economic Policies in the 1970s. In: Working USA 14 (4). S. 473-498.

Schmidt, Ingo 2011b: European Capitalism. Varieties of Crises. In: Alternate Routes 34. S. 71-86.

Schui, Herbert / Blankenburg, Stephanie 2002: Neoliberalismus. Theorie, Gegner, Praxis. Hamburg.

Spiegel.de 2011: Juncker fordert Treuhand-Modell für Griechenland. http://www.spiegel.de/wirtschaft/soziales/euro-krise-juncker-fordert-treuhand-modell-fuer-griechenland-a-764072.html, 21.5.11 (Zugriff: 9.10.12).

Streeck, Wolfgang 2011: The Crises of Democractic Capitalism. In: New Left Review 71. S. 5-29.

Patrick Schreiner

Die »Nation« als neoliberale Existenzgemeinschaft
Gescheiterte Heilslehren, gebrochene Versprechen und ökonomisch-soziale Krisen

> »Praktiker, die sich ganz frei von intellektuellen Einflüssen glauben, sind gewöhnlich die Sklaven irgendeines verblichenen Ökonomen«
> (John Maynard Keynes 2009: 323).

Mit dem folgenden Artikel möchte ich einen Beitrag leisten für ein besseres Verständnis der aktuellen Finanz- und Wirtschaftskrise in Europa sowie insbesondere ihrer politischen und sozialen Konsequenzen. Ich bin der Auffassung, dass ein solches Verständnis einerseits die nationalistische Verfassung des kapitalistischen Staats und seiner Wirtschaft berücksichtigen, andererseits aber auch den ökonomischen Spezifika des Neoliberalismus als der aktuellsten Form des Kapitalismus gerecht werden muss. Mein Artikel wird daher theoretische Überlegungen zum Thema aufgreifen und systematisieren, die in den vergangenen Jahren sowohl von kapitalismuskritischer als auch von nationalismuskritischer Seite angestellt wurden. Im Mittelpunkt steht dabei die These, dass sich mit dem Neoliberalismus die Vorstellung von »Nation« gewandelt hat: »Nation« wird heute als eine Art »nationale und neoliberale Existenzgemeinschaft« gedacht, wie sich nicht zuletzt in der aktuellen Krise zeigt.

Vom nationalen Fordismus zum nationalen Wettbewerbsstaat

Die neuere Nationalismusforschung beharrt mit Recht auf dem konstitutiven Charakter, den nationalistisches Denken hat. »Nation« ist für sie nichts Gegebenes, sondern etwas diskursiv-kulturell Gemachtes. Für Benedict Anderson sind Nationen »imagined communities«, die bei ihm allerdings noch beinahe automatisch aus ökonomischen und technologischen Entwicklungen der (früh-)kapitalistischen Moderne resultieren (Anderson 2006). Indem sie den performativen Charakter des Nationalismus stärker betont, geht die postklassische Nationalismusforschung noch einen Schritt weiter (Schreiner 2011: 98). So steht bei Rogers Brubaker das Werden der »Nation« in und zwischen Staaten im Mittelpunkt des Interesses:

> »We should not ask ›what is a nation‹ but rather: how is nationhood as a political and cultural form institutionalized within and among states?

How does nation work as practical category, as classificatory scheme, as cognitive frame?« (Brubaker 1996: 16).

Im Fordismus war die diskursive Konstitution von »Nation« unter anderem geprägt von einem – durch die Arbeiterbewegung in Jahrzehnten erkämpften – Klassenkompromiss zwischen Arbeiterklasse und Mittelschicht sowie Kapital. Bei allen Unterschieden im Detail war der breit institutionalisierte Wohlfahrtskapitalismus das maßgebende Regulationsmodell in den westlichen Staaten (Schmidt 2008: 15-17). Soziale Ungleichheit konnte er einigermaßen begrenzen. Abhängig Beschäftigte befanden sich dank einer breiten sozialen Sicherung und umfassender Schutzrechte in einer starken Position gegenüber ihren Arbeitgebern; Gewerkschaften waren starke gesellschaftliche Akteure, kollektive Lohnverhandlungen und hohe Lohnsteigerungen die Norm. Dies erschien angesichts hoher Wachstumsraten und Produktivitätsgewinne selbst der Kapitalseite vertretbar. Löhne, Produktivität, Investitionen und Produktion trieben sich wechselseitig voran und bildeten so die Grundlage für allgemeinen Wohlstand (Palley 2012).

Für die Konstitution der »Nation« war dabei materielle Teilhabe ein entscheidender Faktor. Nicht zuletzt um Arbeiterklasse und Mittelschicht angesichts der Konkurrenz der Systeme – Kapitalismus versus real existierender Sozialismus – an den Kapitalismus zu binden, gingen gute Bezahlung und soziale Sicherheit einher mit der Zugehörigkeit zur »Nation«. Oder umgekehrt: Dieser Klassenkompromiss war die Grundlage dafür, dass »Nation« als etwas Klassenübergreifendes und etwas dem Lohnverhältnis Vorgängiges gedacht und performativ konstituiert werden konnte.

Dennoch waren ethnisch begründete Differenzierung und rassistische Ausgrenzung wesentliche Bestandteile auch dieser fordistischen Form des nationalistischen Klassenkompromisses. So fungierten weitgehend geschlossene geografische Grenzen als Instrumente der Regulation von Migration (Balibar 1993: 91), Waren, Dienstleistungen und Kapital. Im Inneren bildete sich eine Art segregierender Arbeitsteilung heraus, derzufolge autochthone und allochthone »ethnische« Minderheiten ökonomisch auf niedrigem Niveau teilhaben konnten, aber gesellschaftlich doch ausgeschlossen blieben: »Der ›Fremde‹ erfüllt bestimmte, anerkannte Aufgaben, so daß er ungeachtet ›unserer‹ Konflikte mit seiner Gemeinschaft eine Ergänzung zu ›uns‹ darstellt, statt mit ›uns‹ zu konkurrieren« (Hobsbawm 2005: 187).

Im Neoliberalismus änderte diese Dichotomie von »Wir« und »Sie« ihre Form und Funktion. Wesentlichste Grundlage für diese Veränderungsprozesse war die Fortentwicklung der reguliert-kapitalistischen Nationalstaaten zu »nationalen Wettbewerbsstaaten« (Hirsch 1995). Nationalstaaten sind mit dem Ende des Fordismus – etwa Ende der 1970er/Anfang der 1980er Jahre

– in eine stärkere wechselseitige ökonomische Konkurrenz getreten, was sich wiederum auf deren innere Konstitution auswirkte (Hirsch 1995; Schmidt 2008; Harvey 2011). Dabei steht der Neoliberalismus insoweit in Kontinuität zum Fordismus, als beide spezifische Formen der Regulierung des Kapitalismus mit sich bringen, die in gleichfalls spezifischer Weise »Nationen« und Nationalismen konstituieren.

Diese Regulierung allerdings funktioniert im Neoliberalismus gänzlich anders als zuvor im Fordismus. An die Stelle sozialer Sicherung trat verstärkt marktbasierte Eigenvorsorge, ideologisch als Freiheit und Selbstverantwortung verkauft. An die Stelle korporativer Aushandlung trat die systematische Schwächung kollektiver Interessenvertretung der Arbeiterinnen und Arbeiter. Profite sollten fortan nicht mehr dank wachsender Massenkaufkraft, sondern durch sinkende Löhne erzielt werden. Staatlicher Interventionismus machte Marktfundamentalismen und Deregulierungen Platz, Kapitalverkehrskontrollen wurden abgebaut. Demgegenüber trat das Ziel der Vollbeschäftigung, wenngleich nicht rhetorisch, so doch faktisch in den Hintergrund.

Soziale Ungleichheit wird im Neoliberalismus offensiv als notwendige Konsequenz wachsenden Wohlstands in einem von zunehmender Konkurrenz geprägten Umfeld verteidigt. Es ist dies eine Konkurrenz zwischen Nationalstaaten, die sich als Konkurrenz von Wirtschaftsstandorten darstellt – als »Standortwettbewerb« in der »Globalisierung«. Nationalismus wird damit (auch) Standortnationalismus.[1] Niedrige Löhne, niedrige Steuern und ein niedriges soziales Schutzniveau werden zum »Standortvorteil« des »nationalen Wettbewerbsstaats« im Streben nach der Gunst des Kapitals (Hirsch 1995: 94-100). Standortkonkurrenz ist damit immer auch Konkurrenz der Lohnabhängigen.

Die sozialen und ökonomischen Konsequenzen des Neoliberalismus sind bekannt: Soziale Ungleichheit und Verelendung sind – keineswegs nur in »westlichen« Staaten – geradezu explodiert, die Lohnquoten sind gefallen, Märkte wurden instabil und krisenhaft, aus fehlender volkswirtschaftlicher Nachfrage resultierte eine zunehmende private und öffentliche Verschuldung (Schreiner 2012a; Palley 2012). Die aktuelle Finanz- und Wirtschaftskrise lässt sich damit durchaus auch – wenngleich nicht ausschließlich – als Nachfrage- und Verteilungskrise verstehen (Bofinger 2012; Kumhof/Rancière 2010; Treeck 2012).

---

1 Siehe dazu den Artikel von Christoph Butterwegge in diesem Band.

Nationale Zugehörigkeit als Existenzfrage

Nationalstaat und Nationalismus verlieren mit der neoliberalen Globalisierung allerdings keineswegs an Bedeutung, im Gegenteil. Gerade die zunehmende soziale und ökonomische Ungleichheit innerhalb von Staaten wie auch die Wettbewerbssituation zwischen den Staaten macht nationalistische Kohäsion umso bedeutsamer.[2] Wenn mit der neoliberalen Globalisierung die Staatsgrenzen als Regulierungsinstrumente in mancherlei Hinsicht an Bedeutung verlieren, so wird die ideologische Grenzziehung für die Konstitution der »Nation« umso wichtiger:

»[...] the neoliberal state needs nationalism of a certain sort to survive. Forced to operate as a competitive agent in the world market and seeking to establish the best possible business climate, it mobilizes nationalism in its effort to succeed. Competition produces ephemeral winners and losers in the global struggle for position, and this in itself can be a source of national pride or of national soul-searching« (Harvey 2011: 85).

Es wäre aber verfehlt, im Nationalismus fortan einzig die verlogen menschelnde Tünche zu sehen, hinter der der hässliche Neoliberalismus optisch zum Verschwinden kommt. Das ist er sicherlich auch – da Kohäsion nun nicht mehr primär durch soziale und ökonomische Teilhabe gewährleistet werden soll, wächst die Bedeutung nationalistischer Ideologien. Sie sollen Zusammenhalt gewährleisten, wo Ausbeutung und Ausgrenzung immer weiter um sich greifen.

Zugehörigkeit hat darüber hinaus aber durchaus nach wie vor auch eine explizit materielle Grundlage. Immer schon war sie eine menschliche Existenzfrage (Hirsch 1995: 122; Balibar 1993: 55), und sie ist es im Neoliberalismus noch. Anders ist materielle Existenz in arbeitsteiligen Gesellschaften auch schlicht nicht zu denken. In jeder Gesellschaft, die auf Arbeitsteilung beruht, sind Menschen existenziell auf die Ergebnisse der Arbeit anderer Menschen angewiesen. Dass die Allgemeine Erklärung der Menschenrechte von 1948 in Artikel 15 ein »Recht auf Staatsangehörigkeit« niederschreibt, gründet auch in diesem Umstand.

Und doch unterscheiden sich Neoliberalismus und Fordismus in diesem Punkt fundamental. Im abgeschotteten, von korporativem Ausgleich geprägten fordistischen Nationalstaat wurde die existentielle Bedeutung

---

2 Wie auch staatliche Repression – um die es hier aber nicht gehen soll. Gleichwohl sei zumindest erwähnt, dass die Bedeutung des Staates im Neoliberalismus gerade nicht abnimmt, sondern dieser in seiner Funktion als repressiv-kontrollierendem »Leviathan« sogar deutlich an Bedeutung gewinnt (Wacquant 2012; Oberndorfer 2012).

nationaler Zugehörigkeit im Inneren noch nicht unmittelbar spürbar. Auf brutale Weise umso deutlicher allerdings wurde sie für jene, die im Außen zu bleiben gezwungen waren – etwa Flüchtlinge, die an abgeschotteten Grenzen ihr Leben verloren, oder Angehörige verelendeter und ausgebeuteter Staaten der damals so genannten »Dritten Welt«. Letzteres verschwindet mit Neoliberalismus und Globalisierung keineswegs (Bauman 2005).

Zusätzlich aber wird die existentielle Bedeutung nationaler Zugehörigkeit nun auch im Inneren der westlichen Nationalstaaten deutlich spürbar. In der Konkurrenz mit anderen »Standorten« erodieren soziale Ordnungen; Sicherungssysteme und geordnete Arbeitsmärkte werden geschleift. Im deregulierten Kapitalismus ist materielle Existenz keineswegs mehr garantiert, ein angemessenes materielles Existenzniveau schon gar nicht. Die »Nation« wird damit auch im Bewusstsein der Arbeiterklasse und der Mittelschicht zu einer Art »nationaler und neoliberaler Existenzgemeinschaft«.

Es ist dies eine Gemeinschaft, die in Konkurrenz zu anderen Gemeinschaften steht; und es ist dies eine Gemeinschaft, für deren Erfolg im Konkurrenzkampf individuelle Opfer erbracht werden sollen. Die individuelle materielle Existenz bedingt nun – direkt oder indirekt, faktisch und ideologisch – den Erfolg des »eigenen« Nationalstaats in der internationalen Konkurrenz. Letztlich folgten auch Gewerkschaften und sozialdemokratische Parteien diesem Diktum, für das sich unter dem Schlagwort der Globalisierung rechtfertigende Sachzwänge zuhauf finden ließen. Dauerarbeitslosigkeit und – für einen Teil der Betroffenen – die rassistische Verweigerung der Staatsbürgerschaft sorgte zusätzlich für die Disziplinierung des materiellen Anspruchsdenkens der abhängig Beschäftigten (Balibar 1993: 167).

Materielles Anspruchsdenken als solches ist allerdings selbst für den Neoliberalismus keineswegs passé. Es wird nun aber konditioniert und differenziert. Konditioniert wird es, indem Bedingungen erfüllen muss, wer Ansprüche auf Teilhabe am gesellschaftlichen Wohlstand erheben möchte. Die wesentlichste dieser Bedingungen ist »Leistung«, die Individuen für die nationale Existenzgemeinschaft zu erbringen haben (Butterwegge 2007; Degele/Winkler 2011). Differenziert wird das Anspruchsdenken, indem diese Bedingungen – analog zur sozialen und ökonomischen Differenzierung der Gesellschaft[3] – keineswegs für alle Menschen gleich sind. Für die umworbene herrschende globale Managerklasse sind sie vorteilhafter als für das herz- und psychisch kranke, aber materiell gut ausgestattete mittlere Management. Von einfachen Angestellten und der industriellen Facharbeiterschaft werden schon sehr viel mehr zeitliche Flexibilität als früher und eine deutliche Lohnzurückhaltung

---

3   Zu den gesellschaftlichen Folgen sozialer Ungleichheit vgl. Wilkinson/Pickett 2010.

verlangt, während für die untere Arbeiterklasse prekäre Beschäftigung und Niedriglöhne zum Normalfall werden. Weitere Differenzierungen basieren etwa auf Geschlecht, Alter, »ethnischer« Herkunft oder Staatsangehörigkeit. Neben dem faktisch nicht eingelösten Versprechen sozialer Mobilität und neben nationalistischen Symboliken bilden quasi-religiöse Heilsversprechen den ideologischen Kitt, der diese Gesellschaften trotz massiver Entsolidarisierungsprozesse auf gesamt-nationalstaatlicher Ebene zusammenhalten soll. Die Differenzierung und Konditionierung des Anspruchs auf materielle Existenz fügt sich darin vermeintlich bruchlos ein: Vom heutigen Verzicht auf materiellen Wohlstand, den »wir alle« (tatsächlich nur die unteren vielleicht 80 Prozent) zu akzeptieren haben, soll die nationale Existenzgemeinschaft im Konkurrenzkampf profitieren – sodass vom vermeintlich wachsenden Wohlstand in Zukunft gleichfalls »wir alle« profitieren können (tatsächlich aber vor allem die oberen vielleicht 10 oder 20 Prozent). Als erpresserische Kontrastfolie dazu dienen jene elenden Verliererinnen und Verlierer im In- und Ausland, die es immer auch gibt und die »es« noch billiger, noch prekärer und noch flexibler machen. Hier kehren Himmel und Hölle, Paradies und Fegefeuer mit irdisch-ökonomischem Gehalt in säkularer Form wieder.

Wer sich diesem Regime nicht unterwirft, wird diffamiert; mangelnde »Leistungsbereitschaft« oder »-fähigkeit« wird zum nationalen Verrat (Friedrich 2011: 29-31) und zur Ursache sozialer Ungleichheit (Schreiner 2012b) stilisiert. Rechtspopulismus, Sozialdarwinismus, Rassismus und soziale Ausgrenzung sind da nicht weit, wo im Sinne der nationalen Existenzgemeinschaft nach unten getreten und nach oben gebuckelt wird (Butterwegge 2011: 208-212). Die Bedeutung der quasi-religiösen Heilsversprechen für die ideologische Konstitution der neoliberalen »Nation« ist enorm – offenbar unbeirrt von der Tatsache, dass sie empirisch jeder Grundlage entbehren. Gleiches gilt für rassistische und soziale Ausgrenzung.

Die nationale Existenzgemeinschaft und die Krise

Diese ideologische Konstitution neoliberaler Nationalstaaten kommt nicht zuletzt im Zuge der aktuellen Finanz- und Wirtschaftskrise in Europa zum Ausdruck. Die Bindung individueller materieller Existenz an die Zugehörigkeit zu einer »Nation« ist Dreh- und Angelpunkt für das Verständnis nicht nur des neoliberalen Nationalstaats im Allgemeinen, sondern auch für das Verständnis bestimmter Phänomene und Reaktionsweisen rund um die Krise, wie wir sie heute beobachten müssen. Ich will dies im Folgenden abschließend an sechs Beispielen in Form kurzer Andeutungen illustrieren.

1. Neomerkantilismus: Exportüberschüsse gelten aus neoliberaler Sicht als der gängigste Maßstab für den »Erfolg« eines Landes, was in fataler Weise an den Merkantilismus des 17. Jahrhunderts erinnert. Wo eine »Konkurrenz« ist, so die Idee, da muss es auch »Sieger« geben. Ökonomisch ist diese Denke allerdings fatal. Dauerhafte Exportüberschüsse sind alles andere als positiv, steht ihnen doch anderswo notwendig eine steigende Verschuldung gegenüber[4] (Ganßmann 2012). Dennoch gelten die Exportüberschüsse etwa Deutschlands, Österreichs, der Niederlande oder Schwedens gemeinhin als vorbildlich und werden als nationale Leistungen gefeiert – Überschüsse, die auf schwachen Lohnentwicklungen und Sozialabbau im Inland beruhen. Entsprechend werden Lohnsenkungen und Sozialabbau nun auch den »Verlierer«-Ländern, den Ländern mit Außenhandelsdefiziten aufgezwungen – allen voran Griechenland, Portugal und Spanien (Clauwaert/Schömann 2012; Konecny 2012). Euphemistisch wird diese Politik als »innere Abwertung« verniedlicht.

2. Ausgrenzen und Herabwürdigen ganzer Staaten und Gesellschaften: Verbunden werden die eben erwähnten Maßnahmen zur Lohnsenkung und zum Sozialabbau mit diffamierenden Äußerungen über angeblich zu hohe Lohnsteigerungen und eine zu starke Verschuldung, die es in den südeuropäischen Krisenstaaten in den vergangenen Jahren gegeben habe. Und dies, obwohl doch genau diese spiegelbildlich der Grund für den »Erfolg« der Exportüberschussländer waren. Aus dem »Sieg« der einen wird die »Schuld« und das »Versagen« der anderen. Überhaupt wird für die Krise nicht der Neoliberalismus, nicht die Konkurrenz zwischen Staaten und nicht die zunehmende soziale Ungleichheit, sondern das angebliche Versagen ganzer Staaten (Gesellschaften) in der globalisierten Konkurrenz verantwortlich gemacht. Nicht selten wird dabei auf gängige rassistische Klischees zurückgegriffen: Dann ist die Rede von »korrupten, faulen, verschwenderischen, aber streiklustigen Südeuropäern«, von »verlogenen Italienern« oder von »trickreichen und unfähigen Griechen«.

3. Migration: Die mit der Krise zunehmende Migration von Menschen aus Süd- und Osteuropa in die ökonomisch vermeintlich »erfolgreichen« nordwesteuropäischen Staaten wird derzeit unter zwei Blickwinkeln diskutiert und normativ bewertet: Als »gute« Migration gilt jene von Fachkräften, Akademikerinnen und Akademikern, für die Bedarf bestehe, während als »schlechte« Migration jene gilt, die als »Armutsmigration« beschimpft und abgelehnt wird. Die Vorstellung von »Nation« als neoliberaler Existenzgemeinschaft

---

4   Die Exportüberschüsse der einen Volkswirtschaften sind die Importüberschüsse (=Außenhandelsdefizite) der anderen Volkswirtschaften. Solche Außenhandelsdefizite aber müssen finanziert werden. Treten sie dauerhaft auf, führt dies im Regelfall zu steigender privater oder öffentlicher Verschuldung.

kommt in beiden Diskussionssträngen unmittelbar zum Ausdruck. Es ist die Vorstellung, dass individuelle materielle Existenz an die Herkunfts-»Nation« gebunden ist und sein soll – es sei denn, für die eigene Ziel-»Nation« wird ein unmittelbarer (existenzieller) Nutzen erkennbar. Auch hierin zeigt sich jene Konditionierung von materiellem Anspruchsdenken, von der ich oben geschrieben habe.

4. Separatismus: Noch in der ersten Hälfte des 20. Jahrhunderts wehrten sich Separatismen in erster Linie gegen (vermeintliche oder tatsächliche) kulturelle und politische Fremdbestimmung. Dies hat sich zumindest in Europa mit dem Modell des neoliberalen Nationalstaats geändert. Die heutigen Separatismen in Grönland, Flandern, Katalonien, Baskenland oder Norditalien (einschließlich dem Spezialfall Südtirol) argumentieren vorwiegend ökonomisch. Mit dem Selbstbild einer ökonomisch und finanziell erfolgreichen Region (»Nation«) versehen, nimmt man sich zugleich als ökonomisch gefesselt und finanziell gegängelt wahr – gefesselt und gegängelt wahlweise durch ökonomisch schwächere Regionen des eigenen Landes oder durch den Zentralstaat. Dies ist Existenzgemeinschaft in radikalster Form; es ist der Wille, die vermeintlich hinderlichen Regionen im eigenen Land gleich gänzlich loszuwerden.

5. Individuelles Leistungsdenken und Ausgrenzung: Ähnliches lässt sich auch auf individueller Ebene beobachten. Die Menschen sind im Neoliberalismus in großem Maße sozialen Erwartungen und Konditionierungszwängen ausgesetzt. Zum »Erfolg« der nationalen Existenzgemeinschaft in der internationalen Standortkonkurrenz haben vermeintlich alle ihren Beitrag zu erbringen – durch materiellen Verzicht einerseits und durch immer mehr »Leistung« andererseits. Wer dazu – angeblich oder tatsächlich – nicht bereit oder in der Lage ist, erfährt soziale und rassistische Ausgrenzung, wird diffamiert und isoliert. Dies zeigt sich in Deutschland nicht nur regelmäßig in TV-Sendungen zu den Themen »Hartz IV« und Arbeitslosigkeit, sondern aktuell etwa auch in diffamierenden Medienberichten über »faule griechische Taxifahrer« oder »halsstarrige spanische Gewerkschaften«, die von ihren »Besitzständen« nicht lassen wollten und sich daher den neoliberalen »Reformen« verweigerten. Ähnliche Hetze lässt sich auch in anderen Ländern feststellen.

6. Protektionismus: In erstaunlich geringem Umfang spielte bislang Protektionismus bei der Krisenbekämpfung in Europa eine Rolle. Dies mag unter anderem darauf zurückzuführen sein, dass das Europarecht ihn unterbindet und die EU-Kommission als entscheidende Instanz die europäische Freihandels-Ideologie auch in Krisenzeiten – noch – erfolgreich durchzusetzen vermag. Dennoch sind protektionistische Krisenreaktionen keineswegs ausgeschlossen. Es steht zu befürchten, dass man zu ihrer politischen Rechtfertigung auf die Vorstellung einer nationalen Existenzgemeinschaft rekurrieren würde:

Nicht zum Schutz *vor* Angriffen auf Löhne und soziale Errungenschaften und nicht international koordiniert im Sinne einer generellen Begrenzung der Standortkonkurrenz, sondern zur nationalistischen Beschwichtigung angesichts nicht einlösbarer neoliberaler Heilsversprechen *nach* Lohnsenkungen und Sozialabbau dürften protektionistische Maßnahmen zu erwarten sein. Protektionismus wäre dann ein Handeln, auf das zurückgegriffen wird, wenn die Differenz zwischen neoliberalen Heilsversprechen und krisenhafter Realität ein politisch untragbares Maß erreicht.

Quellenverzeichnis

Anderson, Benedict 2006: Imagined Communities. Reflections on the Origin and Spread of Nationalism. London, New York.

Balibar, Étienne 1993: Die Grenzen der Demokratie. Hamburg.

Bauman, Zygmunt (2005): Verworfenes Leben. Die Ausgegrenzten der Moderne. Bonn.

Bofinger, Peter 2012: The Impact of Inequality on Macroeconomic Dynamics. http:// ineteconomics.org/sites/inet.civicactions.net/files/bofinger-peter-berlin-paper. pdf (Zugriff: 9.6.12).

Brubaker, Rogers 1996: Nationalism reframed. Nationhood and the national Question in the New Europe. Cambridge, New York, Melbourne.

Butterwegge, Christoph 2007: Rechtfertigung, Maßnahmen und Folgen einer neoliberalen (Sozial-)Politik. In: Butterwegge, Christoph / Lösch, Bettina / Ptak, Ralf (Hg.): Kritik des Neoliberalismus. Wiesbaden. S. 135-220.

Butterwegge, Christoph 2011: Zwischen neoliberaler Standortlogik und rechtspopulistischem Sarrazynismus. Die turbokapitalistische Hochleistungs- und Konkurrenzgesellschaft in der Sinnkrise. In: Friedrich, Sebastian (Hg.): Rassismus in der Leistungsgesellschaft. Analysen und kritische Perspektiven zu den rassistischen Normalisierungsprozessen der »Sarrazindebatte«. Münster. S. 200-214.

Clauwaert, Stefan / Schömann, Isabelle 2012: Arbeitsrechtsreformen in Krisenzeiten. Eine Bestandsaufnahme. In: etui Working Paper 4 (2012). http://www.etui. org/content/download/6195/59247/file/12+WP+2012+04+DE+Web+version. pdf (Zugriff: 18.6.12).

Degele, Nina / Winker, Gabriele 2011: »Leistung muss sich wieder lohnen«. Zur intersektionalen Analyse kultureller Symbole. In: Knüttel, Katharina / Seeliger, Martin (Hg.): Intersektionalität und Kulturindustrie. Zum Verhältnis sozialer Kategorien und kultureller Repräsentationen. Bielefeld. S. 25-53.

Friedrich, Sebastian 2011: Einleitung. Rassismus in der Leistungsgesellschaft. In: Friedrich, Sebastian (Hg.): Rassismus in der Leistungsgesellschaft. Analysen und kritische Perspektiven zu den rassistischen Normalisierungsprozessen der

»Sarrazindebatte«. Münster. S. 8-39.

Ganßmann, Heiner 2012: Merkelantismus. In: Le Monde diplomatique , 14.09.2012.

Harvey, David 2011: A brief History of Neoliberalism. Oxford, New York.

Hirsch, Joachim 1995: Der nationale Wettbewerbsstaat. Staat, Demokratie und Politik im globalen Kapitalismus. Berlin, Amsterdam.

Hobsbawm, Eric 2005: Nationen und Nationalismus. Mythos und Realität seit 1780. Bonn.

Keynes, John Maynard 2009: Allgemeine Theorie der Beschäftigung, des Zinses und des Geldes. Berlin.

Konecny, Martin 2012: Die Herausbildung einer neuen Economic Governance als Strategie zur autoritären Krisenbearbeitung in Europa – gesellschaftliche Akteure und ihre Strategien. In: Prokla 42 (3). S. 377-394.

Kumhof, Michael/ Rancière, Romain 2010: Inequality, Leverage and Crises. In: IMF Working Papers 268 (2010). http://www.imf.org/external/pubs/ft/wp/2010/wp10268.pdf (Zugriff: 9.6.12).

Oberndorfer, Lukas 2012: Die Renaissance des autoritären Liberalismus? Carl Schmitt und der deutsche Neoliberalismus vor dem Hintergrund des Eintritts der »Massen« in die europäische Politik. In: Prokla 42 (3). S. 413-432.

Palley, Thomas 2012: Von der Finanzkrise zur Stagnation. Das Ende allgemeiner Prosperität und die Rolle der Wirtschaftswissenschaften. http://www.gegenblende.de/15-2012/++co++82df618c-9f78-11e1-49bd-52540066f352 (Zugriff: 21.5.12).

Schmidt, Ingo 2008: Kollektiver Imperialismus, Varianten des Neoliberalismus und neue Regionalmächte. In: Schmidt, Ingo (Hg.): Spielarten des Neoliberalismus. USA, Brasilien, Frankreich, Deutschland, Italien, Indien, China, Südkorea, Japan. Hamburg. S. 7-39.

Schreiner, Patrick 2011: Außenkulturpolitik. Internationale Beziehungen und kultureller Austausch. Bielefeld.

Schreiner, Patrick 2012a: Verelendung bis zum großen Knall. Soziale Ungleichheit und Krise. In: Lunapark21 19 (2012). S. 32-35.

Schreiner, Patrick 2012b: Gleiche Bildung, ungleiche Chancen. In: Blätter für deutsche und internationale Politik 7 (2012). S. 29-32.

Treeck, Till van 2012: Did Inequality cause the U.S. Financial Crisis? In: IMK Working Paper 4 (2012). http://www.boeckler.de/pdf/p_imk_wp_91_2012.pdf (Zugriff: 23.5.12).

Wacquant, Loïc 2012: Der neoliberale Leviathan. Eine historische Anthropologie des gegenwärtigen Gesellschaftsregimes. In: Prokla 42 (4). S. 677-698.

Wilkinson, Richard / Pickett, Kate 2010: Gleichheit ist Glück. Warum gerechte Gesellschaften für alle besser sind. Frankfurt/Main.

Sebastian Friedrich

Veränderte Verhältnisse
Rassismus in Zeiten der Krise[1]

Bereits im Juni 2009 erklärte eine Mitarbeiterin des Europäischen Netzwerks gegen Rassismus (Enar), Rassismus nehme mit der Krise zu (Erb 2009). Und im Vorwort einer Studie der Friedrich-Ebert-Stiftung zu »menschenfeindlichen« Einstellungen in Europa wird konstatiert, der extremen Rechten gelinge es gerade in Krisenzeiten, »mit Ausgrenzungsparolen und vermeintlich einfachen Antworten zu punkten« (Zick/Küpper/Höwermann 2011: 9).

Während die Zunahme von Rassismus im Zuge einer Krise ein Gemeinplatz ist, gehen die Antworten auf die Frage nach den Gründen für das Erstarken des Rassismus in Krisenzeiten zum Teil weit auseinander. Zum einen heißt es (vor allem von konservativer Seite), der aufkommende Rassismus hätte seine Ursache in den sichtbaren Migrationsbewegungen bzw. in der Präsenz von Migrant_innen. Andere stellen die soziale Unsicherheit oder die Angst vor sozialem Abstieg in weiten Teilen der Bevölkerung als Grund für die Zunahme von Rassismus heraus. Demnach würden von der Krise Verängstigte die Schuld in Migrant_innen suchen und sie zu Sündenböcken machen. Eine dritte (eher von Teilen der Linken vertretene) Position sieht Rassismus als eine von Eliten eingesetzte oder bediente Ideologie an, um Protest- und Widerstandspotentiale zu schwächen, indem rassistische Spaltungen in die von der Krise betroffenen Gruppen getrieben werden.

Alle drei Erklärungsmuster fassen Rassismus unzureichend. Die konservative Deutung führt das Problem des Rassismus auf das Vorhandensein von Migrant_innen zurück, stellt damit »Überfremdungsängste« der Mehrheitsbevölkerung ins Zentrum ihrer Betrachtung und verschiebt somit in Konsequenz die Schuld den eigentlich von Rassismus Betroffenen zu. Dieser Logik folgend müsste es in Regionen, in denen wenige Migrant_innen leben, kein Problem mit Rassismus geben, umgekehrt müsste in Regionen, in denen viele leben, Rassismus besonders ausgeprägt sein. Meist ist aber genau der umgekehrte Fall Realität. Die ersten beiden Erklärungsmuster haben gemein, dass sie in der Tendenz Rassismus individualisieren, psychologisieren und die emotionale Dimension politischer Widersprüche auf ein Reiz-Reaktions-Schema begrenzen. Dennoch unterscheidet sich die zweite Deutung von der ersten,

---

1 Ich danke für Anmerkungen, Kritiken und Denkanstöße Moritz Altenried, Sara Madjlessi-Roudi, Janek Niggemann, Hannah Schultes, Andrea Strübe und Jens Zimmermann.

da nicht vom Feld der »Kultur« ausgegangen wird, sondern soziale Themen mit einbezogen werden. Es bleibt allerdings die Frage, warum Menschen, die sich »desintegriert« fühlen oder Angst vor dem Verlust von Privilegien und Rechten haben, ihre Wut gegen Migrant_innen richten (Mosler 2012: 21-26). Diese Frage nimmt wiederum die dritte hier dargestellte Position auf, allerdings bleibt bei dieser auch unklar, warum der als Herrschaftsideologie eingesetzte Rassismus anschlussfähig ist und wie er konkret Menschen dazu bringt, mehr Angst vor den Ohnmächtigen als den Mächtigen zu empfinden. Aus dem Blick gerät vor allem die Reichweite des Rassismus und die Frage, wie sich Rassismus neu zusammensetzt und darstellt. Anders gesagt: Es bedarf einer Analyse von Rassismus und Krise, die nicht einem statischen Verständnis von Rassismus folgt, sondern Veränderungen des Rassismus fokussiert.

Ich gehe von einem Wechselverhältnis zwischen Rassismus, Kapitalismus und Krise aus. Um dieses zu bestimmen, zeige ich zunächst anhand einer Zusammenführung vorhandener Rassismus- und Krisentheorien auf, dass Rassismus Konjunkturen unterliegt und dass er in verschiedenen Formen als dynamische politische Strategie nutzbar gemacht wird. Anschließend beleuchte ich den Zusammenhang von Rassismus und derzeitigen Krisendynamiken und skizziere aktuelle Tendenzen, die zum einen eine Reaktualisierung etablierter Rassismen und zum anderen eine Vervielfältigung rassistischer Hierarchien zeigen. Damit versuche ich zu verdeutlichen, dass Krisensituationen keineswegs erst Rassismus hervorbringen, sondern als Krise der bestehenden Macht- und Herrschaftsverhältnisse Veränderungen des Rassismus zur Folge haben und daher eine Justierung der Rassismusanalyse erfordern.

Rassismus und Krise

Ich verstehe Rassismus im Allgemeinen als ein gesellschaftliches Verhältnis, in dem Gruppen von Menschen anhand verschiedener echter oder erfundener Merkmale (Körper, Sprache, Kleidung, Herkunft etc.) klassifiziert werden. Die so konstruierten Gruppen werden als dichotom gegenübergestellt, wobei den Objekten des Rassismus soziale Eigenschaften als unveränderlich zugeschrieben werden. Stuart Hall sieht die gesellschaftliche Funktion des rassistischen Klassifikationsmodells darin, »soziale, politische und ökonomische Praxen zu begründen, die bestimmte Gruppen vom Zugang zu materiellen oder symbolischen Ressourcen ausschließen« (Hall 2000: 7).

Damit dient Rassismus mit Theodore W. Allen (1998) der sozialen Kontrolle und der Aufrechterhaltung von Herrschaft. Die entsprechenden Objekte des Rassismus können dabei wechseln, wie Allen am Beispiel katholischer Ir_innen darstellt, die im Zuge der Kolonialisierung zunächst in England rassistisch ausgeschlossen wurden. Nach der Auswanderung vieler katholischer Ir_innen in die USA erhielten diese nach anfänglicher Diskriminierung sukzessive mehr Rechte und Privilegien. Zwar gab es Versuche, die eigene Unterdrückung in Beziehung zu setzen zur rassistischen Unterdrückung von Afroamerikaner_innen, dies setzte sich letztlich aber nicht durch. Die »Weißwerdung« wurde langsam manifest« (Allen 1998: 303).

Ein anderes Beispiel für die Wandlungsfähigkeit des Rassismus ist die Ersetzung des Rasse-Konzepts durch das der Kultur im postkolonialen und post-nationalsozialistischen Zeitalter. Frantz Fanon hielt bereits 1956 fest, dass sich der Rassismus, »der sich rational, individuell, genotypisch und phänotypisch determiniert gibt«, sich in einen »kulturellen Rassismus« verwandelt (Fanon 1972: 40). Laut Fanon ist die zunehmende Fokussierung auf »Kultur« statt »Rasse« vor allem im Zusammenhang mit antikolonialen Kämpfen entstanden, die den Rassismus gewissermaßen zwangen, eine andere Form einzunehmen; die traditionelle genetische bzw. biologistische geriet zunehmend in den Hintergrund. Manuela Bojadžijev (2008) greift diese Perspektive auf, indem sie davon ausgeht, dass sich die Formen und Wirkweisen des Rassismus vor allem aufgrund antirassistischer Interventionen ändern. Nach ihrer relationalen Theorie des Rassismus werden »die Konjunkturen des Rassismus im Verhältnis zu sozialen Kämpfen bestimmt« (Bojadžijev 2008: 14). Demnach sei eine Reorganisation des Rassismus, wie sie sich in der Isolierung bestimmter Forderungen und der Integration anderer ausdrückt, auf die Kämpfe von Migrant_innen zurückzuführen (Bojadžijev 2008: 76), die keineswegs nur »naive Opfer und Objekte von Rassismus und Migrationspolitiken« (Bojadžijev 2008: 13) sind, sondern letztere stets herausfordern, eigene Forderungen aufstellen oder Zuschreibungen zurückdrängen.

Diese Veränderungen des Rassismus müssen keineswegs in sich oder in Bezug auf Macht- und Herrschaftsverhältnisse kongruent sein. So können sowohl »Kultur« als auch »Rasse« gleichzeitig kategoriale Ausgangspunkte zur Hierarchisierung von Menschen sein. Auch können Rassismus und Kapitalinteressen in Gegensatz zueinander geraten, wenn etwa ein auf parlamentarischer Ebene vertretener und institutionell verankerter völkischer Nationalismus die für die Kapitalakkumulation nützliche Anwerbung von Fach- oder Hilfsarbeiter_innen verhindert. Wenn wir Rassismus in Bezug auf die kapitalistische Produktionsweise begreifen wollen, müssen wir Rassismus hinsichtlich der Klassenverhältnisse zu denken versuchen.

Étienne Balibar zeigte auf, dass der Begriff »Rasse« im Feudalismus dem Erbadel dazu diente, sich im Vergleich zu Sklav_innen und Leibeigenen als höherwertig zu positionieren und die existierende Hierarchie gegenüber den Untergebenen zu rechtfertigen. Erst mit Eingang in den »nationalistischen Komplex« bekam der Begriff seine heutige Bedeutung (Balibar 1990a: 251).

Innerhalb der Nationalstaaten kam es in den Industrieländern zu einem national begrenzten Klassenkompromiss, da die einheimischen Arbeiter_innen als zur Nation zugehörig begriffen wurden und gleiche formale Rechte erhielten – im Gegensatz zu den als »fremd« identifizierten.

Ceren Türkmen (2010: 213-216) hat die Aufrechterhaltung des nationalen Klassenkompromisses am Beispiel der »Gastarbeiterära« in der Bundesrepublik konkretisiert. Mitte der 1950er Jahre waren Gewerkschaften stark, was dazu führte, dass Arbeiter_innen nicht länger bereit waren, in Zeiten des Wachstums und des Wirtschaftswunders zu niedrigen Löhnen zu arbeiten. Das Kapital suchte nach Möglichkeiten, um den höheren Löhnen zu begegnen, und setzte auf eine regulierte Arbeitsmigration (zunächst) aus Südeuropa, womit man zugleich auf die bereits bestehenden Migrationsbewegungen antwortete (Bojadžijev 2008: 148).

> »Bestandteil des sozialen Klassenkompromisses waren der Anstieg der Löhne und die Durchsetzung von Tarifverträgen, die die arbeitsrechtliche und soziale Absicherung für deutsche Arbeiter und den Aufstieg innerhalb der betrieblichen Arbeitsteilung sicher stellten« (Türkmen 2010: 214).

Es zeigt sich hieran, dass Rassismus »ein entscheidendes Element für die Konstitution sozialer Klassen« ist, wie Juliane Karakayalı klarstellt (2012: 100). Wie ist, hiervon ausgehend, nun das Verhältnis von Rassismus und Krise zu betrachten? Um sich einer Antwort zu nähern, muss zunächst geklärt werden, was diese aktuelle Krise auszeichnet.

Krisen stellen, wie auch Moritz Altenried und Mariana Schütt in diesem Band argumentieren, keinen Ausnahmezustand des Kapitalismus dar, Kapitalismus ist immanent krisenhaft. Die aktuelle Krise ist nicht nur als eine konjunkturell-zyklische, sondern mit Antonio Gramsci (1996: 1557) als eine organische Krise des neoliberalen Kapitalismus zu verstehen (Candeias 2009). Pauline Bader u.a. (2011: 13) sprechen von einer »multiplen Krise«: Neben einer Krise der finanzdominierten Akkumulation machen sie eine sozial-ökologische, eine Krise der Reproduktion und eine der parlamentarischen Demokratie aus (Bader u.a. 2011: 14-23). Diese verschiedenen Krisenprozesse seien miteinander verflochten und würden sich wechselseitig beeinflussen.

Rassismus kann und sollte dementsprechend nicht verstanden werden als ein Phänomen, das einfach zunimmt oder gar erst durch die Krise hervorgebracht wird. Ohne eine krisenbedingt stärkere Konkurrenz unter Arbeiter_innen sowie deren Angst vor sozialem Abstieg oder eine stärkere Sichtbarkeit von Rassismus leugnen zu wollen, führt doch die Perspektive einer »Wechselwirkung zwischen Krise und Rassismus« weiter, wie Balibar (1990b: 262) sie vorschlägt. Demnach organisiere der Krisen-Rassismus einen neuen sozialen Konsens; es würden neue Klassen und Schichten aktiv (Balibar 1990b: 263).

Ein Ansatz, demzufolge schlicht die Krise zu mehr Rassismus führt, kann nicht Prozesse der Veränderung von Macht und Herrschaft erklären, etwa wie sich in organischen Krisen neue rassistische Formationen etablieren können. Wenn wir die aktuelle Krise als Verdichtung verschiedener Krisenprozesse verstehen, im Zuge derer sich gesellschaftliche Verhältnisse transformieren, so liegt es in Bezug auf Rassismus nahe, nicht aus der Perspektive einer statischen Rassismusanalyse, die feste Objekte und Subjekte kennt, auf die Krise zu blicken, sondern zu fragen, inwieweit sich Rassismus transformiert.

Reaktivierung etablierter Rassismen

Es wäre analytisch verkürzt, von einem einheitlichen europäischen Rassismus auszugehen, außerdem ist eine umfassende Bestimmung der Veränderungen des Rassismus aufgrund mangelnder Forschungen zum jetzigen Zeitpunkt nicht möglich. Dennoch lassen sich Tendenzen der Transformationen aufzeigen. Vergegenwärtigen wir uns die aktuellen Erscheinungsformen des Rassismus, lassen sich drei Ebenen voneinander unterscheiden, auf denen dieser momentan wirkt.

Erstens stehen seit der Krise wieder vermehrt Menschen im Fokus, die von außerhalb nach Europa oder innerhalb Europas migrieren. Dabei ist häufig die Rede von »Wirtschafts-« oder »Armutsflüchtlingen«. Diese Bezeichnungen sind negativ konnotiert und drücken die Delegitimierung von bestimmten Migrationsbewegungen aus, welche durch Gesetzesinitiativen, den Ausbau von Sicherheits- und Kontrolltechnologien sowie der engeren Zusammenarbeit der EU-Staaten an den europäischen Außengrenzen reguliert und unter Kontrolle gebracht werden sollen. Insbesondere in Bezug auf die Situation von Geflüchteten in den massiv von der Krise betroffenen Staaten Italien und Griechenland wird seit etwa zwei Jahren vermehrt über rassistische Gewalt und institutionelle Diskriminierung berichtet. In einem Bericht von Bordermonitoring.eu heißt es dazu: »Die Situation der Flüchtlinge in Italien ist geprägt durch extreme Armut, die im Wesentlichen aus einem Zusammenspiel fehlender staatlicher Unterstützung einerseits und administrativen Hürden andererseits entsteht« (2013: 29). Insbesondere treffe dies auf die anerkannten Flüchtlinge zu, die eigentlich durch ihr bestätigtes Asylverfahren unter dem Schutz des italienischen Staates stehen müssten. Amnesty International berichtet zur Lage der Flüchtlinge in Griechenland:

> »Since 2010, asylum-seekers, refugees and irregular migrants, as well as the unofficial mosques, shops and communtiy centres they have developed, have been targeted in racially-motivates attacks. There was a dramatic

rise in the number of attacks throughout 2012« (Amnesty International 2012: 10).

Der Anstieg der rassistischen Angriffe sowie die gestiegenen »xenophobic feelings« werden an gleicher Stelle mit der ökonomischen Krise und mit harten Sparmaßnahmen erklärt. Aber auch in Deutschland, wo negative Auswirkungen der Krisenprozesse nicht in vergleichbarer Weise wie in Italien und Griechenland festzustellen sind, werden vermehrt »Armutsflüchtlinge« in den Fokus gerückt. Das betrifft hier vor allem Migrant_innen aus Bulgarien und Rumänien, oft mit antiziganistischem Unterton. So behauptete Anfang März 2013 die BILD in einer Serie die »Wahrheit über Roma in Deutschland«, die Kriminalität von Roma steige an (Bild.de 2013a) und fragte, ob ein Abgeordneter der Bremer Bürgerschaft Recht habe. Dieser als »Roma-Kritiker« (Bild. de 2013b) bezeichnete SPD-Politiker ließ im Vormonat verlautbaren, dass er sich gegen die Einwanderung von Roma ausspreche, da sie ihre Töchter zwangsverheirateten, Klebstoff schnüffelten und die Aussicht, dass »sie je zum BSP oder auch nur Rente beitragen« sowieso »gleich Null« sei.

Zweitens ist festzustellen, dass im Zuge der Krise Hierarchisierungen zwischen europäischen Nationalstaaten bedeutungsvoller werden. Paradigmatisch dafür sind Erklärungen, die die wirtschaftliche und soziale Situation in Ländern wie Spanien, Griechenland und Italien nicht etwa auf das Wirtschaftssystem im Allgemeinen oder forcierte Ausbeutungsstrukturen im »Standort-Wettbewerb« (Lohnentwicklung in Deutschland, Exportüberschüsse) zurückführen, sondern auf eine fehlende oder unzureichende Arbeitsmoral. So zeigt eine Analyse von Hans-Jürgen Arlt und Wolfgang Storz (2011: 19) über die Berichterstattung der BILD zur Krise in Griechenland 2010, dass der griechischen Bevölkerung die Schuld an der Krisensituation gegeben wird. Sie selbst sei es gewesen, die den griechischen Staat durch Faulheit und Korruption in die Zahlungsfähigkeit getrieben habe. Die Deutschen erscheinen hingegen als sparsam und fleißig. Verbreitung findet im Krisendiskurs auch die rassistische Bezeichnung »PIIGS«-Staaten.[2]

Drittens verschärfen sich auch innerhalb der Nationalstaaten die Ausgrenzung und der Ausschluss von Menschen, wobei hier auch auf unterschiedliche rassistische Traditionen und Kontinuitäten zurückgegriffen wird. Davon betroffen sind, wie oben dargestellt, (Post-)Migrant_innen und inländische Minderheiten. Vor allem in den westeuropäischen Staaten ist im Laufe der letzten Jahre ein Zuwachs an antimuslimischem Rassismus zu verzeichnen, der

---

2   Es handelt sich um ein Akronym, das für die von der Staatsschuldenkrise am meisten betroffene Staaten Portugal, Irland, Italien, Griechenland und Spanien steht, und sie als »pigs« (Schweine) abwertet.

sich nicht nur auf eine mögliche terroristische Gefahr von außen bezieht, sondern auch in den jeweiligen Staaten lebende Muslime als »Gefahr im Inneren« markiert. Dabei werden – wie eine Analyse der relevanten Debatten seit dem 11. September 2001 in Deutschland zeigt – in der Tendenz Muslim_innen diskursiv als fundamentalistisch, gefährlich, unaufgeklärt, frauenfeindlich, antisemitisch, faul, nutzlos, desintegriert und sich abschottend dargestellt (Friedrich/Schultes 2013). Außerdem nehmen im Zuge der letzten Jahre Antiziganismus und Antisemitismus insbesondere in Mittel- und Osteuropa zu.

Die hier angedeuteten aktuellen Erscheinungsformen des Rassismus können nicht auf einen Nenner gebracht und in einen einzigen Sinnzusammenhang gesetzt werden, da sie von unterschiedlichen historischen, sozialen und politischen Kontexten abhängen, die mit einbezogen werden müssen. Der kurze Abriss zeigt aber in der Tendenz, dass im Zuge der Krise »traditionelle« Formen des Rassismus reaktiviert wurden, aber auch, dass es sich keineswegs um ein rein diskursives Phänomen handelt, sondern Rassismus sich auch auf staatlicher und institutioneller Ebene vollziehen. Diese Entwicklungen lassen sich nicht monokausal auf die Krise im Sinne eines Automatismus beziehen. Dennoch scheint es einen Zusammenhang zu geben, da in Bezug auf alle drei Ebenen und hinsichtlich der verschiedenen Rassismen eine Zunahme im Laufe der letzten, durch die »multiple Krise« geprägten Jahre zu verzeichnen ist, wenngleich Rassismus durch die Verschärfung der Krisenprozesse nicht neu erfunden wird. Gleichzeitig deutet sich neben der Reaktivierung etablierter Rassismen eine Vervielfältigung rassistischer Grenzziehungen an.

Rassismus in Bewegung

Einiges deutet darauf hin, dass die Grenzen zwischen rassistischem Ein- und Ausschluss, zwischen Innen und Außen einer Gesellschaft durchlässiger werden. Vassilis Tsianos und Mariane Pieper (2011: 118) schlagen dementsprechend vor, nicht mehr nur Differenzierungen und Exklusion, sondern »neuartige Prozesse einer limitierten Inklusion bzw. einer egalitären Exklusion« in den Blick zu nehmen. Bei der Analyse aktueller Tendenzen einiger rassistischer Erscheinungsformen innerhalb von Nationalstaaten lohnt es sich, diesen Faden aufzunehmen.

Im Hinblick auf (potenzielle) Migrant_innen werden keineswegs nur »Armutsflüchtlinge« oder »Wirtschaftsflüchtlinge« thematisiert, sondern zugleich – insbesondere in Staaten, in denen die Konjunktur noch nicht völlig eingebrochen ist – um »gut ausgebildete Fachkräfte aus dem Ausland« geworben. Hinter dieser vor allem auch aus der Wirtschaft immer wieder geäußerten Forderung steht neben einem realen Fachkräftemangel in manchen Branchen das Interesse, einem durch den demographischen Wandel gefürchteten Einbrechen des Überangebots an Arbeitskräften entgegenzusteuern und »das für sie [die Wirtschaft, S.F.] sehr günstige Verhältnis von Angebot und Nachfrage auf dem Arbeitsmarkt beizubehalten« (Niggemeyer 2011: 22). Verknüpft wird der Ruf nach »Fachkräften« mit der allgegenwärtigen Forderung nach Sozialstaatsabbau.[3] Zugleich werden etwa (meist weibliche) migrantische Haushaltshilfen und Pflegekräfte mit prekärem Aufenthaltsstatus geduldet oder in die Illegalität gezwungen. Daneben sind auch Prozesse der limitierten Inklusion zu erkennen. So wurde 2009 in Italien der Aufenthalt von migrantischen Care-Arbeiter_innen legalisiert, was nicht zuletzt auf eine zunehmende Ehtnisierung und Vergeschlechtlichung der Care-Arbeit schließen lässt.[4]

Eine Analyse der Integrationsdebatte in Deutschland zeigt, dass die heterogene Gruppe der (Post-)Migrant_innen in »nutzlose Andere« und in »nützliche Andere« geteilt wird (Friedrich 2012). Es wird gewissermaßen als liberale Entgegnung auf biologistischen und kulturalistischen Rassismus die Kategorie der Leistung aufs Deutungsfeld geführt. Leistungswilligkeit fällt im Integrationsdiskurs mit Integrationswilligkeit zusammen und führt im Effekt zur Einteilung zwischen »Musterbeispielen gelungener Integration« und »Integrationsverweigerern« (Friedrich/Schultes 2011). Der Erfolg der als »integriert« Begriffenen bildet den Beweis dafür, dass man »es« eben doch schaffen kann, wenn man sich richtig anstrengt – gleichzeitig werden »Musterbeispiele gelungener Integration« zu Ausnahmen stilisiert.

Das erscheint zunächst paradox, widersprechen sich doch Leistungsdenken und Rassismus, denn wo »Leistung« das oberste Prinzip ist, müsste »Natur« als Kriterium ausgeschlossen sein. Doch die »Leistungsgesellschaft« folgt nicht ihrem Ideal der »Farben- und Geschlechterblindheit« bei der Zuweisung der gesellschaftlichen Positionen für Menschen, geht also keinesfalls von »Leistung« aus (Friedrich/Haupt 2012).

Existierender Rassismus wird in dieser Weise verschleiert, seine Existenz mit Verweis auf das meritokratische Prinzip geleugnet. Bei der Deutung, Menschen in Armut befänden sich aufgrund nicht erbrachter Leistung in entsprechenden sozialen Situationen, entfällt Rassismus als Begründung für die Positionen vieler (Post-)Migrantinnen am unteren Ende sozialer Rangskalen. In herrschender Logik wird die Existenz einer »migrantischen Unterschicht«

---

3 So konstatiert Gunnar Heinsohn (2010) in der Frankfurter Allgemeinen Zeitung, dass Deutschland im Wettbewerb um die Hochqualifizierten äußerst ungünstig dastehe, weil EinwanderInnen den Sozialstaat, die ausbildungslosen Jugendlichen und die Renten mitfinanzieren müssten. Heinsohn legt hier implizit nahe, dass es gut sei, den Sozialstaat abzubauen, um die Wettbewerbsfähigkeit zu erhalten.

4 Siehe dazu den Beitrag von Anna Curcio in diesem Band.

auf eine vermeintliche »Kultur der Leistungsverweigerung« zurückgeführt. Diese kann dann je nach rassistischer Façon durchaus wieder auf Gene, Religion oder Kultur zurückgeführt werden.

Hier kann von einer Ethnisierung des neoliberalen Unterschichtsdiskurses gesprochen werden (Friedrich 2012). Armut und soziale Marginalisierung werden auf die kulturelle oder ethnische Herkunft zurückgeführt, wobei ähnliche Deutungsmuster wie beim neoliberalen Sozialstaatsdiskurs um eine »neue Unterschicht« reproduziert werden.[5] Damit einher geht die Ethnisierung sozialer Konflikte, die ihren Ausgangspunkt – zumindest in der Bundesrepublik – in den 1980ern hat, als die sozialen Problemlagen von Migrant_innen zugunsten einer Orientierung auf kulturelle Faktoren ausgeklammert wurde. »Soziale Widersprüche werden an einer ethnisierten Unterschicht von (zumeist jugendlichen) MigrantInnen festgemacht, deren Lebensweise daran schuld sei, dass sie keine Chancen auf dem Arbeits- und Bildungsmarkt hätten« (Gruppe Soziale Kämpfe 2008).

Es findet zwar auch ein partieller Einschluss der »nützlichen Anderen« statt. Doch auch die »Integration« der »Musterbeispiele« besteht nicht darin, sie nicht mehr als Migrant_innen zu markieren. So werden selbst die migrantischen »Leistungsträger« nicht zu »deutschen Leistungsträgern«, sondern bleiben Migrant_innen, die sich allerdings durch ihre Leistung und dem daraus resultierenden gesellschaftlichen Beitrag (besonders in Form von Steuern) das »In-Deutschland-leben-Dürfen« verdient haben. Derart bleiben sie immer ein Teil »der Anderen« (Haupt 2012). »Leistung« erscheint damit als eine notwendige, aber nie als eine hinreichende Bedingung für Zugehörigkeit (Friedrich/Haupt 2012). Diese Form des inkludierenden Rassismus zielt daher nicht auf eine absolute Ausgrenzung von (Post-)Migrant_innen ab, sondern versucht vielmehr, Teile der als nützlich Begriffenen im Sinne der Verwertung zu aktivieren.

Fazit und Ausblick

Die gegenwärtigen Rassismen erfordern eine Analyse des komplexen Wechselverhältnisses von Rassismus, Kapitalismus und Krise bei gleichzeitiger Abkehr von monokausalen und funktionalistischen Rassismusanalysen. Die aufgezeigten Dynamiken des rassistischen Verhältnisses offenbaren sich als widersprüchlich und in sich umkämpft, wenn einerseits traditionelle biologistische oder kulturalistische Rassismen reaktiviert werden und andererseits

---

5   Zugleich ist eine Naturalisierung sozialer Ungleichheiten feststellbar. So wird Ungleichheit »als Folge kultureller oder biologischer Leistungsschwäche umgedeutet« (Karakayalı 2012: 103f.).

Fachkräfte angeworben sowie »Musterbeispiele« hervorgehoben werden. Es ist eine ständige Nachjustierung der Rassismusanalyse notwendig, um Veränderungen rassistischer Verhältnisse erfassen zu können.

Ferner ist es sinnvoll, den Blick auch auf Veränderungen der Klassenverhältnisse und somit auf die Frage nach der Zusammensetzung von sozialen Klassen zu richten. Denn Krisen des Kapitalismus bedeuten auch Krisen der bewährten Formen von Ausbeutung und Unterdrückung von Menschen durch Menschen. Dabei sollte nicht übersehen werden, dass sich Klassen nicht alleine durch die Stellung von Menschen im Produktionsprozess ableiten, sondern sie sich auch durch Handlungen und gemeinsame Erfahrungen konstituieren und damit beweglich sind (Türkmen 2010: 205-211). Die derzeitige multiple Krise provoziert eine Transformation von Kapitalismus, Klassenverhältnissen und Rassismus, deren Ausgang noch längst nicht entschieden ist. Es wird vor allem auf die sozialen Kämpfe ankommen, die eingeschlagene Richtung der Transformation zu verändern.

Quellenverzeichnis

Allen, Theodor W. 1998: Die Erfindung der weißen Rasse. Rassistische Unterdrückung und soziale Kontrolle. Berlin.

Amnesty International 2012: Greece. The End of the Road for Refugees, Asylum-Seekers and Migrants. December 2012. http://www.amnesty.de/files/Amnesty-Bericht_The_end_of_the_road_20_Dezember_2012.pdf (Zugriff: 17.3.13).

Arlt, Hans-Jürgen / Storz, Wolfgang 2011: Drucksache »BILD«. Eine Marke und ihre Mägde. Die »BILD«-Darstellung der Griechenland- und Eurokrise 2010. Frankfurt/Main.

Bader, Pauline / Becker, Florian / Demirovic, Alex / Dück, Julia 2011: Die multiple Krise – Krisendynamiken im neoliberalen Kapitalismus. In: Demirovic, Alex / Dück, Julia / Becker, Florian / Bader, Pauline: VielfachKrise. Im finanzdominierten Kapitalismus. Hamburg. S. 11-28.

Balibar, Étienne 1990a: Der »Klassen-Rassismus«. In: Balibar, Étienne / Wallerstein, Immanuel: Rasse, Klasse, Nation. Ambivalente Identitäten. Hamburg. S. 247-260.

Balibar, Étienne 1990b: Rassismus und Krise. In: Balibar, Étienne / Wallerstein, Immanuel: Rasse Klasse Nation. Ambivalente Identitäten. Hamburg. S. 261-272.

Bild.de 2013a: Die Wahrheit über Roma in Deutschland. http://www.bild.de/politik/inland/zuwanderung/die-wahrheit-ueber-roma-in-deutschland-29354568.bild.html, 4.3.13 (Zugriff: 26.3.13).

Bild.de 2013b: SPD-Fraktion will Roma-Kritiker rauswerfen. http://www.bild.de/regional/bremen/spd/fraktion-will-roma-kritiker-rauswerfen-29340866.bild.

html, 1.3.13 (Zugriff: 26.3.13).

Bojadžijev, Manuela 2008: Die windige Internationale. Rassismus und Kämpfe der Migration. Münster.

Bordermonitoring.eu 2013: Zur Situation der Flüchtlinge in Italien. http://content.bordermonitoring.eu/bm.eu--italien.2012.pdf (Zugriff: 17.3.13).

Candeias, Mario 2009: Die letzte Konjunktur: organische Krise und »postneoliberale« Tendenzen. In: Berliner Debatte Initial 20 (2). S. 12-24.

Erb, Nadja 2009: »Rassismus nimmt in der Krise zu«. Interview mit Georgina Siklossy. http://www.fr-online.de/politik/interview--rassismus-nimmt-in-der-krise-zu-,1472596,3368310.html, 18.6.09 (Zugriff: 16.1.13).

Fanon, Frantz 1972: Rassismus und Kultur. Rede auf dem I. Kongreß Schwarzer Schriftsteller und Künstler in Paris, September 1956. In: Fanon, Frantz: Für eine afrikanische Revolution. Politische Schriften. Frankfurt/Main. S. 38-52

Friedrich, Sebastian 2012: Die diskursive Erschaffung des »nutzlosen Anderen«. Zur Verschränkung von Einwanderungs- und Unterschichtendiskurs. In: Jäger, Margarete / Kaufmann, Heiko: Skandal und doch normal. Impulse für eine antirassistische Praxis. Münster. S. 96-111.

Friedrich, Sebastian / Haupt, Selma 2012: Die Leistung der Leistung. Wie »Leistungsgerechtigkeit« Rassismus verdeckt. In: ZAG – Antirassistische Zeitschrift 60 (2012). S. 18-20.

Friedrich, Sebastian / Schultes, Hannah 2011: Von »Musterbeispielen« und »Integrationsverweigerern«. Repräsentationen von Migrant_innen in der »Sarrazindebatte«. In: Friedrich, Sebastian (Hg.): Rassismus in der Leistungsgesellschaft. Analysen und kritische Perspektiven zu den rassistischen Normalisierungsprozessen der »Sarrazindebatte«. Münster. S. 77-95.

Friedrich, Sebastian / Schultes, Hannah 2013: Mediale Verbindungen – antimuslimische Effekte. Zu den gegenwärtigen Verschränkungen des Islamdiskurses. In: Journal für Psychologie 21 (1) (im Erscheinen).

Gramsci, Antonio 1996: Gefängnishefte. Band 7. Hamburg, Berlin.

Gruppe soziale Kämpfe 2008: Antimuslimischer Rassismus von oben und von unten. Über die Kulturalisierung sozialer Gegensätze im Neoliberalismus. In: analyse & kritik, 21.11.08.

Hall, Stuart 2000: Rassismus als ideologischer Diskurs. In: Räthzel, Nora (Hg.): Theorien über Rassismus. Hamburg. S. 7-16.

Haupt, Selma 2012: Biologismus, Rassismus, Leistung. Zur aktuellen »Integrations«-Debatte. In: Zeitschrift für Pädagogik 58 (5). S. 720-733

Heinsohn, Gunnar 2010: Willkommen in Deutschland! Was qualifizierte Zuwanderer bei uns erwartet, In: Frankfurter Allgemeine Zeitung, 21.10.10

Karakayalı, Juliane: Rassismus in der Krise. In: Femina Politica. Zeitschrift für feministische Politikwissenschaft 21 (1). S. 99-106.

Mosler, Volkhard 2012: Rassismus im Wandel. Vom Sozialdarwinismus zum Kampf der Kulturen. In: theorie21 2 (2012). S. 19-52.

Niggemeyer, Lars 2011: Die Propaganda vom Fachkräftemangel. In: Blätter für deutsche und internationale Politik 5 (2011). S. 19-22.

Tsianos, Vassilis / Pieper, Marianne 2011: Postliberale Assemblagen. Rassismus in Zeiten der Gleichheit. In: Friedrich, Sebastian (Hg.): Rassismus in der Leistungsgesellschaft. Analysen und kritische Perspektiven zu den rassistischen Normalisierungsprozessen der »Sarrazindebatte«. Münster. S. 114-132.

Türkmen, Ceren 2010: Rethinking Class-Making. Zur historischen Dynamik von Klassenzusammensetzung, Gastarbeitsmigration und Politik. In: Thien, Hans-Günter (Hg.): Klassen im Postfordismus. Münster. S. 202-234.

Zick, Andreas / Küpper, Beate / Höwermann, Andreas 2011: Die Abwertung der Anderen. Eine europäische Zustandsbeschreibung zu Intoleranz, Vorurteilen und Diskriminierung. Berlin.

Bernd Kasparek / Vassilis S. Tsianos

Out of control?

Schengen und die Krise

In jüngster Zeit häufen sich in zahlreichen Städten Westeuropas Protestcamps von Flüchtlingen und TransitmigrantInnen. Die Flüchtlinge des Wiener Protestcamps in der Votivkirche formulieren im Anschluss an ihre Forderungen nach Grundversorgung, Freizügigkeit innerhalb Österreichs, Arbeitserlaubnis, Zugang zu Bildung, Abschiebestopp unter anderem ein erstaunliches Zusatzpostulat: »Wenn ihr unsere Forderungen nicht erfüllen wollt, dann löscht zumindest unsere Fingerabdrücke aus euren Datenbanken und lasst uns weiterziehen. Wir haben ein Recht auf unsere Zukunft.«

Das Neuartige dieser Forderung besteht darin, dass sie das Recht auf Bewegungsfreiheit mit einem Recht auf Datensouveränität verbindet, das heißt letztlich die Frage der Bewegungsfreiheit erweitert um eine Befreiung aus der »digitalen Deportabilität« (Tsianos/Kuster 2012). Damit meinen wir die Ausweitung der Risiken der Mobilität – Geld, Dauer des Unterwegs-Seins und manchmal auch das Leben selbst – auf dem gesamten von der Schengener Grenze eingefassten Raum und darüber hinaus. Denn die zunehmende Digitalisierung der Schengener Grenze kann als die zentrale Entwicklung einer nicht nur europäischen Praxis des »border management« der letzten Jahre – insbesondere seit dem 11. September 2001 – gedeutet werden. Dabei verstehen wir die Digitalisierung jedoch keineswegs als lediglich neue Perfidie des europäischen Grenzregimes, sondern lesen sie im Kontext der Herausbildung eines Raums der Bewegungsfreiheit in Europa, der gleichzeitig von unterschiedlichen Praktiken und Modi des Regierens von Migration geprägt ist. Der Schengener Prozess ist der Versuch, sowohl diese Unterschiedlichkeiten als auch die sich ständig ändernden Praktiken der Migration regierbar zu machen. Mit dem Aufkommen der Krise der europäischen Staatsfinanzen ist dieses System jedoch selbst in eine Krise geraten.

Zur Europäisierung der Grenzen

Die Rekonstruktion der verzweigten Entstehungsgeschichte des gegenwärtigen europäischen Grenzregimes, welches in und außerhalb von EU-Gremien über die letzten 25 Jahre forciert wurde, wollen wir hier nicht im Einzelnen darstellen.[1] Das Schengener Vertragswerk kann dabei als das zentrale und offizielle Instrument der Vereinheitlichungs- und Erweiterungspolitik angesehen werden.

Dabei ist die Geschichte des Schengener Abkommens höchst exemplarisch für den Modus der Europäisierung der Migrationspolitik im Allgemeinen. Es geht auf eine informelle Runde von fünf Regierungschefs zurück, die sich 1985 in dem belgischen Städtchen Schengen trafen, um Maßnahmen zur Vereinheitlichung des Binnenmarkts und insbesondere zum Abbau von Grenzkontrollen im Innern zu besprechen. Dabei hielten die fünf Gründerstaaten Deutschland, Frankreich, Belgien, die Niederlande und Luxemburg es für geboten, kompensatorische Maßnahmen für den Wegfall der nationalen Grenzkontrollen zu ergreifen und erfanden die »europäische Außengrenze« (Tomei 1997; Walters 2002; Anderson 2000). Die Vorverlagerung der Kontrollen ist jedoch nur ein Baustein der hierdurch eingeleiteten Restrukturierungspolitik von Grenzkontrollen. Schengen brachte auch eine Ausweitung von Grenzzonen im Innern mit sich. So wurden immer mehr inländische Räume wie Bahnhöfe oder Bundesstraßen zu »Grenzräumen« umdefiniert (Lahav/Guiraudon 2000).

Neben der Kompensationslogik im Rahmen des Binnenmarkt-Projekts bestimmte von Anfang auch der Sicherheitsaspekt die Europäisierung der Migrationspolitik. So begann sich in den 1980er Jahren mit den ersten EU-weiten Zusammenschlüssen wie der TREVI-Gruppe[2] eine europäische Migrationspolitik im engen Zusammenhang mit einer Politik gegen Terrorismus und organisierte Kriminalität zu formulieren. Diese Sicherheitsmatrix stellt auch für den Schengener Prozess ein leitendes Dispositiv dar, das einfach und schnell popularisierbar ist. Es hilft vor allem dabei, Migration immer wieder in Zusammenhang mit organisierten Kriminalität zu bringen. Das Paradebeispiel ist dabei der Anti-Trafficking Diskurs, welcher die Bewegung der Migration in böse Schlepper bzw. Schleuser und deren bedauernswerte Opfer teilt und begrifflich fasst (Doezema 1999).

Das europäische Grenzregime ist in einem langwierigen Regularisierungsprozess der Europäisierung der Migrationspolitik entstanden. Dieser Prozess beinhaltet vor allem zwei Dimensionen. Zum einen findet eine Transformation im Modus des Politischen statt: von Government zu Governance. Dieser neue »Intra-EU-Transnationalismus« (Rogers 2001) der Migrationspolitiken – was gängigerweise in der öffentlichen Debatte und der Europaforschung

---

1   Für eine Genealogie des »Schengenerprozesses« siehe ausführlich Walters 2011; Geddes 2003; Guiraudon 2003; Leuthardt 1999; Busch 1995; Kaufmann 2006.

2   Es handelt sich um eine informell unter höchster Verschwiegenheit tagende Runde aus Polizeichefs und hohen Beamten der Innenministerien.

unter Europäisierung verstanden wird – macht einen zentralen Aspekt aus: die Implementierung der »Governance of Migration« als die neue normative Matrix der Institutionen der Grenze.

Zum anderen sehen wir einen Bedeutungswandel der Regulationsfelder der Migrationspolitik selbst, wie sie unter anderem im Prozess der Exterritorialisierung der Bekämpfung der transnationalen irregulären Migration zum Ausdruck kommt. Der italienische Migrationssoziologe Guiseppe Sciortino (2004) betont mit seinem Verständnis der Migrations- und Grenzregime die flexible Anpassung von Beobachten und Eingreifen an die spezifischen Modalitäten der klandestinisierten grenzüberschreitenden Mobilität. Der Gegenstand von Migrationsregimen, so Sciortino, ist weniger die operative Abwehr des Transit, sondern vielmehr die Etablierung antizipativer Strategien gegen die flexiblen, instabilen und temporären Taktiken des Border Crossings. Denn gerade die Sicherheitsvorkehrungen des Schengener Grenzraums bringen diese temporären Taktiken der Mobilität hervor. Es geht um neue Lösungen des Transits, die wieder aufgegeben werden, sobald sie von den Grenzhütern durchschaut und sich als Probleme der Durchlässigkeit der Grenze erweisen.

Diesen neuen Modus des Antizipativen und Reaktiven in der Praxis des Border Management, das Verständnis der Durchlässigkeit, der Porösität als zentrales Charakeristikum der Grenze wie deren Gerinnung in institutionalisierten Aggregaten, fassen wir mit dem Begriff der *liminalen Institutionen der Porokratie* (vgl. dazu ausführlicher Papadopoulos/Stephenson/Tsianos 2008: 162ff.). Den Begriff des Liminalen nutzen wir, da er einen Zustand des Übergangs, eines Werdens fasst, der in unserer Analyse zentral für das Verstehen des europäisierten Grenzregimes ist. Die Liminalität innerhalb der Grenz- und Migrationsregime fasst dabei die Fluidität, die Auflösung bestehender Strukturen und Ordnungen sowie das Neuentstehen von Institutionen, die den Schengener Prozess ständig begleitet. Diese Dynamik ergibt sich aus dem ständigen Ringen zwischen der Migration und den Apparaten der Kontrolle – und in letzter Konsequenz sind die Institutionen der Grenze nur durch ihr konkretes Agieren innerhalb dieser Auseinandersetzungen – dem »doing border« – greifbar. Proklamierte Gründungsrationalitäten und ferne Politikziele sind in dieser Perspektive mehr als Wunschdenken einzuordnen. Die Porokratie stellt dann die Gesamtheit der Institutionen dar, deren tagtägliches Geschäft das Management – nicht die Kontrolle – eines durchlässigen, porösen Raums ist.

Mit Étienne Balibar (2003) erschließt sich jedoch noch eine zweite Bedeutungsebene, eine Doppelseitigkeit der »Institution der Grenzen« in Europa. Er spricht einerseits von Grenze als staatlichem Regulativ von Bevölkerungen und ihrer Bewegungen, hebt aber anderseits hervor, dass eine Grenzinstitution, eine liminale Institution nur selten demokratischer Kontrolle unterliegt und damit auch die Grenze der Demokratie konstituiert.

Worin besteht nun die Produktivität der liminalen Institutionen der Porokratie? Sie zielen darauf ab, die Zirkulation entlang der Grenz-Zonen in Zirkulations-Zonen abgestufter Souveränität zu verwandeln und als solche zu regieren. Während die nationale Souveränität eine doppelte Homogenisierung des Raums anstrebte – also eine »serielle Homogenität« innerhalb eines Territoriums und eine Homogenisierung der Rechte darin – lässt sich der Raum der liminalen Institutionen als ein Regime der Differenz auffassen, bei dem die Unterschiedlichkeit von Territorien und die Einzigartigkeit von Grenz-Orten und Routen permanent von der Fluidität und Flexibilität der klandestinisierten Mobilitätsströme und Netzwerke als kontingente »Border zone« hergestellt werden. Die Absicherung transitorischer Grenz-Räume erfolgt durch Überwachungs- und Kontrollprozeduren, deren Ziel darin besteht, die Fragmentierung des Schengener Raumes territorial zu fixieren und hierarchisierte Rechtszonen herzustellen.

Das schwerwiegende Demokratiedefizit ist den Institutionen der Grenze eingeschrieben. Dies zeigen nicht nur die schwierigen Bemühungen etwa des Europäischen Parlaments und zivilgesellschaftlicher Institutionen, die Europäische Grenzschutzagentur Frontex einer effektiven Kontrolle zu unterwerfen. Die enge Verflechtung von EUROPOL mit zahlreichen Ad-hoc-Komitees der EU und informellen (sogar paramilitärischen) internationalen Kontaktrunden wie zum Beispiel der auf Initiative der NATO gegründete Think Tank SECI demonstrieren, wie sich die parlamentarisch schwer zu kontrollierenden liminalen Institution der Flüchtlings- und Migrationspolitik entwickelten.

Noch deutlicher lässt sich die Verpolizeilichung und die Politik des militärischen Containments der europäischen Flüchtlingspolitik an den Schengener Außengrenzen während des Kosovokrieges in Südosteuropa aufzeigen. Beispiele dafür sind etwa der Einsatz der italienischen Marine gegen Flüchtlingsschiffe in der Adria seit März 1997 und die Errichtung der mazedonischen und albanischen Flüchtlingslager während der NATO-Bombardierung und ihre Ansiedlung in unmittelbarer Nähe der Grenzen, also des Kriegsgebiets. Zu nennen sind aber auch die illegalen Massenabschiebungen in Lampedusa und der Einsatz von Waffen in Ceuta und Melilla 2005 von der mit explizit militärischem Status versehenen Guardia Civil.

Mit dem partiellen Verlust der Kontroll- und Manipulationsfähigkeit der nationalen Migrationspolitiken und der Zunahme transnationaler Wanderungen verschob sich auch ihr Regulationsschwerpunkt von der nationalen oder bilateralen Kontrolle der angeworbenen »Gastarbeiter« oder der postkolonialen MigrantInnen im fordistischen Migrationsregime zur Kontrolle einer weitgehend illegalisierten Arbeitsmigration. Die Migrationspolitik der europäischen Union trägt die Insignien dieser Verschiebung und zielt bis heute auf die Freizügigkeit der EU-ArbeitsmigrantInnen, auf die partielle sozialrechtliche Integration bereits eingewanderter DrittstaatausländerInnen und auf eine gemeinsame restriktive Politik gegenüber MigrantInnen ohne Papiere. Die Externalisierung der Migrationssteuerung außerhalb der Schengener Grenzen – in Marokko, Mauretanien oder Libyen – konstituiert allerdings einen heterogenen und hierarchisierten Zirkulationsraum abgestufter Souveränitätszonen, das heißt von »Räumen der Steuerung, der Zulassung, der Sicherstellung und Regierung der Zirkulation« (Foucault 2004: 52ff.), die weder nach dem binneneuropäischen Prinzip der Schengener Territorialität (homogene Räume gleichen Rechts) noch nach dem nationalstaatlichen Prinzip der Staatsbürgerschaft regiert werden. So trägt die Extensionspolitik der Migrationskontrollen dazu bei, dass die Ränder der Europäischen Union zum Gravitationszentrum einer neuen Regierung der grenzüberschreitenden Zirkulation werden. Dies konfrontiert klassische Transitländer wie die Türkei, Libyen, Marokko oder die Länder des ehemaligen Jugoslawien zunehmend damit, dass sie zur Endstation für Migrierende auf ihrem Weg nach Nord-Westeuropa werden (Anthias/Lazaridis 2000; King/Lazaridis/Tsardanidis 2000). Darin wird nicht nur ihr Funktionswandel, sondern auch die »Produktivität« des europäischen Migrations- und Grenzregimes sichtbar. Je schwieriger die Migration nach Nord-Westeuropa wird, desto mehr werden die süd-, südost- und osteuropäischen Staaten mit ihren peripheren Ökonomien als Einwanderungsländer attraktiv.

Durch die Verkettung von Drittstaatenregelungen etwa reiche die »police à distance«, wie sie von Didier Bigo und Elspeth Guild (2005) genannt wird, unter Umständen bis nach Asien. Die häufigste Erscheinungsform von »Grenze« in Europa ist nicht die geographische Grenzlinie des Schengener Raumes, sondern sie findet sich in den Datensätzen der Laptops von Grenzschützern, den Visadatensätzen der europäischen Botschaften in Moskau, Istanbul, Accra oder Tripolis, in den Checkpoints von Heathrow, Tegel, Charles de Gaulle oder Odysseas Elytis, im deutschen Ausländerzentralregister (AZR), in den Eintragungen des Schengener Informationssystems (SIS) oder in EuroDAC, das von der Kommission geführte Datenbanksystem, in dem die Fingerabdrücke von AsylbewerberInnen und festgenommenen illegalen MigrantInnen gespeichert sind.

Auf der Ebene der europäischen Integrationspolitik können wir zusammenfassend eher von transnationaler als von imperialer Souveränität (Beck/Grande 2004) reden, da die nachhaltige Dominanz nationalstaatlicher Dynamiken innerhalb des europäischen Raumes die Option einer imperialen Transformation der Souveränität blockiert. Doch die offensichtlichen Schwierigkeiten des europäischen Integrationsprozesses scheinen sich auf den Prozess der Europäisierung der Migrationspolitik nicht negativ auszuwirken. Im Gegenteil, das europäische Regime der Mobilitätskontrolle weist mehr Elemente eines transnationalen »Policings« auf (und weniger transnationale Governance): der Schengener Prozess, so unsere These, ist ein paradigmatisches Laboratorium für die Schaffung postnationaler Institutionen, Praktiken und Ensembles des Regierens in und von Europa und das Herausbilden einer postnationalen Souveränität. Insofern ist die Europäisierung der Migrationspolitik zwar historisch ein Effekt des EU-Integrationsprozesses, aber sie ist auch zu einem der generativen Moment des EU-Integrationsprozesses avanciert (Walters 2002; Kaufmann 2006; Hess/Tsianos 2007).

Schengenkrise

Mit dem Aufkommen der neuen, globalen wirtschaftlichen Krise, die in Europa vor allem als Krise der Staatsfinanzen wahrgenommen wird, ist der Vergemeinschaftungsprozess allerdings sichtbar ins Stocken geraten. Dieser Befund gilt auch für die Migrations- und Grenzpolitik im EU-Rahmen. Das System Schengen insgesamt befindet sich in einer Krise.

Was meinen wir, wenn wir von einer Krise Schengens reden? Unser Hauptinteresse gilt nicht einem Kontrollkollaps, wie er an der Oberfläche gezeichnet wird. Es existiert eine wirksame mediale Inszenierung von Krisen in Schengen, mit der Politik gemacht wird. Diese Inszenierung arbeitet im Wesentlichen mit der Vokabel der Überforderung – das visuelle Instrumentarium einer »humanitären Katastrophe« ist ihre Illustration. Bilder überfüllter Boote, Berichte über überlastete Hafteinrichtungen und menschliches Leiden wie auch der Rückgriff auf naturalisierende Metaphern sind das Standardrepertoire der Inszenierung der Krise an der europäischen Außengrenze und damit das diskursive Instrumentarium der liminalen Institutionen. Diese Ereignisse sind daher wenig aufschlussreich für eine Analyse der gegenwärtigen Modi des Regierens der Migration in Europa. Zwar hat sich auch antirassistische Politik in und um Europa in den letzten Jahren über diese Bilder mobilisieren lassen, doch sind darüber oftmals die gewichtigen politischen Fragen rund um die Migration wie etwa das Ankommen und Teilwerden, das Leben und die Arbeit, in den Hintergrund gerückt.

In diesem Sinne begreifen wir die Dramen, welche sich tagtäglich an den Grenzen Europas abspielen, und ihre medialen Inszenierungen auch als strategischen Einsatz der jeweiligen Regierungen innerhalb des Südens der EU, um – immer auf Kosten der MigrantInnen und Flüchtlinge – den Druck auf die nördlichen Staaten der EU zu erhöhen. Die Überforderung, der Kontrollkollaps sind nur die implizite Drohung, mit der Politik in Schengen mobilisiert wird. Doch die inszenierten Krisen verweisen auf die systemische Krise Schengens. Ihr Gegenstand ist ein grundlegendes Ungleichgewicht in der territorialen Konstruktion der EU, die letzten Endes untrennbar mit einer ökonomische Spaltung zwischen Norden und Süden verquickt ist.

Diese Spaltung, und die Sprengkraft, die ihr innewohnt, ist in der Euro-Krise klar hervorgetreten. Doch mit Blick auf Schengen waren die ersten Anzeichen schon vor 2008 sichtbar. Zwar war diese Konfliktkonstellation auf politischer Ebene zumeist verdeckt von einem Grundrauschen diskursiver Topoi, etwa dem Diskurs über »migration and development«, dem Nexus zwischen Migration und Sicherheit, Terrorismus und grenzüberschreitender Kriminalität, und als die neueste Mode dem Reden über den Zusammenhang von Klimawandel und Migration.

Dennoch: Zentrale Fragen der Migrations- und Grenzpolitik, insbesondere jene, die im Zusammenhang mit sozioökonomischen Entwicklungen stehen, sind immer hart umkämpft gewesen. So ist es keineswegs Zufall, dass die Krise Schengens mit der Krise der Euro-Währungsunion zusammenfällt. In der Euro-Krise treten die Widersprüche innerhalb des Projekts EU klarer ans Licht, und es werden unerwartet Parallelen zur anhaltenden Krise Schengens offengelegt. Das Auftreten neuer Akteure, das netzwerkförmige Regieren ist nirgendwo so deutlich sichtbar wie im Griechenland der Krise, wo die elementare Politik nicht mehr von Regierung und Parlament bestimmt wird, sondern diese nur noch die Vorgaben der so genannten »Troika«, dem Dreigespann aus Europäischer Zentralbank (EZB), Europäischer Kommission und Internationalem Währungsfond (IWF) umsetzen. Gleichzeitig erscheinen neue liminale Institutionen wie etwa die Europäische Finanzstabilisierungsfazilität (EFSF) oder der Europäische Stabilitäts-Mechanismus (ESM).

Der Prozess der europäischen Integration wie auch die Schaffung der Euro-Zone verfolgte primär die Einheit der Kapitalmärkte. Die Hoheit über die Lohnbeziehungen, Steuer- wie auch Wohlfahrtssysteme liegt weiterhin bei den nationalen Mitgliedsstaaten. Das wirtschaftliche Nord-Süd-Gefälle innerhalb der EU führte daher zum Verlust der Konkurrenzfähigkeit der Länder der inneren Peripherie zugunsten der Kernländer, die mit einer steigenden Verschuldung sowohl der Staats- als auch der privaten Haushalte kompensiert werden musste. Dies lieferte die legitimatorische Basis für die anhaltenden Angriffe auf die sozialen Sicherungssysteme, welche wiederum in einer noch stärkeren Verschuldung der privaten Haushalte resultierte. Letztendlich tragen diese die Kosten des Nord-Süd-Gefälles. Genauso wie in den USA ist das private »deficit spending« also keineswegs eine kollektive Neigung, über die Verhältnisse zu leben. Es ist vielmehr der Umgang mit der Krise der sozialen Systeme in der inneren Peripherie Europas.

Wie lässt sich nun die Krise Schengens auf der Folie des ökonomischen Nord-Süd-Gefälles innerhalb der EU verstehen? Migrationspolitik und damit mittlerweile auch Grenzpolitik als konkrete Ausgestaltung des derzeit vorherrschenden europäischen Paradigmas des Regierens von Migration ist auch immer Wirtschaftspolitik. Das deutsche Modell der Gastarbeit ist nur einer der offensichtlichsten Belege dafür. Wir konstatieren für die EU zwei prädominante Politikmodelle im Bezug auf Migration, die vor dem Hintergrund der ökonomischen Modelle deutlich werden und die hier skizziert werden sollen. Im Norden der EU ist die Wirtschaft im Wesentlichen vom einem postfordistischen sekundären und dem tertiären Sektor geprägt. Der Bedarf an ungelernten ArbeiterInnen für manuelle Arbeit ist gering. In Deutschland spiegelt sich dies in der Debatte um so genannte »high-skilled migrants« oder in der Diskussion um die Anerkennung ausländischer Schulabschlüsse wider. Das auf die Migration gerichtete Begehren der Wirtschaft konzentriert sich im Wesentlichen auf WissensarbeiterInnen. Zwar wird im Bezug auf Migration auch oft der ungedeckte Bedarf an Spargelstechern oder Homecare-ArbeiterInnen in Deutschland thematisiert, jedoch ist davon auszugehen, dass insbesondere für Deutschland die EU-Beitrittsrunden der 2000er Jahre diesen Bedarf decken können, spätestens sobald die Einschränkung der ArbeitnehmerInnen-Freizügigkeit 2014 fällt. Kurzum: Die zentralen Staaten Europas haben derzeit kein ökonomisches Motiv für die Liberalisierung der außer-europäischen Zuwanderung.

Auch wenn die EU im globalen Vergleich einen hochentwickelten Wirtschaftsraum darstellt, so macht doch vor allem im Süden der EU die nicht-industrielle Landwirtschaft, wie auch andere Sektoren manueller Arbeit, einen wesentlichen Anteil an der Wirtschaftsleistung aus. Die Plantagen in Andalusien, in Süditalien, in Griechenland wie auch der iberische Bauboom vor dem Ausbruch der Krise sind wichtige ökonomische Faktoren, die ihre Profitabilität im Wesentlichen aus der Existenz einer ausbeutbaren, weil illegalisierten migrantischen Bevölkerung ziehen. Diese Formen der Wirtschaft mit ihrer starken Exportorientierung wurden oftmals erst durch den EU-Binnenmarkt sowie Subventionen möglich. Im Süden der EU gab es daher auch immer das Bestreben, die Grenze poröser zu halten. Damit meinen wir mit Porösität weniger eine neoliberale Version der offenen Grenzen, in der die Ware Arbeitskraft wie materielle Waren, Dienstleistungen und Kapital global frei zirkulieren kann. Porösität meint zwar Überschreitbarkeit, gleichzeitig aber auch eine gezielte Entrechtung bis hin zur Illegalisierung, die sich in niedrige Löhne und damit bare Münze übersetzen lässt. Ein solches Modell der Migrationspolitik wurde etwa viele Jahrzehnte in den USA verfolgt und manifestierte sich dort in einem starken Streit zwischen den Arbeitgebern im Süden der USA und der Bundesregierung über die Porösität der Grenze (Akers *Chacón/Davis 2007*).

Das Asylregime, das Regime der Gastarbeit wie auch das Regime der illegalisierten Arbeit stellen jeweils nur ein spezifisches Dispositiv des Regierens von Migration dar. Sie konkretisieren und unterscheiden sich in den Institutionen, Gesetzen, politischen und bürokratischen Praxen, paradigmatischen Orten (die fordistische Fabrik, die Asylunterkunft, das »detention centre«) sowie den Diskursen und Rationalitäten und verfügen über gesonderte Methoden der Regulation. Das Regime der illegalisierten Arbeit im Süden und Südosten der EU zeichnet sich hier vor allem durch periodische Legalisierungen, in denen der Aufenthalt aber zumeist weiter an die Arbeit geknüpft war, die jeweilige Porösität der Grenze wie auch durch jederzeit mögliche rassistische Pogrome wie etwa in El Ejido 2005 oder Rosarno 2010 aus. Dabei kann der Rassismus jedoch nicht auf eine ökonomische Funktion reduziert werden, als ob rassistische Einstellungen je nach Bedarf ein- und ausschaltbar und Pogrome bestellbar wären. Andererseits ist Rassismus eben nicht einfach nur Vorurteil oder Unwissen, sondern ein Gradmesser für soziale Beziehungen und die sich durch die Gesellschaft ziehenden Hierarchisierungen. In ihnen, wie auch im Rassismus, reproduzieren sich die globalen wirtschaftlichen, politischen und sozialen Gefälle. Gerade die Homogenisierung der Rechte der »first class citizens« in der EU (also jener mit einer Europäischen Staatsbürgerschaft) hat dies eindrucksvoll unterstrichen, betont aber auch die Gefahr, die im erneuten Aufkommen von Euroskepsis, Renationalisierung, Entdemokratisierung und Sezessionsgelüsten in der EU liegt.

Der Widerspruch der beiden Modelle der migrationspolitischen Ökonomie erfuhr im Jahr 2008, unter der französischen EU-Ratspräsidentschaft, mit der Verabschiedung des Europäischen Pakts zu Einwanderung und Asyl eine vorläufige Stabilisierung zugunsten des Nordens. Denn mit dem in dem Pakt festgeschriebenen Verbot kollektiver Legalisierungen und der weiteren Schließung der Grenzen kommen dem Regime der illegalisierten Arbeit die Regulationsmechanismen abhanden. Es ist auch folgerichtig, dass der Pakt die Rechte der Flüchtlinge (hier: Menschenrechte, völkerrechtliche Verpflichtung zum Flüchtlingsschutz) festschreibt, denn auf Basis dieser Subjekte operiert das Asylsystem, welches die individuelle Prüfung eines Asylantrags und Überprüfungsmöglichkeiten einer Entscheidung festschreibt. Die Zuerkennung von Rechten aufgrund individueller Kriterien erscheint dabei als Fortschritt gegenüber einer kollektiven Entrechtung. Doch die Flüchtlingsanerkennung stellt lediglich ein anderes, nicht unbedingt weniger willkürliches Regulativ dar. Die Auf- und Abbewegung der Anerkennungsquoten der letzten Jahre in Deutschland zeigt dies recht plastisch, die Kurvenbewegungen korrelieren oftmals mehr mit einem inländischen Diskurs als mit einer globalen Situation individueller Unsicherheit.

In diesem Sinne erscheint der migrationspolitische Ausnahmezustand in Griechenland, der sich seit 2008 entfaltet hat, weniger als Unterlassungshandlung, sondern mehr als kalkulierte Inaktivität und Nichtumsetzung einer vom Norden diktierten Regierungsform in Bezug auf Migration. Die Ergebnisse der Forschungsgruppe Transit Migration (2007) im Südosten der EU haben vor allem gezeigt, dass sich an den »turbulenten Rändern« spezifisch andere Regierungsmodalitäten vis-a-vis der Migration entwickelt haben, die keineswegs als Fehlen eines Willens, die Migration zu regieren, verstanden werden können.

Die Vergemeinschaftung der europäischen Migrationspolitik hat diese Modalitäten und die ihnen zugrunde liegenden ökonomischen Modelle herausgefordert. Sie haben sich im Wesentlichen als inkompatibel mit dem nordeuropäischen Modell des »migration management« erwiesen, welches sich derzeit vor allem über ein elaboriertes Asylsystem artikuliert. Es gesteht MigrantInnen nominell Rechte zu, stellt zugleich aber ein höchst invasives Modell der Individualisierung einer migrantischen Bevölkerung dar. Die faktische Abwesenheit eines Asylsystems in Griechenland, oder auch die lediglich nominelle Existenz eines solchen Systems in Italien (Giamattei u.a. 2013) lässt sich also nicht in einen messbaren Grad des Respekts vor den Menschenrechten der Flüchtlinge übersetzen. Eine solche Rhetorik ist gleichsam die Wiederkehr der kolonialen Figur der »Zivilisiertheit«, und ihr oftmaliges Auftreten im derzeitigen Diskurs bestätigt lediglich die These eines inner-europäischen Neo-Orientalismus.

Am Beispiel des Einsatzes der Schnelleingreiftruppen der europäischen Grenzschutzagentur Frontex (RABIT) in Griechenland im Winter 2010/11 wollen wir dies verdeutlichen, denn das Scheitern der Grenze in Griechenland wie auch die Skandalisierung des Zustands des de facto nicht-existenten griechischen Asylsystems ist ebenso paradigmatisch für die Schengen-Krise, wie es der Zustand der griechischen Staatsfinanzen und die Rhetorik gegen die griechische Gesellschaft für die Euro-Krise sind.

Der Hintergrund des RABIT-Einsatzes waren die vielfachen irregulären Überschreitungen der griechisch-türkischen Landgrenze im Jahr 2010. Im Oktober 2010 entschloss sich die griechische Regierung, die RABITs zu rufen, deren Einsatz von November 2010 bis März 2011 dauerte und einen Quantensprung in der Europäisierung des Grenzschutzes in Europa darstellte. Dabei sind die konkreten Ergebnisse des Einsatzes weniger von Interesse. Festgehalten werden muss nur, dass der Einsatz nicht auf eine Versiegelung der Grenze abzielte, sondern vielmehr die schnelle Internierung und eingehende Befragung der GrenzgängerInnen beinhaltete. Der Einsatz arbeitete nicht gegen die Porösität der Grenze, sondern versuchte, sich das spezifische Wissen der porösen Grenze – Routen, Netzwerke, Praktiken des »border crossing« – anzueignen und antizipativ in die Praxis des Grenzschutzes zu integrieren. Diese Herangehensweise stand jedoch im Widerspruch zu den von der griechischen Regierung verfolgten Zielen. Am 1. Januar 2011 verkündete der damalige Bürgerschutzminister Griechenlands die Absicht, einen Zaun entlang der Landgrenze zu errichten, also im Wesentlichen die südeuropäische Praxis – hier sei etwa an die meterhohen Zäune rund um die spanischen Enklaven Ceuta und Melilla erinnert – zu kopieren.

Nach vielfältiger Kritik wurde der Plan zwar nicht komplett aufgegeben, aber auf ein kleines, jedoch relevantes Teilstück im Norden der über 200 km langen Grenze beschränkt. Die Europäische Kommission äußerte sich, stellvertretend, weiter ablehnend. Ihr Sprecher Michele Cercone teilte mit, dass Zäune und Mauern lediglich eine kurzfristige Maßnahme seien, die keinen wirklichen Beitrag dazu leisteten, die Herausforderung der Migration in einer allgemeinen und strukturierten Art und Weise anzugehen, und dass es vielmehr effektiver Instrumente des »migration management« bedürfe, um der Migration Herr zu werden (ItnSource.com 2011).

Auch auf der Oberfläche der Praxis des Grenzschutzes ließ sich der Widerspruch beobachten. Im November stieg das deutsche Kontingent der Bundespolizei mit Aplomb aus der Mission aus, die sich konkret an der Grenze abspielte. Beamte der Bundespolizei kritisierten etwa die eher brutale griechische Praxis des Grenzschutzes inklusive Gebrauch von Feuerwaffen. Nur vordergründig ging es dabei um die Rechte der Flüchtlinge. Aufschlussreicher ist eine Stellungnahme von Frontex, die bemängelt, dass eine Fortführung der Operation am Evros nur dann zielführend sein kann, wenn der griechische Staat die Internierungskapazitäten hinter der Grenze verbessert und ausbaut (Ekathimerini.com 2011) und nicht die tatsächliche Unterbindung der Grenzübertritte verfolgt.

Das Schengen der Zukunft

Doch der Streit über Zäune und Mauern verweist auf die alten Modi des »border management«. Digitalisierung, Datenbanken und Biometrie sind die zentralen Baustellen in Schengen. So verläuft der Eintritt in die Mobilität oftmals über den Bildschirm. Der Begriff der Flows, Terminus Technicus des Schengener Borderpolicings, verweist hier auf die »Wahlverwandtschaft« der schnellen und flexiblen Multidirektionalität der mobilen Subjektivitäten der Migration mit den wissens- und netzwerkbasierten Technologien ihrer Überwachung. Die Denaturalisierung der Grenzkontrolle mit ihrer doppelten

Funktion als Politik auf Distanz und als virtuelle Erfassung entwickelt eine Logik des extraterritorialen Netzes der Kontrolle, die nicht nur die Art der Überwachung, sondern auch die Form der Bestrafung denaturalisiert, indem sie das Risiko der Deportabilität (de Genova 2005) innerhalb und über die Staatsgrenzen hinweg ausdehnt. Mit dem Begriff der digitalisierten Deportabilität wollen wir auf diesen wissenbasierten Formwechsel der Technologien der Kontrolle innerhalb des Schengener Kontrollraumes verweisen. Beide Momente, der liminale Charakter der neuen Grenzinstitutionen und die Deterritorialisierung der Souveränität, bestimmen zusammen die Verfasstheit dessen, was wir mit dem Begriff der liminalen Institutionen der Porokratie zu umreißen versuchen. Seine wichtigsten Funktionselemente sind die Externalisierung einerseits und andererseits jenes Dispositiv, das wir »Überwachen und Entschleunigen« nennen. Die Unsicherheiten und Diskriminierungspraktiken im Migrationskontext – vor allem in der Illegalität – lassen es MigrantInnen ratsam erscheinen, ihre Lebenskontexte im Herkunftsland nicht aufzugeben, sie vielmehr mit den Migrationsgeldern aufrecht zu halten, wenn nicht sogar auszubauen. Auch verweisen die migrationspolitischen Restriktionen MigrantInnen zurück auf ihre Netzwerke als einziges sozial-ökonomisches Kapital.

Quellenverzeichnis

Akers Chacón, Justin / Davis, Mike 2007: Crossing the Border. Migration und Klassenkampf in der US-amerikanischen Geschichte. Berlin, Hamburg.

Anderson, Bridget 2000: Doing the Dirty Work? The Global Politics of Domestic Labour. London.

Anthias, Floria / Lazaridis, Georgios (Hg.) 2000: Gender and Migration in Southern Europe. Women on the Move. Oxford, New York.

Balibar, Étienne 2003: Sind wir Bürger Europas? Politische Integration, soziale Ausgrenzung und die Zukunft des Nationalen. Hamburg.

Beck, Ulrich / Grande, Edgar 2004: Das kosmopolitische Europa. Frankfurt/Main.

Bigo, Didier / Guild, Elspeth 2005: Policing in the Name of Freedom. In: Bigo, Didier / Guild, Elspeth (Hg.): Controlling Frontiers. Free Movement Into an Within Europe. Aldershot. S. 1-13.

Busch, Heiner 1995: Grenzenlose Polizei? Neue Grenzen und polizeiliche Zusammenarbeit in Europa. Münster.

De Genova, Nikolas 2005: Deportability, Detainability, and the politics of space in the Aftermath of »Homeland Security«. Paper presented to the conference »Homelands, Borders, and Trade in Latin America: Freedom, Violance, and Exchange After 9-11«, San Diego.

Doezema, Jo 1999: Loose Women or Lost Women. The Re-emergence of the Myth of »White Slavery«. In: Contemporary Discourses of »Trafficking in Women«. http://www.walnet.org/csis/papers/doezema-loose.html, 8.3.01 (Zugriff: 28.3.13).

Foucault, Michel 2004: Geschichte der Gouvernamentalität I. Sicherheit, Territorium, Bevölkerung. Vorlesung am College de France 1977-1978. Frankfurt/Main.

Geddes, Andrew 2003: The Politics of Migration and Immigration in Europe. London.

Giamattei, Antonella / Schmidt, Matthias / Sembner, Sara / Kasparek, Bernd 2013: Vai Via! Zur Situation der Flüchtlinge in Italien. München.

Guiraudon, Virginie 2003: The Constitution of a European Immigration Policy Domain: A Political Sociology Approach. In: Journal of European Public Policy 10 (2). S. 263-282.

Hess, Sabine / Tsianos, Vassilis 2007: Europeanizing Tranationalism! Provincializing Europe! Konturen eines neuen Grenzregimes. In: Transit Migration Forschungsgruppe (Hg.): Turbulente Ränder. Neue Perspektiven auf Migration an den Grenzen Europas. Bielefeld. S. 23-38.

ItnSource.com 2011: European Commission rejects a Greek plan to build a fence on its border with Turkey to stem the illegal entry. http://www.itnsource.com/shotlist/RTV/2011/01/04/RTV19911/?v=2, 4.1.2011 (Zugriff: 29.3.13).

Ekathimerini.com 2011: Frontex »reconsidering« Evros operation. http://www.ekathimerini.com/4dcgi/_w_articles_wsite1_1_18/11/2011_415404, 18.11.11 (Zugriff: 29.3.13).

Kaufmann, Stefan 2006: Grenzregimes im Zeitalter globaler Netzwerke. In: Berking, Helmuth (Hg.): Die Macht des Lokalen in einer Welt ohne Grenzen. Frankfurt/Main. S. 32-65.

King, Rusell / Lazaridis, Gabriella / Tsardanidis, Charalampos (Hg.) 2000: Eldorado or Fortress, Migration in Southern Europe. London.

Lahav, Gallya / Guiradon, Virginie 2000: Comparative Perspectives on Border Control: Away from the Border and Outside the State. In: Andreas, Peter / Snyder, Timothy (Hg.): The Wall around the West. New York, Oxford. S. 55-77.

Leuthardt, Beat 1999: An den Rändern Europas. Berichte von den Grenzen. Zürich.

Papadopoulos, Dimitris / Stephenson, Niamh / Tsianos, Vassilis 2008: Escape routes. Control and Subversion in the Twenty-First Century. London.

Rogers, Ali 2001: A European Space for Transnationalism? Working Paper. http://www.transcomm.ox.ac.uk/working%20papers/rogers.pdf (Zugriff: 28.3.13).

Sciortino, Guiseppe 2004: Between Phantoms and Necessary Evils. Some Critical Points in the Study of Irregular Migrations to Western Europe. In: IMIS-Beiträge 24 (2004). S. 17-43.

Tomei, Veronika 1997: Europäische Migrationspolitik zwischen Kooperationszwang und Souveränitätsansprüchen. Berlin.

Transit Migration Forschungsgruppe 2007: Turbulente Ränder. Neue Perspektiven auf Migration an den Grenzen Europas. Bielefeld.

Tsianos, Vassilis S. / Kuster, Brigitta 2012: Transnational Digital Networks, Migration and Gender. mig@net, Thematic Report »Border Crossings«. http://www.mignetproject.eu/?cat=5 (Zugriff: 28.3.13).

Walters, William 2002: Mapping Schengenland: Denaturalizing the Border. In: Environment & Planning D: Society & Space 20 (5). S. 561-580.

Walters, William 2011: Rezoning the Global: Technological Zones, Technological Work, and the (Un-)Making of Biometric Borders. In: Squire, Vicki (Hg.): The Contested Politics of Mobility: Borderzones and Irregularity. London. S. 51-73.

Moritz Altenried / Mariana Schütt

Krise und Normalität im Kapitalismus
Versuch einer schwierigen Verhältnisbestimmung

»Krisen brechen nicht von außen in eine Gesellschaft ein, die sich im
Prinzip im Gleichgewicht befindet und nun von der Krise in ihrem
normalen und funktionstüchtigen Gang unterbrochen wird. In die Krise
geraten immer konkrete soziale Verhältnisse, also relativ regelmäßige
Praktiken sozialer Kollektive und Individuen. Krisen sind das Ergebnis
von Spannungen und Widersprüchen in diesen Verhältnissen«
(Bader u.a. 2011: 11).

In diesem Beitrag geht es um die Verhältnisbestimmung von *Krise* und
Normalität. Wir[1] argumentieren, dass Krise und Normalität nicht als
einfaches Gegensatzpaar zu verstehen sind, die Krise also nicht einfach der
Ausnahmezustand ist, der von außen in die reibungslos funktionierende
Normalität einbricht. Vielmehr ist die Krise bereits in den kapitalistischen
Normalzustand eingeschrieben. Normalität meint hier die Normalisierung
gesellschaftlicher Widersprüche. Doch selbst wenn die Einordnung in ein
einfaches Gegensatzpaar nicht funktioniert, so wollen wir den Begriff der
Krise analytisch nicht aufgeben. Denn es gibt Momente, in denen die
Reproduktion eines spezifischen gesellschaftlichen Arrangements in Frage
steht. Bereits ihrer Etymologie nach bezeichnet die Krise einen Wende- oder
Entscheidungspunkt, der gesellschaftliche Veränderungen möglich und nötig
macht. Die Form der gesellschaftlichen Veränderungen sowie die konkreten
Erscheinungsformen, Ausprägungen und Konjunkturen der Krise sind dabei
aber keineswegs vorherbestimmt, ökonomisch determiniert oder zwangs-
läufig. Krisen und ihr Verlauf sind Ergebnisse vielfältiger, widersprüchlicher
Prozesse und Verdichtungen und nicht zuletzt Resultate *und* Objekte sozialer
Auseinandersetzungen.

Krise ist also weder als Ausnahmezustand noch unterschiedslos als Dau-
ererscheinung im Kapitalismus zu verstehen: Dies ist die Problematik, vor
deren Hintergrund es eine kritische Analytik der Krise zu entwickeln gilt. In
unserem Artikel möchten wir, ausgehend von marxistischer Krisentheorie,
ein Verständnis von Kapitalismus als von Widersprüchen durchzogene und
damit inhärent krisenhafte Vergesellschaftungsform darlegen. Damit sollen

---

1   Wir danken Lena Krone, Morten Paul und Étienne Schneider für ihre äußerst
hilfreichen Hinweise und Anmerkungen.

die Grenzen von Normalität und Krise problematisiert werden, ohne den Begriff der Krise aufzugeben. Die Krise wird im Verhältnis zur Normalität vielmehr von zwei Momenten gleichermaßen durchzogen: Kontingenz sowie Kontinuität. Diese beiden Momente lassen sich auch in der politischen Form der Krise veranschaulichen. Wir argumentieren, dass sich hier eine Regierungsrationalität in Form einer »Krisengouvernementalität« durchgesetzt hat, welche aber nicht als genuin neu begriffen werden kann, sondern bereits durch ein post-politisches Bedeutungsfeld, das bis weit vor die aktuelle Krise zurückreicht, vorstrukturiert ist. Ähnliches wollen wir für die nationalistischen Anrufungen innerhalb der Krise zeigen. Auch diese entspringen – wie die Krise selbst – nicht einfach aus dem »Nichts«, sondern sind aus dem gesellschaftlichen Gesamtzusammenhang zu erklären.

Kapitalismus und Krise

Innerhalb der gängigen Erzählungen über Ursachen, Auslöser und Natur der gegenwärtigen Krise, wie sie in Medien, Alltagskultur oder Wirtschaftswissenschaften zirkulieren, finden sich verschiedenste Elemente: Versatzstücke spezifischer ökonomischer Theorien werden verknüpft mit Alltagswissen, rassistischen Theoremen, Leistungsdenken oder moralischer Empörung. Dies macht deutlich, dass die Krise inzwischen zum politischen Kampffeld geworden ist, in dem verschiedene Krisenerzählungen um Deutungshoheit kämpfen.

Eine Gemeinsamkeit vieler gängiger Erzählungen ist, dass die Krise als Resultat (individueller) Fehlentscheidungen bzw. (individuellen) Fehlverhaltens interpretiert wird. Dies reicht vom neoklassischen und monetaristischen wirtschaftswissenschaftlichen Mainstream, der von einer grundlegenden Stabilität der Märkte ausgeht, weswegen die Krise von außen, etwa durch eine falsche Geldpolitik oder massenhaft falsche Investitionsentscheidungen, ausgelöst worden sein muss, bis hin zu populären Deutungen, die entweder von »gierigen Bankern« und/oder »faulen Griechen« berichten.[2]

Für unsere Diskussion des Verhältnisses von Krise und Normalität schlagen wir eine Perspektive vor, die die Krise nicht als Ausnahmezustand, sondern als elementaren und inhärenten Bestandteil kapitalistischer Vergesellschaf-

---

2   Neben marxistischen Krisendeutungen stellt hier zum Beispiel auch die Anwendung mancher keynesianischer Perspektiven eine Ausnahme dar. In Teilen der europäischen Sozialdemokratie beispielsweise wird davon ausgegangen, dass Märkte Formen der Regulierung brauchen, da sie sonst zu Instabilität neigten, dabei werden allerdings die »Exzesse der Märkte« letztendlich doch wieder pathologisch mit dem Verweis auf die »menschliche Gier« begründet, anstatt die Systemrationalität anzuerkennen.

tung versteht. In einem marxistischen Verständnis wird die Krise selbst zum Bestandteil des Normalen. Marx selbst beschreibt den Kapitalismus als von Widersprüchen durchzogen und letztlich die Voraussetzungen für seine eigene Überwindung schaffend, also als inhärent krisenhaft, jedoch legt er keine vollständige Krisentheorie im engeren Sinne vor. Mit Thomas Sablowski (2011) lassen sich dennoch drei Hauptstränge marxistischer Krisentheorie bzw. Erklärungsansätze für die Krisenhaftigkeit des Kapitalismus im Allgemeinen und die gegenwärtige Krise im Besonderen beschreiben. Ein erster Strang bezieht sich auf das »Gesetz vom tendenziellen Fall der Profitrate«, welches Marx im dritten Band des Kapitals ausführt (MEW 25: 221ff.). Innerhalb marxistischer Analyse selbst stark umstritten, stellt es für manche doch das »Kernstück der Marx'schen Krisentheorie« (Henning 2006: 69) dar. Marx argumentiert hier mit der Zusammensetzung des Kapitals: Vereinfachend gesagt sinkt mit steigendem Anteil an konstantem Kapital im Verhältnis zu variablem Kapital (menschliche Arbeitskraft) die Profitrate, da gemäß Marx'scher Werttheorie nur lebendige Arbeit Mehrwert produziert.[3]

Als zweiten Strang marxistischer Krisentheorie identifiziert Sablowski die »Profit-Squeeze-Theorie«, welche auch als Theorie der »Vollbeschäftigungs-Profitklemme« bezeichnet wird. Im Kern wird hier argumentiert, dass mit steigender Beschäftigung die Verhandlungsposition der Arbeiter_innenklasse steigt, wodurch höhere Löhne durchgesetzt werden können. Durch höhere Löhne sinkt wiederum der Profit, der sich ja aus der Ausbeutung lebendiger Arbeit generiert. Dieses Modell lässt sich auch als Konjunktur-Zyklus denken (MEW 23: 661): Bei sinkenden Profiten werden Arbeiter_innen entlassen, die »industrielle Reservearmee« vergrößert sich, die Lohnquote sinkt, die Profite steigen und vice versa. Während einiges dafür spricht, dass steigende Löhne einen Faktor in der Krise der 1970er Jahre und der Jahre im Anschluss darstellten, ist seitdem allerdings eine rückläufige Lohnquote in den kapitalistischen Zentren zu konstatieren (Huffschmid 2010: 28), weshalb die Erklärungskraft für die momentane Krise eingeschränkt ist (Sablowski 2011: 35f.).

Als Drittes beschreibt Marx Überakkumulationskrisen, also Phasen, in denen so viel Kapital entsteht, dass es sich nicht mehr produktiv verwerten kann. Falls sich dieses nicht mehr in neue Anlagesphären verschieben lässt, kommt es zu Überproduktion bzw. Unterkonsumption und damit zur Krise.

---

3 Wie bereits in dem Wort »tendenziell« angelegt, gibt es jedoch zahlreiche Faktoren, die einen verstärkenden oder gegenteiligen Einfluss auf die Profitrate haben können. Die Prozesse, die Marx beschreibt, stellen einen wichtigen Ausgangspunkt für Krisenanalysen dar. Letztlich gibt es unserer Ansicht nach trotz zahlreicher Versuche jedoch keinen überzeugenden Beweis für die »Gesetzhaftigkeit« des tendenziellen Falls der Profitrate. Es handelt sich um eine Tendenz, die durch Gegentendenzen kompensiert werden kann.

Überproduktion beschreibt ein Zuviel an Waren, denen keine ausreichende Kaufkraft gegenübersteht. Wenn die gesellschaftlichen Produktivkräfte schneller wachsen als die Löhne, so ergeben sich Nachfragelücken, die sich zu Krisen auswachsen können:

> »Die Epochen, worin die kapitalistische Produktion alle ihre Potenzen anstrengt, erweisen sich regelmäßig als Epochen der Überproduktion, weil die Produktionspotenzen nie so weit angewandt werden können, daß dadurch mehr Wert nicht nur produziert, sondern realisiert werden kann; der Verkauf der Waren, die Realisation des Warenkapitals, also auch des Mehrwerts, ist aber begrenzt, nicht durch die konsumtiven Bedürfnisse der Gesellschaft überhaupt, sondern durch die konsumtiven Bedürfnisse einer Gesellschaft, wovon die große Mehrzahl stets arm ist und stets arm bleiben muß« (MEW 24: 318, Fußnote 32).

Diese Krisen sind demzufolge Produkt immanenter Widersprüche der kapitalistischen Akkumulation, also der konzentrierten Aneignung eines immer größeren Teils des gesellschaftlich produzierten Werts. Dies stellt nicht das Ergebnis des besonderen »Fleißes« oder der »Gier« einiger weniger dar, sondern folgt einer systemimmanenten Logik.

Die hier sehr kurz angerissenen marxistischen Analysen der Krisenhaftigkeit des Kapitalismus stehen teilweise im Widerspruch zueinander, andere sind kombinierbar und alle werden kontrovers diskutiert. Dennoch lohnt es sich unserer Ansicht nach, im Sinne einer breiten marxistischen Krisentheorie zwei Dinge festzuhalten, die von zentraler Bedeutung sind: Erstens gerät der Kapitalismus nicht in die Krise, weil kapitalistische Entwicklung *nicht* funktioniert, sondern vielmehr *weil* sie funktioniert und sich dadurch Widersprüche im Akkumulationsprozess verdichten. Die Krisenhaftigkeit des Kapitalismus ergibt sich also aus seinen eigenen Widersprüchen und nicht etwa aus externen Störfaktoren oder der Irrationalität einzelner Akteur_innen. Zweitens sind die Krisenprozesse allerdings nicht deterministisch bzw. teleologisch aus der fortschreitenden Entwicklung der Kapitalakkumulation abzuleiten, sondern sie sind von multiplen Faktoren und einem Zusammenspiel von Tendenzen und Gegentendenzen abhängig. Zu diesen Faktoren zählen, wie auch das Profit-Squeeze-Theorem deutlich macht, nicht zuletzt die sozialen Auseinandersetzungen, die die Geschichte des Kapitalismus begleiten. Auch wenn dem Kapitalismus also spezifische Krisentendenzen dauerhaft innewohnen, so ist doch eine genaue Analyse der spezifischen Faktoren, die zu einer konkreten Verdichtung wie der gegenwärtigen Krise führen, notwendig, zumal die beschriebenen Krisendynamiken zwar dauerhaft am Werke sind, aber immer umkämpft bleiben sowie räumlich, sektoral oder zeitlich verschoben werden.

Krise als Verdichtung von Widersprüchen

Die derzeitige Krise hat demnach dauerhaft-strukturelle Ursachen, resultiert aber auch aus der Verschiebung früherer Krisentendenzen. So basiert der seit den 1970ern anhaltende Kreditboom, der zu einem entscheidenden Faktor in der gegenwärtigen Krise wurde, einerseits auf einer Verwertungskrise und hat diese andererseits verzeitlicht bzw. auf erhöhter Stufenleiter reproduziert. Wenn Profitraten stagnieren, die industriellen Verwertungsmöglichkeiten schrumpfen und gleichzeitig viel liquides Kapital verfügbar ist, verspricht die spekulative Kreditvergabe zunächst einen scheinbaren Ausweg aus der Überakkumulationskrise (Demirović/Sablowski 2012: 7ff.).

Dabei bieten die Finanzmärkte Anlagemöglichkeiten, die für die Kapitalakkumulation oftmals attraktiv erscheinen, da sie nicht direkt an bereits produzierten Mehrwert gebunden sind, sondern als »akkumulierte Ansprüche, Rechtstitel, auf künftige Produktion« (MEW 25: 486) einen Anspruch auf später produzierten Mehrwert darstellen. Dieses »fiktive Kapital«, als scheinbare Verdopplung des Anlagekapitals entstanden, zirkuliert nun selbst. Gleichzeitig ist diese scheinbare Verdopplung von Kapital als Ausweg aus der Krise an den Rückfluss von Krediten, das heißt an tatsächlich produzierten Mehrwert gebunden. Bleibt dieser aus, so kommt es zu Krisen, die die innere Einheit von Zirkulation und Produktion durch massive Kapitalvernichtung gewaltsam wieder herstellen (MEW 25: 250ff.).

In den USA wurde die massenhafte Vergabe billiger Kredite zur Verzeitlichung eines zweiten Krisenelements genutzt: der Stagnation und des Sinkens der Reallöhne. Die vereinfachte Vergabe von Krediten an breite Teile der Bevölkerung, nicht zuletzt durch die Einführung von Kreditkarten, die in den USA seit den 1960er Jahren großflächig verbreitet wurden, ermöglichte jahrelang »Massenkonsum auf Pump« (Stockhammer 2007). Paradigmatisch dafür steht der Hypothekenmarkt, dessen Einbruch in den USA den Auslöser der aktuellen Krisendynamik darstellt (Zeise 2009: 81ff.). Auf den zweiten Blick zeigt sich also, dass die Praxis der billigen Häuserkredite ihren Ursprung in früheren Krisenprozessen hat.

In der gegenwärtigen manifesten ökonomischen Krise verdichten sich die Widersprüche also auch, weil Verschiebungsprozesse, die eine entscheidende Rolle in der temporären Lösung der Krise am Ende des Fordismus gespielt haben, nicht mehr funktionieren:

> »Die gegenwärtige Krise bringt diese Widersprüche zum Vorschein und macht zugleich die Grenzen des temporal fix deutlich, also des Versuchs, die gegenwärtigen Akkumulationsschranken durch Spekulation auf zukünf-

tig wachsende Akkumulationsmöglichkeiten aufzuheben« (Demirović/ Sablowski 2012: 22).

Wenn sich diese Widersprüche nicht lösen lassen, werden sie gewaltsam durch Krisen, die im Kern gigantische Entwertungsprozesse darstellen, für den Moment aufgelöst. Marx beschreibt Krisen daher auch als »immer nur momentane gewaltsame Lösungen der vorhandenen Widersprüche, gewaltsame Eruptionen, die das gestörte Gleichgewicht für den Augenblick wiederherstellen« (MEW 25: 259).

Krise und Normalität

Krise ist somit nicht nur als ein »Moment«, ergo als ein zeitlich abgegrenztes Phänomen zu begreifen, vor allem weil kapitalistisches Wachstum an sich einen von Krisen begleiteten Prozess darstellt – sowohl für den Akkumulationsprozess als auch für weite Teile der Bevölkerung. Das Wirtschaftswachstum als hegemonialer Krisenindikator sagt nichts über die Verteilung des gesellschaftlich erwirtschafteten Reichtums aus. Phasen des Wachstums bedeuten in kapitalistischen Gesellschaften keineswegs automatisch eine Steigerung des Lebensstandards und damit einhergehend eine Verbesserung der sozialen Umstände für einen breiten Teil der Bevölkerung, wie es die Annahme des »trickling down« postuliert (Altvater 2008: 65). Im Gegenteil: Wachstum und Phasen des Booms basieren vielfach auf verschärfter Ausbeutung, die wiederum oftmals auf der Kapitalisierung rassialisierter und vergeschlechtlichter Differenz sowie forcierter Naturzerstörung beruhen.

Kapitalismus ist letztlich als ein soziales Verhältnis zu verstehen, welches grundlegend auf der Aneignung von Mehrwert auf der einen Seite und der entfremdeten Arbeitskraft auf der anderen Seite beruht. Der Erfolg der einen ist im kapitalistischen Produktionsprozess also automatisch die »Krise« der anderen. Mit diesem für die kapitalistische Produktionsweise zentralen und inhärenten Antagonismus streifen wir ein grundlegendes Problem der Bestimmung des Verhältnisses von Krise und Normalität. Wenn der Kapitalismus einerseits dauerhafte Krise für die Ausgebeuteten ist und andererseits ständig Akkumulationskrisen produziert, dann verschmelzen tendenziell »Krise« und »Normalität« zu einem einzigen Begriff.

Der Staatstheoretiker Nicos Poulantzas, der ein analytisches, aber auch politisches Problem in der absoluten Gleichsetzung von Krise und Normalität sieht, entwickelt in Anschluss an Antonio Gramsci ein Modell, in dem er permanente *generische* Krisenelemente von zeitlich begrenzten Zuspitzungen unterscheidet. Der Kapitalismus ist für Poulantzas zwar widersprüchlich; da die Widersprüche jedoch permanent wirken, wäre es falsch, sie immer schon selbst als Krise zu kennzeichnen. Vor allem – so Poulantzas – dürfe aus der Widersprüchlichkeit des Kapitalismus nicht automatisch eine »wirkliche Krise« erwartet werden (Demirović 2007: 152).

Wir sprechen uns dafür aus, dann von einer Krise zu sprechen, wenn die gängige Funktionsweise des herrschenden Systems grundlegend in Frage steht. Der Krise als ein »Stocken« (Demirović/Sablowski 2012: 23) des Reproduktionszusammenhangs wohnt somit die Möglichkeit des Bruchs inne. Ob und wie sich diese Offenheit als Bruch gestaltet, oder ob die Krise zur Revitalisierung der herrschenden Verhältnisse führt, lässt sich jedoch nicht aus ihren ökonomischen Grundlagen ableiten, sondern bleibt Objekt von politischen Auseinandersetzungen.

Die Krise als Stocken der Reproduktion wird unseres Erachtens durch zwei Momente in Bezug auf Normalität bestimmt: Einerseits durch das Moment der Kontinuität, andererseits durch das der Kontingenz. Während die hegemoniale Deutung die Krise als Ausnahmezustand stilisiert und sie somit als entkoppelt von den normalen gesellschaftlichen Verhältnissen darstellt, sehen wir die Krise in ein bestimmtes »ideologisches Feld« (Hall 2004: 56) eingebettet, welches durch die Praxen der Normalisierung strukturiert wird. Es lassen sich also auch im Moment der Krise gewisse Muster nachvollziehen, die in der Normalität angelegt sind und bestimmte Praxen und Diskurse innerhalb der Krise vorstrukturieren und ermöglichen.

Der Moment der Krise bietet allerdings auch das Potential, mit der Kette der Signifikation zu brechen. Dies ist an ein aleatorisches Argument Louis Althussers angelehnt: Geschichte ist nicht determiniert und somit teleologisch zu verstehen, sondern auch durch das Zufällige und das Spontane bestimmt, also durchaus kontingent (Althusser 2010). Diese Einsicht führt dann zu der Frage, wie sich diese Offenheit im politischen Feld ausdrückt, also nach der politischen Form der Krise und der Frage, inwiefern die gegenwärtigen ökonomischen Krisenprozesse auch zur politischen Krise werden.

Krise der Politik – Politik in der Krise

Bereits seit mehreren Jahren wird von einer »Krise der Politik«, der Demokratie bzw. breiter von der »Krise der Repräsentation« gesprochen. Darauf verweisen Gegenwartsdiagnosen wie Colin Crouchs vielzitierte »Postdemokratie« (2008), aber auch populäre Narrative wie jenes der »Politikverdrossenheit«. Es ist allerdings nicht so, dass diese »Krisen« das Fortbestehen des politischen Systems in Frage stellen, also eine »wirkliche« Krise darstellen. Wir argumentieren hier im Gegenteil, dass die so genannte »Krise der Politik« zu einer Regierungsform wird. Denn anstatt eine wirkliche Krise des politischen Systems zu sein, ist die »Krise der Politik« und Repräsentation als Produkt *und* Regierungsrationalität neoliberaler Herrschaft zu verstehen (Altenried 2012: 66ff.).[4] Alex Demirović beschreibt etwas Ähnliches in »Herrschaft durch Kontingenz«. Demnach handelt es sich um eine »Herrschaftstechnik, die den schon von Marx behandelten stummen Zwang der ökonomischen Verhältnisse systematisch herstellt und nutzt, um den Staat von einer als politische Überlastung erfahrenen Verantwortung zu befreien« (Demirović 2009: 40f.).

Als Ausdruck einer post-politischen Logik der bloßen »Verwaltung gesellschaftlicher Bedürfnisse [...] im Rahmen der bestehenden soziopolitischen Relationen« (Žižek 2010: 273) erweist sich die »Krise der Politik« als Normalität neoliberalen Regierens.

Unsere These lautet in diesem Zusammenhang, dass diese post-politische Regierungsrationalität,[5] gekennzeichnet vor allem durch eine multidimensionale Bemühung von Sachzwang-Argumenten, im Rahmen der gegenwärtigen Krise von einer triumphalistischen in eine fatalistische Phase übergetreten ist. Zwar ist die Begründung schmerzhafter politscher Maßnahmen immer noch »There is no alternative«, allerdings liegt diese Alternativlosigkeit nicht mehr wie in den 1990er Jahren im Triumph des kapitalistischen Wirtschaftssystems begründet, sondern vielmehr in den apokalyptischen Szenarien einer immer weiter eskalierenden Krise und größeren Schuldenbergen, um nur einige Beispiele zu nennen. Während in den neoliberalen Jubeljahren Politik zum Management erklärt wurde, da es schlicht kein besseres denkbares System zu geben schien und es eigentlich nur um effektive Verwaltung der Gesellschaft ging, so ist Politik heute (Krisen-)Management, da die Alternative der Untergang ist.

---

4 Neoliberalismus soll hier keineswegs einer idealisierten fordistischen Periode entgegengestellt werden, wie dies etwa bei Crouch der Fall ist. Den modernen kapitalistischen Staat gilt es vielmehr in Anschluss an Poulantzas genuin als eine »Verdichtung eines Kräfteverhältnisses« (Poulantzas 2002: 152) zu denken. Dieses Verdichtungsverhältnis ist grundlegend auch ein Klassenverhältnis. Der Modus des Post-Politischen hängt jedoch eng mit dem Aufstieg neoliberaler politischer Rationalität zusammen, weswegen wir den Begriff verwenden.

5 Post-Politik beschreibt hier die Tendenz einer »Entpolitisierung der Politik«, also einer Normalisierung des bestehenden soziopolitischen Rahmens. Politik reduziert sich dann auf die bestmögliche Verwaltung dieses Rahmens, betont die Notwendigkeit »politische Ideologien« hinter sich zu lassen und die Probleme »objektiv« und auf der Basis von »Expertenwissen« zu lösen. Als normalisierende Schließung ist dies keineswegs ein neues Element des Politischen, wird aber in einer spezifischen Form zum beherrschenden Modus im Neoliberalismus.

Dabei wird gerade im Rahmen der Krise die Behauptung von Komplexität ein wichtiges Element: Was die logischen Schritte zur Bewältigung der Krise sind, ist dann nicht mehr Frage der politischen Auseinandersetzung, sondern wird als derart komplex dargestellt, dass es nur noch die Expert_innen der Troika verstehen könnten. Der Begriff der »Technokraten-Regierung«, wie er etwa für die italienische Monti-Regierung verwendet wurde, steht paradigmatisch für die post-politische Logik der Krisengouvernementalität. Dabei gibt es neben zahlreichen Kontinuitäten allerdings auch Verschiebungen, zu sehen etwa in der zunehmend autoritären Durchsetzung der verschiedenen Austeritätsprogramme. Hier zeigt sich deutlich, dass Krisen auch »Zwangsmittel der gesellschaftlichen Umwälzung« (MEW 20: 268) sein können. Darauf verweist auch der Begriff der »Durchsetzungskrisen« (Bieling 2009: 45), der die gezielte Nutzung von Krisen als Vehikel zur Durchsetzung polit-ökonomischer Interessen in den Mittelpunkt rückt. Die derzeitig implementierten Austeritätsprogramme sind aus dieser Perspektive nicht als etwas genuin Neuartiges zu verstehen, sondern stehen in der Tradition einer langsamen Transformation des Wohlfahrtsstaates hin zu einem reinen aktivierenden Wettbewerbsstaat (Lessenich 2008). Die Krise ab 2007 kann somit auch als eine Durchsetzungskrise verstanden werden, also als eine Möglichkeit, den Wohlfahrtsstaat endgültig zu Grabe zu tragen.

In dieser Hinsicht lässt sich argumentieren, dass die Zerlegung des Wohlfahrtsstaates, die bereits lange vor der aktuellen Krise begonnen hat, nur eine Rückkehr präfordistischer kapitalistischer Normalität[6] darstellt (Lessenich 2012). Damit zusammenhängend kommt es zu einer Neuordnung der (vergeschlechtlichten) Reproduktion, in der das Verhältnis von Markt, Staat und Familie re-konfiguriert wird. Auch die Krisenpolitik ist durchaus vergeschlechtlicht und zielt vermehrt darauf, Frauen in die unbezahlte Reproduktionsarbeit zurückzudrängen. Auch hier sind es wieder alte Normalitäten, die zur Verarbeitung der Krise mobilisiert werden:

> »Die Privatisierung von Reproduktionsarbeit und die Prekarisierung vor allem weiblicher Beschäftigungsverhältnisse verbinden sich hier mit einer Remaskulinisierung von Politikformen und einem alltagskulturellen Neokonservativismus« (Hajek/Opratko 2012).

---

6 Dementsprechend lassen sich der Fordismus und seine sozialen Errungenschaften als historische Ausnahme und darüber hinaus im Kern nur für den männlichen, *weißen* Lohnarbeiter in den USA und Westeuropa gültig, beschreiben während »on a global scale and in its privatised and/or unpaid versions, precarity is and has always been the standard experience of work in capitalism« (Mitropoulos 2005: 16).

Hier ist also die neuformierte Wiederherstellung sexistischer Normalität erkennbar.

Die Transformation vom triumphalistischen Ende der Politik zum fatalistischen ist – in Kombination mit den Austeritätspolitiken – allerdings nicht reibungslos, sondern mit deutlichen Legitimitätsverlusten verbunden. In Griechenland und in anderen Ländern wird die parlamentarische Demokratie zunehmend ausgehöhlt. Sparmaßnahmen und deren autoritäre Durchsetzung stoßen hier auf wachsenden Widerstand. Unter anderem in Portugal, Griechenland und Spanien sieht sich das politische System mit Massenprotesten konfrontiert, auf die zunehmend mit Repression geantwortet wird (Birke/Henninger 2012). Lukas Oberndorfer und andere sprechen in diesem Zusammenhang von einer »tiefen Hegemoniekrise« (2012: 50), in der das Zeitalter des neoliberalen Konsenses zu Ende sei und die Regierungsweise deswegen wieder verstärkt auf Zwang zurückgreifen müsse. Auch wenn dies nicht automatisch das Ende des Kapitalismus bedeutet, weist es darauf hin, dass dieser sich auf lange Sicht transformieren muss, um neue Legitimität sowie einen Akkumulationsschub zu gewinnen – Ideen wie die eines »green new deal« deuten in diese Richtung.

Zusammenfassend kann also die Nutzung der »Krise der Politik« durch die Krisengouvernementalität nicht als völlig neue Regierungsform verstanden werden, vielmehr lässt sich innerhalb der Krise eine Re-Mobilisierung einer bestimmten Begründungsrationalität verzeichnen, die bereits in der neoliberalen Normalität angelegt ist. Hegemonietheoretisch gesprochen lässt sich für den Euro-Raum in der aktuellen Krise eine Verschiebung im Verhältnis von Konsens und Zwang beobachten, auch wenn diese regional sehr unterschiedlich ausfällt.[7] Auch wenn sich die ökonomische Krise nicht automatisch in eine politische übersetzt, ergeben sich doch Momente der Offenheit, der Verunsicherung und Verhärtung. Diese allerdings sind keineswegs automatisch emanzipatorisch, sondern eröffnen auch Potentiale für reaktionäre Politik, die allerdings nicht dem »Nichts« entspringen, sondern durch den Bedeutungszusammenhang und die gängigen Praktiken der Normalität angelegt sind. Es ist dann also oft eine verschärfte Form der Normalisierung, die zur Krisenbearbeitung mobilisiert wird.

---

7   Über das Ausmaß und die Relevanz der Verschiebung sind wir uns indes uneinig. Darüber hinaus erscheint es uns als offene Frage, inwiefern der Begriff der Hegemonie den neoliberalen Herrschaftsmodus fassen kann, wenn dieser zunehmend mit Verzicht auf aktiven Konsens funktioniert bzw. sich die Form der Konsensorganisierung stark verändert.

Nationalismus und das Moment der Krise

Dass rassistische und kulturalisierende Anrufungen nicht aus dem »Nichts« entstehen, zeigt sich auch in einem Strang des derzeitigen Krisendiskurses. Die semantischen Figuren, die innerhalb der deutschen medialen Zuschreibungen auf Griechenland angewandt wurden – »faul«, »bequem«, »parasitär« – sind bereits als Figuren in der »Sarrazindebatte« aufzufinden. Dieser kulturalisierte »Rassismus in der Leistungsgesellschaft« (Friedrich 2011) funktioniert in der Krise anscheinend über ähnliche semantische Strukturen, verschiebt sich aber auf Griechenland und andere »Krisenländer«. Dem »faulen Griechenland« wird ein »fleißiges Deutschland« gegenüber gestellt, das aus eigener Kraft der Krise entkommen könne, ungeachtet dessen, dass die Exportpolitik Deutschlands einen Teil des Problems darstellt. Diese Form von Krisenexternalisierung und De-Thematisierung von Krisenzusammenhängen ermöglicht somit auch die Anrufung deutscher Normalität.

In der Krise scheint also die nationalistische Anrufung an Bedeutung zu gewinnen. Dies zeigt sich einerseits darin, dass europäische Konservative über nationale Krisenlösungsstrategien debattieren, andererseits erscheint die Anrufung des »nationalen Kollektivs« als eine Strategie der Krisenverarbeitung. Interessant ist dabei, dass die Nation historisch selbst einen Moment der Krisenlösung darstellte. Der moderne Nationalstaat entsteht im Übergang von der feudalen zur kapitalistischen Gesellschaft. Die Nation stellt historisch, so die Neo-Poulantzianer Joachim Hirsch und John Kannankulam, den »ideologischen Kitt« für eine Vergesellschaftungsform dar, die »die Menschen nicht nur in antagonistische Klassen, sondern [...] als Marktindividuen systematisch vereinzelt, flexibilisiert und [...] ihrer traditionellen Bindungen beraubt« (Hirsch/Kannankulam 2009: 195). Die einigende Anrufung, die die Antagonismen der Klassengesellschaft ins Außen projiziert, gehört dabei zur Gründungsgeschichte der Nation.

Der Krisennationalismus re-mobilisiert diese Funktion, externalisiert die Widersprüche und ermöglicht beispielsweise auch eine deutsche Selbstvergewisserung als »ökonomische Führungsmacht«. Gleichzeitig finden sich verschiedene Formen eines populären Krisennationalismus auch in zahlreichen anderen europäischen Ländern. Dazu gehören etwa verschiedene Spielarten eines anti-europäischen Rechtspopulismus bis hin zu neonazistischen Gruppen wie die »Goldene Morgenröte« in Griechenland. Letzterer gelingt eine faschistische Mobilisierung gegen Migrant_innen, während gleichzeitig versucht wird, die Krise der Reproduktion etwa durch die Verteilung von Lebensmitteln – allerdings nur an Menschen mit griechischem Pass – zum

Stimmenfang zu nutzen. Hier zeigt sich, dass die Krise durchaus den Resonanzraum für nationalistische und rassistische Mobilisierungen erweitert.

In »Rassismus und Krise« warnt Étienne Balibar (1992: 261) dennoch vor einem allzu mechanistischem Verständnis im Zusammenhang von wirtschaftlicher Krise und Rassismus, also einer Argumentationslinie, die auch in manchen linken Diskursen vorzufinden ist und die automatisch davon ausgeht, dass wirtschaftliche Krisen zu einer Zunahme von Arbeitslosigkeit führen und Arbeitslosigkeit vermittelt über den Anstieg von Konkurrenz unter den Arbeiter_innen zu einer Zunahme rassistisch motivierter Taten und rassistischen Einstellungen führt. Statt von einem einfachen Ursache-Wirkungs-Schema auszugehen, schlägt Balibar vor, von einer Wechselwirkung zu sprechen:

> »[M]an muss die soziale Krise als eine rassistische Krise bewerten und *spezifizieren*, und die Merkmale des ›Krisen-Rassismus‹ untersuchen, der zu einem bestimmten Zeitpunkt in einer bestimmten gesellschaftlichen Formation entsteht [...]. Denn dass der Rassismus sichtbarer wird, besagt nicht, dass er aus dem Nichts bzw. aus einem kleinen Kern entsteht« (Balibar 1992: 262).

In dem Zusammenspiel von ökonomischer Krise, Rassismus und Nationalismus ist also das Moment der *Kontinuität* zu betonen, ohne zu bestreiten, dass es Konjunkturen und Verschiebungen gibt.

Schluss

Was ist nun also das Verhältnis von Krise und Normalität? Wir haben argumentiert, dass die beiden Begriffe weder als sich gegenseitig ausschließende Momente gedacht werden können noch als ineinanderfallend. Wenn kapitalistische Vergesellschaftung inhärent krisenhaft ist und manifeste Krisen produziert, lässt sich Krise durchaus als kapitalistische Normalität beschreiben. Diese Normalität zeichnet sich durch eine *scheinbare* Einebnung und Harmonisierung der gesellschaftlichen Widersprüche aus. Wir plädieren daher dafür, dass Gesellschaftskritik nicht erst im Moment der ökonomischen Krise einsetzen sollte, sondern dass die Normalfunktion des Kapitalismus selbst hinterfragt wird und somit die Widersprüche sichtbar gemacht werden.

Wir begreifen Krise als einen Moment, in dem ein Reproduktionsregime gestört wird – die gängige Reproduktionsweise also in Frage steht. Krisen stellen sich demnach als offene Momente dar, deren Ausgang nicht determiniert ist. Schließlich sind die Krisen im Kapitalismus kein gleichmäßiger Prozess, sondern Verdichtungen von Widersprüchen. Sie treten regelmäßig auf, haben verschiedenste Auslöser, Ursachen sowie Konfigurationen und sind nicht zuletzt auch Ergebnis von Klassenkämpfen und anderen sozialen Auseinandersetzungen – sie können Herrschaftsverhältnisse verschieben und lösen neue Zyklen der Auseinandersetzung aus. Wir plädieren also dafür, den Begriff der Krise – auch für diese Auseinandersetzungen – nicht aufzugeben. Allerdings nur dann, wenn er sich nicht auf eine harmonisierende kapitalistische Normalität beruft. Ansonsten besteht die Gefahr, das Narrativ der Krise als Ausnahmezustand zu bestärken und damit die endogenen Ursachen der Krise zu verdecken.

Quellenverzeichnis

Altenried, Moritz 2012: Aufstände, Rassismus und die Krise des Kapitalismus. England im Ausnahmezustand. Münster.

Althusser, Louis 2010: Materialismus der Begegnung. Zürich.

Altvater, Elmar 2008: Globalisierter Neoliberalismus. In: Butterwege, Christoph / Lösch, Bettina / Ptak, Ralf (Hg.): Neoliberalismus. Analysen und Alternativen. Wiesbaden. S. 50-68.

Bader, Pauline / Becker, Florian / Demirović, Alex / Dück, Julia (Hg.) 2011: VielfachKrise im finanzmarktdominierten Kapitalismus. Hamburg.

Balibar, Étienne 1992: Rassismus und Krise. In: Balibar, Étienne / Wallerstein, Immanuel (Hg.): Rasse, Klasse, Nation. Ambivalente Identitäten. Hamburg. S. 261-272.

Bieling, Hans-Jürgen 2009: Neuer Staatsinterventionismus? Brüche und Kontinuitäten im marktliberalen Diskurs. In: Widerspruch 57 (2009). S. 41-52.

Birke, Peter / Henninger, Max (Hg.) 2012: Krisen Proteste. Beiträge aus Sozial. Geschichte.Online. Berlin.

Crouch, Colin 2008: Postdemokratie. Berlin.

Demirović, Alex / Sablowski, Thomas 2012: Finanzdominierte Akkumulation und die Krise in Europa. Berlin.

Demirović, Alex 2007: Nicos Poulantzas. Aktualität und Probleme materialistischer Staatstheorie. Münster.

Demirović, Alex 2009: Krise und Kontinuität. Die Reorganisation des neoliberalen Kapitalismus. In: Candeias, Mario / Rilling, Rainer (Hg.): Krise. Neues vom Finanzkapitalismus und seinem Staat. Berlin. S. 38-52.

Friedrich, Sebastian (Hg.) 2011: Rassismus in der Leistungsgesellschaft: Analysen und kritische Perspektiven zu den rassistischen Normalisierungsprozessen der »Sarrazindebatte«. Münster.

Hajek, Katharina / Opratko, Benjamin 2012: Hat die Krise ein Geschlecht? In: tanz auf dem vulkan. zeitschrift in der krise. S. 52-53.

Hall, Stuart 2004: Ideologie Identität Repräsentation. Ausgewählte Schriften 4.

Hamburg.

Henning, Christoph 2006: Übersetzungsprobleme. Eine wissenschaftstheoretische Plausibilisierung des Marxschen Gesetzes vom tendenziellen Fall der Profitrate. In: Bouvier, Beatrix / Golovina, Galina / Hubmann, Gerald / Reichel, Claudia (Hg.): Marx-Engels Jahrbuch 2005. Berlin. S. 63–85.

Hirsch, Joachim / Kannankulam, John 2009: Die Räume des Kapitals. Die politische Form des Kapitalismus in der »Internationalisierung des Staates«. In: Brand, Ulrich / Kunze, Caren (Hg.): Globalisierung, Macht und Hegemonie. Münster. S. 181-211.

Huffschmid, Jörg 2010: Kapitalismuskritik heute. Hamburg.

Lessenich, Stephan 2008: Die Neuerfindung des Sozialen. Der Sozialstaat im flexiblen Kapitalismus. Bielefeld.

Lessenich, Stephan 2012: Von der Krise zur Transformation des Wohlfahrtsstaates? Ein Diskussionsanreiz in dreizehn Zehnzeilern. Tagung des SFB 580 »Gesellschaftliche Entwicklung nach dem Systemumbruch« und des Kollegs »Postwachstumsgesellschaften« am 14./15.6.2012 in Jena.

MEW 20: Engels, Friedrich 1990: Anti-Dühring. Dialektik der Natur. Marx-Engels-Werke 20. Berlin.

MEW 23: Marx, Karl 1962: Das Kapital. Erster Band. Marx–Engels–Werke 23. Berlin.

MEW 24: Marx, Karl 1963: Das Kapital. Zweiter Band. Marx–Engels–Werke 24. Berlin.

MEW 25: Marx, Karl 1983: Das Kapital. Dritter Band. Marx–Engels–Werke 25. Berlin.

Mitropoulous, Angela 2005: »Precari-us«. In: Mute Magazine (Hg.): Precarious Reader. London. S. 12-19.

Oberndorfer, Lukas: Hegemoniekrise in Europa – Auf dem Weg zu einem autoritären Wettbewerbsetatismus? In: Forschungsgruppe Staatsprojekt Europa (Hg.): Die EU in der Krise: zwischen autoritärem Etatismus und europäischem Frühling. Münster. S. 50-72.

Poulantzas, Nicos 2002: Staatstheorie. Politischer Überbau, Ideologie, Autoritärer Etatismus. Hamburg.

Sablowski, Thomas 2011: Die jüngste Weltwirtschaftskrise und die Krisentheorien. In: Bader, Pauline / Becker, Florian / Demirović, Alex / Dück, Julia (Hg.): VielfachKrise im finanzmarktdominierten Kapitalismus. Hamburg. S. 29-44.

Stockhammer, Engelbert 2007: Charakteristika eines finanz-dominierten Akkumulationsregimes in Europa. In: WSI-Mitteilungen 69 (12). S. 643-649.

Zeise, Lukas 2009: Ende der Party. Die Explosion im Finanzsektor und die Krise der Weltwirtschaft. Köln.

Žižek, Slavoj 2010: Die Tücke des Subjekts. Frankfurt/Main.

Nation und Ausgrenzung im Europa der Krise

Torben Villwock

Belarus und die Krise
Nationalismen, Stagnation, Repression

Der arabische Frühling hat gezeigt, wie der krisenbedingte Verlust ökonomischer Stabilität staatlichen Repressionsapparaten ihre Akzeptanz entziehen
und breite gesellschaftliche Bündnisse entstehen lassen kann, die Jahrzehnte
lang regierende Autokraten zu Fall oder wenigstens ins Wanken bringen. Zwar
sind die politischen Verhältnisse in Nahost und Nordafrika kaum mit denen
in Belarus[1] zu vergleichen, dennoch läge die Vermutung auf der Hand, dass
die Krise – die das Land unzweifelhaft schwer getroffen hat[2] – auch in der
»letzten Diktatur Europas« eine gewisse Instabilität nach sich gezogen hätte.
Trotzdem sind von dort keinerlei Anzeichen massenhaften Aufbegehrens zu
vernehmen, eine denkbare Revolution liegt in weiter Ferne.

Die vergleichsweise spärliche Berichterstattung über das knapp zehn
Millionen EinwohnerInnen zählende Land erweckt dabei den Eindruck, das
Regime von Präsident Alexander Lukaschenko verdanke seine Stabilität vor
allem einem gut ausgebauten Polizeiapparat, Einschränkungen in der Mei-
nungs- und Versammlungsfreiheit sowie umfassender Kontrolle von Presse,
Rundfunk und Internet. Übersehen wird bei diesen Einschätzungen, dass
diese Maßnahmen vor allem die zahlenmäßig äußerst kleine organisierte
Opposition treffen,[3] der Großteil der Menschen in Weißrussland jedoch
keinerlei Bezug zu dieser Opposition hat.

---

1   Belarus = Weißrussland: Beide Begriffe werden hier synonym verwendet. »Weiß-
russland« folgt dabei der vom Auswärtigen Amt verwendeten Form des Landesnamens;
»Belarus« der von weißrussischen Behörden unter anderem in deutschsprachigen Ver-
öffentlichungen verwendeten Namensform. Gemäß der offiziellen Lesart soll »Belarus«
den Unterschied zum benachbarten Russland sprachlich hervorheben – die in einigen
Publikationen offenbar als Respektsbekundung gebrauchte Verwendung des in der
DDR üblichen »Belorussland« dürfte dagegen vom Adressaten nicht im beabsichtigten
Sinne verstanden werden.

2   Für einen allgemeinen Überblick vgl. Auswärtiges Amt 2012b sowie das deutsch-
sprachige Internetangebot der russischen Nachrichtenagentur RIA Novosti unter
http://de.rian.ru/, die regelmäßig und tagesaktuell über Weißrussland berichtet.

3   Es sei betont, dass eine Relativierung der Zahl derjenigen, gegen die sich die
staatlichen Repressionen richten, keinesfalls die – außerhalb jedweder Rechtsstaatlich-
keit stattfindenden – Repression selbst rechtfertigen soll. Vgl. hierzu zum Beispiel Petz
2012.

So falsch die Selbstdarstellung Lukaschenkos als geliebtes Väterchen (»Batka«) aller WeißrussInnen auch sein mag, so falsch ist doch die Vorstellung, die Menschen in Belarus würden sich eine andere Person an die Spitze ihres Staates wählen, hätten sie nur die freie Wahl hierzu. Das Land unterscheidet sich in vielerlei Hinsicht von den Staaten des Westens und auch von seinen unmittelbaren östlichen Nachbarn Russland und Ukraine. Die Projektion einer dem Westen vergleichbaren Zivilgesellschaft ist ebenso irreführend wie die gelegentlich anzutreffende Verklärung von Volk und Präsident als antikapitalistisches Bollwerk gegen die Allmacht der globalen Finanzmärkte. Vielmehr sind sowohl die von der Opposition behauptete allgemeine Proteststimmung als auch die modern gewandete »Tonnenideologie« Lukaschenkos in Zweifel zu ziehen. Der Blick ist stattdessen auf die gesellschaftlichen, wirtschaftlichen und geschichtlichen Hintergründe zu lenken, vor denen sich Politik in Weißrussland abspielt.

Die Analyse dieser Hintergründe wird zeigen, warum eine große Mehrheit der WeißrussInnen allem Politischen mit nahezu vollständiger Gleichgültigkeit begegnet. Eine Gleichgültigkeit, die jedwede politische Handlung ausbleiben lässt und sich – weder gegen noch für das Regime – in keine denkbare Richtung äußert. Auch die diversen anti-westlichen Äußerungen Lukaschenkos, die hierzulande wesentlich zu seinem Bild als skurril anmutendem »letztem Diktator Europas« beigetragen haben, finden in der Masse der Bevölkerung keinen Anklang. Ebenso ist etwa der in vielen Teilen Osteuropas salonfähige Antisemitismus auch in Weißrussland (ebenso wie ein Antiziganismus) eine typische Alltagserscheinung, hat aber hier bis dato keine politische Komponente, die im Zeichen der Krise dazu taugte, sich als Ventil der Existenzängste einer Mehrheit gezielt gegen eine dieser Minderheit zu richten.[4]

Der seit mittlerweile 19 Jahren mit einiger Regelmäßigkeit prophezeite »weißrussische Frühling«[5] bleibt also nicht aus, weil ein Volk seiner demokratischen Grundrechte beraubt und gewaltsam am Aufbegehren gehindert wird;

---

4   Vor dem Hintergrund dieses nahezu volkstümlichen Antisemitismus relativiert sich auch das Bild eines skurrilen Diktators, der, gestützt auf einen mächtigen Polizeiapparat, mit ähnlichen Äußerungen die Öffentlichkeit des Westens schockiert (RIA Novosti 2007): Antisemitische, homo- oder xenophobe Äußerungen Lukaschenkos (Zeit.de 2010; RIA Novosti 2012a) sind bis zu einem gewissen Grad durchaus repräsentativ für entsprechende, bis in die Mitte der Bevölkerung reichende Stimmungen (Eigendorf 1996).

5   Vgl. beispielhaft Veser 2011 – ein Artikel, der wie viele andere seiner Art den Eindruck erweckt, die weißrussische Opposition repräsentiere die Mehrheit der Bevölkerung, und der die Unterdrückung ersterer mit der Unterdrückung aller WeißrussInnen gleichsetzt. Hieraus wird dann die Schlussfolgerung gezogen, Belarus befände sich kurz vor einem Umsturz.

auch nicht, weil der Präsident und sein vermeintlicher Königsweg zwischen Kapitalismus und Sowjetkommunismus besonders hohe Zustimmungswerte unter den WeißrussInnen hätten (Pirker 2012: 7). Er bleibt vielmehr aus, weil der amtierende Präsident vielen mit einigem Recht als Garant eines einigermaßen annehmbaren Status Quo gilt: Das Heilsversprechen der organisierten Opposition, mit einem anderen Mann an der Spitze des Staates werde alles besser, findet jedenfalls genauso wenig Anhänger wie das Konstrukt einer Geschichte als eigenständiger Nation, das von einem Teil der Opposition offensiv postuliert wird und bei fast allen anderen Oppositionsparteien wenigstens Teil ihrer Corporate Identity ist.

Weißrussland?

Vor dem Hintergrund der seltenen Berichte über Weißrussland und dem Fehlen entsprechender Hintergrundinformationen dürfte verwirren, dass nicht nur zwei Landesnamen für diverse Orte und Personen mindestens zwei Schreibweisen, sondern auch zwei verschiedene Landesflaggen im Umlauf zu sein scheinen, jede für eine unterschiedliche Traditionslinie stehend. Dabei wird der Eindruck erweckt, es handle sich bei der einen um eine russisch-sowjetisch geprägte, von Lukaschenko oktroyierte Symbolik; bei der anderen um eine, das eigentliche Weißrussland repräsentierende und von der Mehrheit des Volkes gewollte Symbolik eines demokratischen Belarus. Berichte über Ereignisse, bei denen sich staatliche Repressionen gegen Fahne und Sprache des vom Westen wahrgenommenen Teils der organisierten Opposition richten (RFE/RL 2009), bestärken etwa den Eindruck, der Alltag in Belarus werde ähnlich wie in Belgien oder der Ukraine von einem Streit um die Vorherrschaft einer der beiden offiziellen Amtssprachen Russisch und Weißrussisch dominiert. Flächendeckend verbreitet ist jedoch lediglich das Russische, das wie in Russland in der nach der Oktoberrevolution reformierten Form gesprochen, geschrieben und in den Schulen als Pflichtsprache unterrichtet wird.

In Bezug auf das Weißrussische herrscht dagegen Uneinigkeit: Die offizielle, in der Schule wie eine Fremdsprache[6] unterrichtete Form basiert auf einer ebenfalls nach der Oktoberrevolution durchgeführten Rechtschreibreform. Ziel der Bolschewiki in Moskau und Minsk war es, durch Vereinheitlichung von Orthographie und Grammatik beide Sprachen einfacher erlernbar zu machen und so den weit verbreiteten Analphabetismus zu überwinden.

---

6 Während der übrige Unterricht in russischer Sprache erfolgt, wird Weißrussisch – Englisch oder Latein vergleichbar – in einigen wenigen Unterrichtseinheiten lediglich als Sprache unterrichtet.

Ein Großteil der organisierten Opposition[7] kritisiert dieses offizielle Weißrussisch als »russifiziert« und verwendet dagegen eine Orthographie und Grammatik, die sich an die Kanzleisprache des Großfürstentums Litauen anlehnt, in ihrer heutigen Form jedoch erst Anfang des 20. Jahrhunderts in Exilkreisen entstanden ist und vornehmlich hier gepflegt wurde. Das tatsächlich in der Bevölkerung (und auch von Präsident Lukaschenko) gesprochene »Weißrussisch« ist schließlich eine regional variierende Mischung aus Russisch und Weißrussisch, folgt keinen standardisierten Regeln und wird aufgrund seiner vorwiegend ländlichen SprecherInnen abfällig »Trasjanka« (»Viehfutter«) genannt.

Während also Russisch als Sprache klar definiert ist und von praktisch allen WeißrussInnen gesprochen wird, handelt es sich bei »Weißrussisch« eher um eine unbestimmte Chiffre, unter der gleichsam die offizielle weißrussische Schriftsprache, eine elitäre Hochsprache und eine formlose Umgangssprache zusammengefasst werden. Vom Kampf für das »Weißrussische« geht demnach kaum die integrative Kraft aus, um hinter ihm eine breite Opposition gegen Lukaschenko und das von ihm favorisierte Russisch zu versammeln (Farthofer 2008: 32). Die Dominanz des Russischen als Verkehrssprache wird von einer Mehrheit der WeißrussInnen kritiklos akzeptiert; das von der Opposition gemeinte »Weißrussisch« ist auf der anderen Seite weniger unterdrückte Sprache des Volkes als relativ schwer zugängliche Zweitsprache distinktiven Charakters.

Ähnlich verhält es sich mit dem innerhalb der Opposition verbreiteten Geschichtsbild: Tatsächlich ist »Weißrussland« eine Schöpfung des 20. Jahrhunderts und entstand während des Ersten Weltkriegs im März 1918 unter Duldung Deutschlands und Österreich-Ungarns nach der Kapitulation des russischen Kaiserreichs. Der neue Staat, die kurzlebige »Weißrussische (Weißruthenische[8]) Volksrepublik« mit der Hauptstadt Minsk, vereinte den

---

7   Traditionsreichste und verhältnismäßig größte Oppositionspartei ist die »Belaruski Narodny Front« (BNF), deren Name im Westen gewöhnlich mit »Weißrussische Volksfront« oder »Weißrussische Nationale Front« übersetzt wird. Grammatisch korrekt und die Programmatik eindeutiger widerspiegelnd dürfte hingegen »Weißrussische Völkische Front« sein. Ihr Rückhalt in der Bevölkerung ist schwer zu bestimmen, da die Partei sämtliche Parlamentswahlen seit 1996 boykottiert hat und lediglich Kandidaten zu den Präsidentschaftswahlen aufgestellt hat.

8   »Weißruthenisch« folgt der unter anderem im Wikipedia-Artikel »Weißrussische Geschichte« (Fassung vom 3. November 2012) verwendeten Bezeichnung. Die hier nachzulesende, BNF-nahe Darstellung der weißrussischen Geschichte verwickelt sich in zahlreiche logische Widersprüche, versucht einseitig, eine anti-russische und anti-sowjetische völkische Geschichte Weißrusslands zu zeichnen und verwendet dabei neben antisemitischen Argumentationsmustern freimütig ein Vokabular des

westlichen Teil des heutigen Belarus und sollte aus Sicht der beiden »Mittel-mächte« in erster Linie die Funktion eines geographischen Puffers zwischen dem Zarenreich und den eigenen Territorien erfüllen.

Fahne dieses Staates war Weiß-Rot-Weiß, er lehnte sich in seiner Staats-symbolik an das ehemalige Großfürstentum Litauen an. Da jedoch bereits im Februar 1918 ein anderer Staat unter dem gewünschten Namen »Litauen« ge-gründet worden war, entschied man sich notgedrungen für den Landesnamen »Belarus« bzw. »Weißrussland«. Nach dem Rückzug der deutschen Truppen im Dezember 1918 kam das Territorium in den Machtbereich der Bolsche-wiki, die es im Norden und Osten mit unbesetzt gebliebenen Gebieten ver-einten und 1919 eine weißrussisch-litauische Räterepublik proklamierten, aus der später die Weißrussische Sozialistische Sowjetrepublik (BSSR) hervorging. An sie wird bis heute in der offiziellen weißrussischen Geschichtsschreibung angeknüpft. Zu ihrer Traditionspflege gehört der Kampf der Roten Armee gegen den Hitler-Faschismus, der Widerstand der Partisanen gegen die deut-sche Besatzung und die Errungenschaften des Kommunismus in der Zeit als (nach der russischen zweitreichste) Sowjetrepublik.

Das Geschichtsbild der Opposition basiert demgegenüber auf der Ansicht, dass die Volksrepublik auch nach 1919 fortbestanden habe und lediglich zu-nächst polnisch und dann – mit einer kurzen Phase erneuter Unabhängigkeit 1942-1944 (!) – bis 1991 sowjetisch besetzt gewesen sei. Diese von rechtslibe-ralen und nationalistischen Intellektuellen tradierte Sichtweise erhielt 1988 im Zuge von Glasnost und Perestroika durch die Gründung der separatistischen BNF parteipolitische Repräsentanz. Als dann nach dem gescheiterten Putsch gegen Gorbatschow die KPdSU-Abgeordneten aus dem Parlament der BSSR suspendiert wurden, bestand die Volksvertretung nach der Unabhängigkeit im August 1991 praktisch nur aus den vormaligen Dissidenten rund um die BNF. Sie stellten die neue »Republik Belarus« mit den Farben Weiß-Rot-Weiß und Weißrussisch als *alleiniger* Amtssprache in die Tradition der alten Volksrepublik und postulierten eine nationale Wiedergeburt, mit der das Erbe der Sowjetunion getilgt werden sollte. Die vorwiegend prosowjetisch eingestellte Mehrheit der WeißrussInnen sah sich so plötzlich mit einem Staat konfrontiert, der ihnen eine »fremde« Sprache aufzwang, sich gleichzeitig aber wirtschaftlich in einer desaströsen Lage befand (Amnesty 2006).

Die chaotisch empfundenen Zustände begünstigten schließlich den Auf-stieg des ehemaligen Sowchos-Direktors Alexander Lukaschenko, der 1994 mit dem Versprechen, das Land in eine erneuerte Sowjetunion zurückzu-führen, als erster Präsident der Republik Belarus gewählt wurde. Mit breiter

---

extrem-rechten Spektrums (siehe dazu auch »Diskussion« und »Versionen/Autoren« zum genannten Wikipedia-Artikel).

Zustimmung der Bevölkerung machte er 1996 unter anderem Russisch wieder zu einer Amtssprache und führte als sichtbares Zeichen seiner Restaurationspolitik wieder die alte sowjetische rot-grüne Fahne und das alte sowjetische Wappen (unter Verzicht auf Hammer und Sichel) ein (Eigendorf 1996).

Belarus zwischen politischer Sackgasse und ökonomischer Krise

Weißrussische Sprache und weiß-rot-weiße Fahne – mit oder ohne Bezug auf ihre völkische Tradition – sind seitdem eine Art Symbol gegen die Lukaschenko-Regierung. Letztere wird von nahezu allen oppositionellen Organisationen in irgendeiner Form zitiert, die große Mehrheit der Bevölkerung begegnet ihr dagegen mit vollständiger Gleichgültigkeit und identifiziert ihr Land mit der rot-grünen Staatsflagge Lukaschenkos.

Dass sich ein Großteil der Opposition zwischenzeitlich zu einem Bündnis zusammengefunden hat, das unter dem Label »Europäisches Belarus« firmiert und heute anstelle der weiß-rot-weißen Fahne die Europaflagge verwendet, macht ihre Situation nicht gerade einfacher: Zwar findet sie hierdurch möglicherweise leichter Gehör in Brüssel, die Menschen im eigenen Land erreicht sie weiterhin nicht. In Bezug auf »Europa« spielen die Isolation des Landes und staatlich kontrollierte Medien tatsächlich in der Form eine Rolle, dass in der Bevölkerung kaum Kenntnisse über die Europäische Union (EU) vorhanden sind. Neben gelegentlich zu vernehmenden Vorstellungen, nach der die Brüsseler Staatenunion so etwas wie eine neue Sowjetunion unter kapitalistischen Vorzeichen sei, wird sie von Teilen der Opposition zu einer Art Schlaraffia verklärt, in dem Milch und Honig fließen.

Trotz des allgemeinen politischen Desinteresses und den damit einhergehenden – durch staatliche Zensur beförderten – Informationsdefiziten sind Positionen, die »Europa« in utopischer Weise als Antwort auf alle weißrussischen Probleme darstellen, insbesondere vor dem Hintergrund der EU-Krise nur schwer vermittelbar. Das ohnehin eigenartige Nebeneinander völkisch-nationalistischer Ziele und pro-europäischer Positionen hat den überwiegenden Teil der organisierten Opposition spätestens mit der Krise in eine argumentative Sackgasse manövriert. Für ihre Wahrnehmung in Belarus ist dies jedoch weitgehend unerheblich, da das Fehlen einer westeuropäischen Verhältnissen vergleichbaren Zivilgesellschaft und die staatliche Lenkung der wichtigsten Medien dazu geführt haben, dass die parteipolitische Opposition die Hauptadressaten ihrer Aktionen faktisch nur noch im Westen sieht – mit der Strategie, hier PolitikerInnen als UnterstützerInnen für ihren Kampf zu gewinnen und über diese Druck auf das Regime Lukaschenko aufzubauen.

Während also die zahlenmäßig stärksten Kräfte der insgesamt marginalisierten organisierten Opposition ein nationales, durch eine EU-Mitgliedschaft zu Reichtum und Wohlstand gelangendes Weißrussland fordern, beruft sich die Regierung Lukaschenko auf eine sozialistische Traditionslinie mit gleichfalls nationalistischen Komponenten. Im Endeffekt ohne erkennbaren Unterschied, kann zumindest letztere an das omnipräsente Erbe der Sowjetunion und an den Erfahrungshorizont vieler, gerade älterer WeißrussInnen anknüpfen. Sie ist damit weitaus eingängiger als das mühsam anzueignende Geschichtskonstrukt der organisierten Opposition (vgl. dagegen Malerius 2011).

In der Praxis folgt hieraus eine allgemeine Gleichgültigkeit gegenüber dem Politischen. Der überwiegende Teil der WeißrussInnen beschäftigt sich nicht mit Politik. Ursächlich hierfür ist aber weniger die staatliche Kontrolle der Medien, sondern vielmehr das Fehlen einer entsprechenden Tradition. Eine Debattenkultur im westlichen Sinne ist sowohl im Alltag als auch im Bereich der Sozialwissenschaften so gut wie unbekannt. Oppositionelle Ideen werden in Belarus also weniger gewaltsam unterdrückt, sondern vielmehr strukturell am Entstehen gehindert.

Der Versuch des Westens, diese Situation durch inhaltliche und finanzielle Unterstützung für weißrussische Oppositionelle aufzubrechen, löst das Problem nicht, es verschärft es sogar noch. Im Ausland bestens geschult, spricht ein Großteil der weißrussischen Oppositionellen heute die »Sprache« des Westens, hat häufig hier studiert, bezieht sich in seinen Statements auf hiesige Diskurse und verliert mit steigender Professionalisierung mehr und mehr die Fühlung zur eigenen Bevölkerung. Dass die Aufmerksamkeit Brüssels oder Washingtons dann ausgerechnet den Kräften gilt, die in der Wahrnehmung der WeißrussInnen mit dem gescheiterten Experiment von »Weißrussifizierung« und Marktwirtschaft der Jahre 1991 bis 1994 verbunden sind, steigert die Sinnlosigkeit zur Absurdität und führt letztlich sogar zur Stärkung Lukaschenkos.

Während die Opposition Sowjetvergangenheit und politische Nähe zum russischen Nachbarn in Frage stellt und stattdessen eine »weißrussische« (oder neuerdings europäische) Zukunft postuliert, steht Lukaschenko aus der Sicht des Teils der Bevölkerung, der sich überhaupt mit diesen Fragen auseinandersetzt, für die Bewahrung der sowjetischen Traditionslinie. Seine »Popularität« (Pirker 2012: 7) speist sich so weniger aus den materiellen »Erfolgen« seines so genannten »Marktsozialismus« als aus der abstrakten Verheißung, dass Fortschritt auch unter den gegebenen Voraussetzungen möglich sei und in der Sowjetzeit erreichte gesellschaftliche Errungenschaften und individuelle Qualifikationen eine Zukunft haben.

Die gesellschaftlichen Verhältnisse in Belarus werden nachvollziehbarer, wenn man sich vor Augen führt, dass die Sowjetgesellschaft, durch die die weißrussische maßgeblich geprägt wurde, trotz höherer Ansprüche zunächst nur die Alphabetisierung und Industrialisierung der ihr vorausgehenden zaristischen Gesellschaft erreicht hat (Abendroth 1962: 225f.). Nach dem Wegfall der meisten Politrituale sowjetischer Prägung haben viele zur Zeit der UdSSR geborene WeißrussInnen zwar heute ein hohes Maß an berufsbezogenem, technischem Wissen, der Umgang mit der Sphäre des Politischen erinnert jedoch nicht selten an eine Feudalgesellschaft, in der man den Herrscher zwar nicht unbedingt liebt, ihn aber auch nicht grundsätzlich in Frage stellt.

So schwer diese These angesichts der praktisch unerforschten Sozialstruktur Weißrusslands auch zu verifizieren sein mag, sie erklärt viele der in westlichen Augen widersprüchlich erscheinenden politischen und gesellschaftlichen Phänomene des Landes: die weit verbreitete Gleichgültigkeit gegenüber dem Politischen; die Akzeptanz eines politischen Systems, das die politische Macht für die Dauer einer Legislatur in die Hände einer einzigen Person legt und möglicherweise auch, warum sich der Mann an der Spitze des Staates mehr als Volkstribun und weniger als Staatsmann inszeniert. Zumindest vor diesem Hintergrund erscheint der Bruch von Tabus westlicher Gesellschaften in Form homophober, antisemitischer oder anderer Ausgrenzung als Ausdruck einer – den Präsident mit seinem Volk verbindenden – Volkstümlichkeit. Entsprechend scheinen Rassismen und Antisemitismen von einem Großteil der WeißrussInnen offenbar dann abgelehnt zu werden, wenn sie – wie bei Teilen der organisierten Opposition – politisch überhöht und in ideologische Dogmen eingebettet werden.

Auf jeden Fall ist festzuhalten, dass trotz berechtigter Zweifel an der Höhe der Wahl- und Abstimmungsergebnisse eine Mehrheit der Bevölkerung hinter Präsident Lukaschenko steht und diese Zustimmung so lange anhalten wird, wie seiner Gesellschaftspolitik der schwierige Spagat aus Bewahrung des Alten und vorsichtiger Öffnung zum Neuen gelingt.

Auch ökonomisch dürfte das Geflecht aus zaghafter Modernisierung und sowjetischer Traditionspflege zumindest noch einige Jahre erfolgreich sein, da es Lukaschenko gelungen ist, aus der geostrategischen Lage zwischen den beiden Machtblöcken Europäischer Union und Russischer Föderation Kapital zu schlagen. So wird sein »Marktsozialismus«, also die staatliche Stützung mäßig produktiver Agrar- und Industriebetriebe der Sowjetzeit durch wenige Spitzentechnologie-Unternehmen und moderne Joint-Venture-Produktionsstandorte mit westlichen Partnern, politisch dadurch abgesichert, dass Lukaschenko sein Land auf der Basis einer so genannten »multivektoralen Außenpolitik« (Auswärtiges Amt 2012a) wechselweise entweder Richtung Brüssel oder Richtung Moskau orientiert.

Der Erfolg dieser Form von Schaukeldiplomatie ist dabei wesentlich der Rückkehr Russlands auf die politische Weltbühne zu verdanken und fällt nicht zufällig mit der Präsidentschaft Wladimir Putins im Jahr 2000 zusammen. Der Versuch Moskaus, seinen geopolitischen Einfluss durch die Wiederverstaatlichung der Ökonomie und eine verstärkte Bündnispolitik zu erneuern, hatte für Minsk in zweierlei Hinsicht einen Nutzen: Einerseits ließ sich trotz weltweiter Steigung der Rohstoffpreise die Versorgung der weißrussischen Wirtschaft mit russischen Importen zu Vorzugspreisen langfristig sichern, zum anderen gelang es, mit Rückendeckung Moskaus bzw. Brüssels oder Washingtons dringend benötigte Kredite internationaler Geldgeber auch ohne die sonst üblichen »Marktanpassungen« zu erhalten und sogar bereits privatisierte Betriebe wieder zu verstaatlichen.

Von zwei Seiten umgarnt, gelang es Lukaschenko bis zur jüngsten Krise so, von Brüssel oder Moskau wechselweise ökonomische Vorteile für sein Land herauszuschlagen – jeweils um den Preis einer von ihm in Aussicht gestellten, langfristigen Bindung seines Landes an die eine oder andere Seite. Immer dann, wenn der gerade aktuelle Partner die Gegenleistung für seine Unterstützung einforderte, bemühte man sich in Minsk um eine Verbesserung der Beziehungen zur jeweiligen Gegenseite und konnte so auch ohne tiefgreifende Reformen in den vergangenen anderthalb Jahrzehnten für das eigene Volk einen Lebensstandard erreichen, der heute über dem von 1991 liegt.

Der »Marktsozialismus« Lukaschenkos ist demnach weniger ein subsistenter, theoretisch fundierter dritter Weg zwischen Sowjetwirtschaft und Kapitalismus als vielmehr eine durch die beschriebene »multivektorale Außenpolitik« ermöglichte Abkopplung der Wirtschaft des Landes vom *direkten* Einfluss globaler Konjunkturbewegungen. Anhand einer vertieften Analyse der weißrussischen Wirtschaft unter Lukaschenko ließe sich dann auch eine Kongruenz außenpolitischer Kurswechsel und ökonomischer Schwankungen feststellen. Einer Phase politischen Einvernehmens mit einem ausländischen »Partner« korrespondierte eine Phase konjunkturellen Aufschwungs; außenpolitische Friktionen wären deckungsgleich mit Schwierigkeiten der Binnenwirtschaft und hielten jeweils bis zur Herausbildung einer neuen außenpolitischen Bündniskonstellation an. Zumindest *indirekt* ist die Wirtschaft des Landes so doch von weltweiten Entwicklungen abhängig, da das Funktionieren der »multivektoralen Außenpolitik« die wirtschaftliche Potenz der möglichen Bündnisalternativen voraussetzt.

Entsprechend erreichte die derzeitige weltweite Krise Belarus auch erst dann, als die Kräfte Brüssels in Griechenland und anderen EU-Mitgliedsstaaten gebunden waren und nur noch Moskau zur Verfügung stand, um dem notorischen klammen Staat ein weiteres Mal aus der Patsche zu helfen – zu wesentlich unvorteilhafteren Bedingungen als in der Vergangenheit. 2011 erlitt der über Kredite und vergünstigte Rohstoff-Lieferungen finanzierte »Marktsozialismus« einen schweren Dämpfer, als sich die in Belarus für den Export hergestellten Produkte nicht mehr absetzen ließen und dringend benötigte Devisen ausblieben. Nachdem absurde Maßnahmen zur Stabilisierung der Währung nicht griffen, sah sich die Regierung Weißrusslands gezwungen, den Weißrussischen Rubel massiv abzuwerten. Eine drohende Zahlungsunfähigkeit des Landes konnte in letzter Minute durch einen Notkredit der von Russland geführten Eurasischen Wirtschaftsgemeinschaft verhindert werden (Auswärtiges Amt 2012b; RIA Novosti 2011a; RIA Novosti 2011b).

Gegenwärtig – im Frühjahr 2013 – scheinen sich die wirtschaftlichen Verhältnisse Weißrusslands schließlich dergestalt stabilisiert zu haben, dass die Ökonomie des Landes zwar auf geringerem Niveau als vor der Krise von 2011, aber dennoch wieder weitgehend reibungslos funktioniert. Zur Verblüffung vieler westlicher Beobachter, die in dieser Krise den Anfang vom Ende des Regimes Lukaschenko sehen wollten, haben der Präsident und seine Politik weiterhin die Zustimmung einer Mehrheit der Bevölkerung. Die organisierte Opposition dürfte hingegen weiter auf dem Weg in die Bedeutungslosigkeit sein: Die von den extrem nationalistischen Kräften vertretenen Positionen sind – wie gezeigt – entweder in sich hochgradig widersprüchlich oder so elitär, dass ein weißrussischer Nationalismus weder während der Krise noch zukünftig eine massentaugliche Integrationskraft entwickeln dürfte. Die Kräfte der Opposition, die mit Unterstützung Brüssels eine Öffnung des Landes nach Westen fordern, haben mit der Krise des westlichen Wirtschaftssystems den letzten Rest ihrer ohnehin kaum vorhandenen Zustimmung durch die Bevölkerung verloren. Da mehrheitsfähige, politische Alternativen jenseits des derzeit von der Opposition abgedeckten Spektrums nicht in Sicht sind, bleibt den WeißrussInnen so auf absehbare Zeit nur Lukaschenko.

Quo vadis, Belarus?

Für Menschen in einem demokratischen Land mag die beschriebene Ausweglosigkeit der Situation in Belarus höchst befremdlich wirken – dennoch scheint es unter den gegebenen gesellschaftlichen Voraussetzungen derzeit keine Alternative zu Lukaschenko zu geben. Solange die geopolitische Situation so bleibt, dass es eine Führung in Moskau, Brüssel oder Washington mit Blick auf die anderen Beteiligten für opportun hält, der Wirtschaft des Landes helfend an die Seite zu springen und so die materielle Basis der Macht des Präsidenten zu stützen, wird sich die Lage Weißrusslands kaum grundlegend ändern. Dennoch bleibt die Frage: Was kommt nach Lukaschenko?

Bei aller Kritik an der Einflussnahme von Geldgebern wie dem Internationalen Währungsfonds oder der Weltbank auf die Wirtschaftsstruktur ihrer jeweiligen Kreditnehmer führt die Abwendung dieses Einflusses im Falle Weißrusslands langfristig zur Entkopplung der Ökonomie des Landes von europaweit üblichen Standards. In diesem Zusammenhang Besorgnis erregend ist auch der Brain-drain der Jugend des Landes (RIA Novosti 2012b): Die gegenwärtige Politik der wirtschaftlichen und gesellschaftlichen Restauration lässt genau diejenigen abwandern, die das Land mittelfristig für eine intellektuelle und ökonomische Erneuerung bräuchte. Unter den derzeitigen Vorzeichen dürfte das Land jedoch geradewegs einem Kollaps entgegensteuern, der langfristig den Verlust der nationalen Eigenständigkeit Weißrusslands und sein Aufgehen in der Russischen Föderation zur Folge haben wird. Ein Weg in Richtung Europäischer Union wäre dagegen vor dem Hintergrund der geschilderten Situation für beide Seiten mit unleistbaren Anstrengungen verbunden und dürfte auch zukünftig nur Traum bestimmter Kreise Brüssels und der zahlenmäßig kleinen Opposition Weißrusslands bleiben.

Quellenverzeichnis

Abendroth, Wolfgang 1962: Politischer Pragmatismus oder politische Theorie? In: Werkhefte 16 (6). S. 223-227.

Amnesty International 2006: Belarus nach 1991 – Ein Überblick. http://www.wiki-update.amnesty-berlin1310.de/Main/Impressum (Zugriff: 28.2.13).

Auswärtiges Amt 2012a: Belarus – Außenpolitik. http://www.auswaertiges-amt.de/DE/Aussenpolitik/Laender/Laenderinfos/Belarus/Aussenpolitik_node.html (Zugriff: 10.10.12).

Auswärtiges Amt 2012b: Belarus – Wirtschaft. http://www.auswaertiges-amt.de/sid_E9052D51D489CD2753323181F0CA7D58/DE/Aussenpolitik/Laender/Laenderinfos/Belarus/Wirtschaft_node.html (Zugriff: 15.11.12).

Eigendorf, Joerg 1996: Leben wie die Bettler. http://www.zeit.de/1996/48/Leben_wie_die_Bettler, 22.11.96 (Zugriff: 3.11.12).

Farthofer, Manuel 2008: Weißrussland – Alexander Lukaschenkos Weg zur Macht. München.

Malerius, Stephan 2011: Opposition und Zivilgesellschaft in Belarus. In: Aus Politik und Zeitgeschichte 24-26 (2011). S. 36-41.

Petz, Ingo 2012: Vor der Tür wartet der Geheimdienst. http://www.faz.net/aktuell/feuilleton/medien/weissrusslands-opposition-vor-der-tuer-wartet-der-geheimdienst-11877633.html, 3.9.12 (Zugriff: 3.11.12).

Pirker, Werner: Belarus wählt. In: Junge Welt, 21.9.12.

RFE/RL 2009: Belarusian Opposition Activist Fined Over Flag. http://www.rferl.

org/content/Belarusian_Opposition_Activist_Fined_Over_Flag/1823468.html, 15.9.09 (Zugriff: 2.11.12).

RIA Novosti 2007: Israel wirft Weißrusslands Präsident Antisemitismus vor. http://de.rian.ru/world/20071019/84537484.html, 19.10.07 (Zugriff: 12.11.12).

RIA Novosti 2011a: Weißrussland bekommt außer EAWG-Kredit noch eine Milliarde »aus anderer Quelle«. http://de.rian.ru/business/20110609/259399057.html, 9.6.11 (Zugriff: 12.11.12).

RIA Novosti 2011b: Wirtschaftskrise: Weißrussland bittet auch IWF um Rettungskredit. http://de.rian.ru/business/20110601/259307444.html, 1.6.11 (Zugriff: 12.11.12).

RIA Novosti 2012a: Lukaschenko: Druck auf Weißrussland immer umfassender und raffinierter. http://de.rian.ru/politics/20120223/262752340.html, 23.2.12 (Zugriff: 2.11.12).

RIA Novosti 2012b: Dramatischer Exodus: Weißrussen fliehen aus Lukaschenko-Land. http://de.ria.ru/zeitungen/20121130/265042767-print.html, 30.11.12 (Zugriff: 1.12.12).

Veser, Reinhard 2011: Lukaschenkas Endkampf. http://www.faz.net/aktuell/politik/weissrussland-lukaschenkas-endkampf-12071.html, 15.7.11 (Zugriff: 3.11.12).

Zeit.de 2010: Rammstein werden zum Staatsfeind. http://www.zeit.de/kultur/musik/2010-02/rammstein-weissrussland-verbot, 22.2.10 (Zugriff: 9.12.12).

Anika Kozicki

Deutsche Normalität in Europa
Zur Kritik des deutschen Nationaldiskurses während der Krise

> »Man geht, poetisch gesprochen, auf einer Erde, auf der die Dinge ganz
> schön und fett wachsen; aber der Boden, das, was darunter ist, ist un-
> heimlich«
> (Golo Mann 1959, zit. n. Cammann 2009: 53).

Die derzeitige Krise der kapitalistischen Produktionsweise und der »bürgerlichen Gesellschaftsformation« (Demirović/Sablowski 2012: 78) hat bis zum
heutigen Zeitpunkt nicht nur massive soziale Verwerfungen und gesellschaftliche Umwälzungen in den europäischen Ländern zur Folge, sondern auch
eine tiefgreifende Neuordnung des europäischen Machtgefüges. Deutschland
konnte im Verlauf der Finanzkrise in Europa sowohl seine wirtschaftliche
Dominanz vergrößern als auch seinen politischen Einfluss deutlich ausbauen.

Die von deutscher Seite gelobte »Tugend des Sparens« (Payandeh 2010:
81) wird mit der, besser unter dem Begriff der Austeritätspolitik zu fassenden,
»Rettungs- und Sparpolitik« (Demirović 2010: 21) als Weg zur Lösung der
Finanzkrise durchgesetzt. Die damit begünstigten ausgrenzenden und nationalistischen Tendenzen in Deutschland sind eng verknüpft mit dem Erstarken
deutscher »Überlegenheitsgefühle« (Monday 2012). Die populistische Aufforderung der Boulevardpresse an die »Pleitegriechen« (Bild 2010), ihre Inseln
zu verkaufen, stellt vor diesem Hintergrund keinen Einzelfall dar, genauso
wenig, wie es sich bei der Reartikulation[1] der deutschen nationalen Identität
um ein Phänomen handelt, das erstmalig mit der europäischen Finanz- und
Wirtschaftskrise auftrat.

Am deutschen Wesen...

Vorbereitet wurde der Wandel des deutschen Nationaldiskurses bereits Jahre
vor der jetzigen Krise. Diese Veränderungsprozesse nationaler Identität in
Deutschland können nicht erklärt werden, ohne zuvor auf die Begriffe »Nation« und »nationale Identität« einzugehen, die dieser Analyse zugrunde liegen.

---

1 Der hier verwendete Begriff »Reartikulation« orientiert sich an dem der Projektgruppe Nationalismuskritik mit ihrem Sammelband »Irrsinn der Normalität. Aspekte
der Reartikulation des deutschen Nationalismus« und verweist auf Stuart Halls Arbeiten zur Konstruktion von kulturellen Identitäten.

In ihrer modernen Form trat die Nation erstmals mit der Durchsetzung des Kapitalismus in Erscheinung. Durch den Staat erhält sie schließlich eine politische und institutionelle Gestalt: Die Nation »konstituiert sich [...] durch den Staat hindurch als das legitime Subjekt politischer Praxis im geschichtlichen Prozess« (Keil 2009: 24). Nationen sind jedoch mehr als politische oder wirtschaftliche Ordnungsprinzipien, sie sind zugleich diskursiv produzierte Konstrukte bzw. »imagined communities« (Anderson 2006), die als Diskurs im Sinne Michel Foucaults (1981)[2] ihrerseits Bedeutungen als »Struktur kultureller Macht« (Hall 1994: 200) produzieren und Gemeinschaft erzeugen. Die zuvor durch die kapitalistische Vergesellschaftung vereinzelten Subjekte finden sich einer scheinbar naturwüchsigen Einheit von Individuum und Staat im nationalen Kollektiv wieder. Zugehörigkeit zu diesem Kollektiv bedeutet für das Individuum Entlastung und Orientierung jenseits des Drucks kapitalistischer Konkurrenz.

Da Identität auch immer das Moment der Differenz beinhaltet, findet mit der Identifikation mit Kollektiven – wie etwa der Nation – auch immer eine Definition und Ab- bzw. Ausgrenzung des und der Anderen statt: Mit der kollektiven Bezeichnung des *Eigenen* wird auch immer das *Fremde* definiert. In einer Gesellschaftsordnung wie der kapitalistischen, die auf ständiger Konkurrenz und Leistungsbereitschaft basiert, verlaufen die Konflikte um gesellschaftliche Teilhabe und Anerkennung entlang dieser kollektiven Inklusions- und Exklusionsprozesse. Die Abwertung der *Anderen*, die nicht zur vermeintlichen Gemeinschaft gehören, dient dabei als Selbstversicherung und Aufwertung der eigenen Position im fortwährenden Konkurrenzkampf.

Deutschland stellt aufgrund seiner Geschichte und seinem Umgang mit den Verbrechen des Nazismus einen Sonderfall dar. Der Diskurs der nationalen Identität in Deutschland beinhaltet auch immer die Problematik der deutschen Selbstdefinition bzw. deren Grenzen und Möglichkeiten nach 1945 (Schneider 2001). Maßgeblich zu Diskursverschiebungen und zur jüngsten Erneuerung deutscher Nationalität und Identität trugen der Fall der Mauer und der Beitritt der DDR zur Bundesrepublik bei.[3] Mit dieser zur »friedlichen Revolution« erklärten Aufhebung der deutschen Teilung tauchte ein positiver Bezugspunkt am deutschen Identifikationshorizont auf, der bis dahin durch die nationalsozialistische Vergangenheit verdunkelt

---

2   Für weitere Ausführungen Foucaults zu seinem Diskursbegriff siehe beispielhaft Foucault 1981: 74.

3   Damit soll nicht postuliert werden, dass nicht auch vor 1989 bedeutende diskursive Ereignisse den deutschen Nationaldiskurs und die deutsche Geschichtskonstruktion stark beeinflusst hätten. Als Beispiele dafür seien die Rede von Richard von Weizsäcker 1985 und der so genannte Historikerstreit genannt.

gewesen war. Es kam zu einem Paradigmenwechsel in der Erinnerungskultur: Es konnte nunmehr ein anderes Deutschland konstruiert werden, das nicht vorwiegend durch die nazistische Vergangenheit und den Holocaust definiert wurde. Dafür war es nötig, innere Widersprüche zu vernachlässigen und die mörderische Vergangenheit hinter sich zu lassen. Auf diese Weise konnte eine »Normalisierung«[1] des Verhältnisses der Deutschen zu sich selbst und ihrer Geschichte« (Keil 2009: 33; vgl. auch Schobert 2004) erreicht werden.

Als eine »normale« Nation war es auch an Deutschland, wieder international Verantwortung zu übernehmen, womit im Fall des Kosovo-Krieges der erste Kampfeinsatz der Bundeswehr seit Kriegsende begründet wurde. Dieser Einsatz wurde jedoch nicht trotz des Holocaust und der deutschen Vergangenheit, sondern wegen Auschwitz durchgeführt, wie der damalige Außenminister Joseph Fischer (Grüne) im Jahr 1999 erklärte. Deutschland konnte sich als »Erinnerungsweltmeister« (Projektgruppe Nationalismuskritik 2009: 16) präsentieren, der aus der eigenen Geschichte die entsprechenden Lehren gezogen habe und einen vertrauenswürdigen Partner für andere Nationen der Welt darstelle.[2]

Einen besonderen Aspekt nationaler Neudefinition stellte der als unverkrampft beschriebene Umgang mit Nationalsymbolen während der Fußball-Weltmeisterschaft 2006 dar. Ehemals politisch aufgeladene Nationalsymbole wie die Nationalflagge wurden entpolitisiert, positiv umgedeutet und als ein symbolisches Bekenntnis zum eigenen Land enttabuisiert.[3] Diese in den deutschen Habitus eingegangene Identifikation mit der deutschen Nation und die ungehaltene Freude über die Möglichkeit, sie in der Öffentlichkeit zum Ausdruck zu bringen, wurde im öffentlichen Diskurs jedoch nicht als eine Erneuerung des deutschen Nationalismus identifiziert. Stattdessen bot die Diskursverschiebung die Möglichkeit, einen Nationalstolz zu feiern, der

---

1 Dazu sei noch auf die Kontroverse um die Äußerung des damaligen CDU-Kandidaten für das Bundespräsidentenamt, Steffen Heitmann, aufmerksam gemacht, der 1993 sagte, die Sonderrolle Deutschlands, die es durch den Holocaust und die Erinnerung daran einnahm, müsse einem Verständnis von den Deutschen als einem normalen Volk, vergleichbar mit anderen Völkern, weichen (Schobert 2004: 50f.).

2 Einen weiteren Wendepunkt außenpolitischer Diskursverschiebung stellten die Terroranschläge auf die USA im Jahr 2001 dar, in deren Folge sich Deutschland an einem militärischen Einsatz beteiligte (Hawel 2009).

3 Auf diese Weise werden regelmäßig nationale Diskurse in Praxen und kulturelle Handlungsformen übersetzt: Bei gemeinsamen Feiern oder Großevents wird die Nation für die Mitglieder der Gemeinschaft erfahrbar, was wiederum Gemeinschaftsgefühle erzeugt und der Nation letztlich die Fähigkeit zur Mobilisierung verleiht (Kaschuba 2001).

nicht im Verdacht stand, einen vermeintlich chauvinistischen Beigeschmack zu haben (Caborn 2009; Keil 2009).

Als endgültiger Beweis für die Weltoffenheit, Harmlosigkeit und positive gesellschaftliche Wirkung des neuen deutschen Patriotismus wurden die symbolischen Bekenntnisse zur deutschen Nation seitens vieler Migrant_innen während der Fußball-WM bewertet. Die geistige Nähe zu einem völkischen Nationalismus vergangener Tage wurde damit kategorisch ausgeschlossen.[4] Letztendlich handelte es sich bei dem Lob migrantischer Bekundungen der Identifikation mit Deutschland bzw. dem deutschen Nationalteam jedoch lediglich um die gesellschaftliche Anerkennung der »Anpassungsleistungen« (Friedrich 2012: 96) marginalisierter gesellschaftlicher Gruppen, die als ein Teil des Integration und Leistungsbereitschaft verlangenden nationalen Kollektivs akzeptiert werden wollten.[5]

Der Normalisierungsprozess erschien 2008/09, zum Beginn der Krise, mit der Verortung der deutschen Nation als ein vertrauenswürdiger, verlässlicher Pol »im Herzen Europas« (Frankenberger 2009) als abgeschlossen.

...soll Europa genesen

Während sich Länder wie Griechenland, Spanien, Italien oder Portugal durch die aktuelle Krise in einer sozialen und wirtschaftlichen Notlage befinden, konnte Deutschland seine wirtschaftliche und politische Position deutlich stärken. Zwar war auch die deutsche Wirtschaft von der Rezession der Jahre 2008 und 2009 betroffen, konnte sich aber relativ schnell wieder erholen; sein Produktionsniveau kehrte rasch wieder auf die Höhe zurück, das es vor der Krise hatte (PROKLA 2012: 2).[6]

Die öffentlichen Haushalte in Deutschland verzeichneten steigende Steuereinnahmen und profitierten darüber hinaus durch sinkende Zinsen massiv von der Krise. Deutschland gilt für das aus anderen Ländern abgezogene Kapital als »sicherer Hafen«. Nicht zuletzt haben unterdurchschnittliche Arbeitskosten und ein stetig ansteigender Anteil der zu Niedriglohn Beschäftigten die internationale Wettbewerbsposition Deutschlands verbessert. Die dadurch angeregte Exportwirtschaft hatte horrende Leistungsbilanzüberschüsse zur Folge (Böckler impuls 2011b). Deutschland kann derzeit durchaus als führende Wirtschaftsmacht in Europa angesehen werden.

---

4   Siehe dazu beispielhaft Stolzenberg 2006.

5   Siehe dazu bzw. zur diskursiven Verschränkung der Einwanderungsdebatte mit dem Unterschichtendiskurs Friedrich 2012.

6   In Zahlen: »Lag der deutsche Anteil am Sozialprodukt der 27 EU-Länder 2007 bei 19,6%, so stieg er bis 2010 auf 21,9%« (PROKLA 2012: 2).

In ihrer Rede vor dem Europäischen Parlament in Brüssel am 7. November 2012 forderte Bundeskanzlerin Angela Merkel (CDU) vor diesem Hintergrund offensiv: »Alle Mitgliedstaaten müssen Reformen, Strukturanpassungen und harte Konsolidierungsmaßnahmen für mehr Wettbewerbsfähigkeit durchführen, um die Ursachen der Krise wirkungsvoll zu bekämpfen« (Merkel 2012).

Mit dieser Aussage Merkels schwor sie nicht nur die Europäische Union (EU) auf die neoliberale Agenda ein, sondern sie positionierte auch Deutschland im europäischen Machtgefüge. Die Tatsache, dass die deutsche Kanzlerin Forderungen dieser Art an die EU stellen kann, verdeutlicht das enorme Selbstbewusstsein der deutschen Regierung.

Durch die Krise und neoliberale Politiken beförderte gesellschaftliche Ausgrenzungs- und Abwertungstendenzen sind in Deutschland besonders für Menschen der unteren sozialen Schichten erfahrbar. Besonders Erwerbslose und Menschen, die zu einem Niedriglohn arbeiten müssen, sind davon betroffen. Zwar stieg die Zahl der Erwerbstätigen im Jahr 2012 in Deutschland auf einen historischen Höchstwert, doch führte diese Entwicklung nicht zu einem größeren Wohlstand unter den Arbeitnehmer_innen. Im Gegenteil: Aufgrund der langjährigen negativen Reallohnentwicklung und dem wachsenden Niedriglohnsektor ist es für eine wachsende Zahl von Menschen kaum oder gar nicht möglich, ihren Lebensunterhalt durch ihre Arbeit zu finanzieren (von der Hagen 2012). Leiharbeit, Teilzeit, prekäre Beschäftigung und Minijobs sind ein fester Bestandteil des deutschen Arbeitsmarkts geworden. Atypische Beschäftigung wuchs in den letzten Jahren beständig an:

> »[…] Danach sank die absolute Zahl der Normalarbeitsverhältnisse von 2008 bis 2010 um 133.000. Ihr Anteil an allen Beschäftigungsverhältnissen in der Privatwirtschaft ging sogar überproportional zurück, von 62,3 auf 61,2 Prozent. Denn zeitgleich nahmen Teilzeit und Minijobs stetig zu, im vergangenen Jahr auch wieder die Leiharbeit, nach einem Einbruch im Jahr 2009« (Böckler impuls 2011a).

Die Flexibilisierung des deutschen Arbeitsmarktes – Stichwort Hartz-Reformen und Agenda 2010 – und die negative Reallohnentwicklung führten zu enormen Kostenvorteilen der Unternehmen in Deutschland – zu Lasten der Beschäftigten. Durch massenhafte Entlassungen von Leiharbeiter_innen und durch weitere Lohnverzichte – nicht nur im Rahmen von Kurzarbeit – trugen die Arbeitnehmer_innen letztlich zusätzlich einen nicht geringen Teil der Krisenkosten. Auf diese Weise wurden während der Krise die wirtschaftlichen Schwierigkeiten der Unternehmen abgefedert (PROKLA 2012: 2).

Tendenziell wird die soziale Spaltung in Deutschland durch eine solche Entwicklung weiter vorangetrieben. In einer reichen Gesellschaft, in der der

Druck zur Opferbereitschaft und zur Akzeptanz aller Art an Beschäftigungsverhältnissen derart hoch ist wie in Deutschland, kommen Niedriglohn-Arbeitsverhältnisse und Erwerbslosigkeit einem Stigma gleich. Dies ist Ausdruck einer Ideologie, die alle Mitglieder einer Gesellschaft nach ihrer Nützlichkeit für das Kapital und das nationale Wohl, nach ihrem vermeintlichen Leistungswillen und nach ihrer Leistungsfähigkeit bewertet. Dementsprechend ist besonders die gesellschaftliche Gruppe der Erwerbslosen als »Sozialschmarotzer« in Deutschland Diskriminierungen ausgesetzt. Armut wird als persönliche Schwäche deklariert und zum kollektiven Merkmal bzw. zum Charaktermerkmal des »Prekariats« umgedeutet. Hier werden Vor-Krisen-Entwicklungen in der Krise fortgesetzt und – gerade vor dem Hintergrund sinkender Arbeitslosenzahlen – verschärft.

Diese Entwicklung steht im direkten Zusammenhang mit dem bereits angedeuteten Wandel nationaler Identität in Deutschland vor und während der Krise. Sowohl im medialen als auch im wissenschaftlichen Diskurs werden »Deutungskämpfe« (Jäger/Jäger 2007) um die Interpretationshoheit in der Krise, die Zukunftsfähigkeit der EU und die zukünftigen Entwicklungen europäischer und nationaler Identität ausgetragen. Dabei werden verschiedene Ebenen kultureller Identität, wie die nationale und die europäische, gegeneinander in Stellung gebracht und mit sozialen Ausgrenzungsdiskursen verknüpft.

Die im öffentlichen Diskurs propagierte Vorstellung, »die Deutschen« hätten durch umsichtiges und vernünftiges wirtschaftliches Handeln erreichen können[7], dass die deutsche Wirtschaft nicht von der Krise betroffen ist, stärkt dabei die allgemeine Vorstellung eines nationalen Kollektivs: Die *Anderen* werden außerhalb der deutsch-nationalen Gemeinschaft im von der Krise betroffenen europäischen Raum identifiziert und homogenisiert. Schon mit der öffentlichen Interpretation der Krise als einer Staatsschuldenkrise wird sie zu einem selbstverantworteten Dilemma, als deren Ursache die vermeintlich maßlose Lebensweise der Bewohner_innen der nun hoch verschuldeten Länder identifiziert wird. Die Schuldfrage wird kulturalisiert und ethnisiert, etwa durch Rassismen und nationale Stereotype.[8] Eine Analyse der strukturellen Ursachen für die Krise der kapitalistischen Ökonomie findet hingegen nicht statt. Auf diese Weise wird der ökonomische und soziale Diskurs mit dem nationalistischen und rassistischen Diskurs verknüpft. Die ökonomische Verwertungslogik wird auf die kulturelle Identitätskonstruktion Europas übertragen.

Die kategorische Abwertung und die rassistischen Fremdzuschreibungen gegenüber »den Griechen« oder »den Spaniern« werden dem positiven

---

7   Siehe hierzu ein Beispiel aus dem Boulevard: Ruppel 2012.
8   Siehe dazu Arlt/Storz 2011.

Selbstbild der fleißigen und disziplinierten Deutschen mit ihrer vermeintlich soliden Finanz- und Wirtschaftspolitik gegenübergestellt, letzteres oftmals mit dem Bild der »schwäbischen Hausfrau« verbunden. Soziale Verelendung und Ausgrenzung innerhalb Deutschlands bleiben ebenfalls ausgeblendet. In seinem Artikel in der Zeitung DIE WELT vom 3. Februar 2012 beschreibt Max Höfer das Sparen als eine in Deutschland tradierte Tugend. In den USA dagegen gäbe es ihn nicht. Stattdessen basiere die US-amerikanische Kultur auf »Konsum und Kredit«. Dazu mahnt er, »[...] dass ein Leben durch Spekulation, Schuldenmacherei und unbürgerliche Disziplinlosigkeit ruiniert werden kann« (Höfer 2012).[9]

Insgesamt lassen sich im öffentlichen Diskurs Elemente eines übergeordneten »Stabilitätspatriotismus« (Mikfeld 2012) ausmachen, bei dem Deutschlands starke Exportposition mit dem Gedanken des »soliden Haushaltens« verknüpft wird. Diesem Diskurs zufolge sieht sich Deutschland in einer Vorbildfunktion für andere europäische Staaten und deren Volkswirtschaften (Mikfeld 2012). Dieser nationalistischen Vorstellung folgend, würde die deutsche Gesellschaft Griechenland eher aus der EU ausschließen, als den »faulen Griechen« deutsches Geld zukommen zu lassen. Neben populistischen Äußerungen aus dem politischen Diskurs, etwa der Forderung Markus Söders (CSU), dass Griechenland aus der EU ausgeschlossen und an ihm ein »Exempel statuiert« (Tagesschau.de 2012) werden müsse, oder der Einschätzung Phillip Röslers (FDP), »Eurobonds würden diejenigen bestrafen, die wie Deutschland gut gewirtschaftet haben. Eurobonds würden zugleich den Reformdruck in anderen Staaten wegnehmen« (Backhaus/Lambeck 2012), wird immer wieder die angebliche Belastung der deutschen Steuerzahler durch die finanzielle Hilfe für Europa und Auslandsbanken thematisiert: »Die Bundesregierung ist inzwischen bereit, notfalls eine Transferunion oder Eurobonds zu akzeptieren. Deutschland würde das im Jahr 47 Milliarden Euro mehr kosten« (Dams/Greive/Hildebrand 2011).[10]

Obwohl die beschriebenen Entwicklungen nicht ohne die durch die Krise verursachten ökonomischen und politischen und damit auch diskursiven Wandlungsprozesse zu denken sind, wurden sie bereits durch die im ersten Abschnitt dieses Artikels beschriebene prozessartige Reartikulation deutscher nationaler Identität vorbereitet. Die im derzeitigen Krisendiskurs noch vorherrschenden »Überlegenheitsgefühle« (Monday 2012) Deutschlands knüpfen an die im Laufe der letzten Jahre gewandelte deutsche Identität an. Aspekte einer solchen Transformation waren ihre Entkoppelung von

---

9   Für Beispiele aus dem öffentlichen Diskurs, die diese Entwicklung verdeutlichen, siehe auch Douvitsas 2011, Bläske u.a. 2011 sowie aus dem Boulevard Thewald 2011.

10   Siehe dazu auch aus dem Boulevard Ruppel 2012 und Frischmeyer/Schäfer 2012.

negativen Geschichtskonstruktionen, eine Historisierung des Holocaust, die »Normalisierung« des Verhältnisses der Deutschen mit ihrer vereinten Nation nach 1990 sowie das Einschwören der Individuen auf Verantwortung und Leistungsbereitschaft für das nationale Kapital und seinen Staat (Caborn 2009; Keil 2009). Während der aktuellen Wirtschafts- und Finanzkrise konnte sich ein Nationalismus, der auf dieser »normalisierten« nationalen Identität aufbaut, vollends etablieren.

Das bedeutet letztendlich, dass auch der Begriff der Normalität im deutschen Nationaldiskurs als Folge der Krise transformiert wurde. Das Ziel einer gleichberechtigten Position Deutschlands unter den anderen Staaten der EU bzw. der Welt war durch die zuvor beschriebenen Prozesse zur Normalisierung der deutschen Nation während der letzten Jahrzehnte erreicht. Durch die Stärkung seiner wirtschaftlichen und politischen Position im Zuge der Krise entwickelte Deutschland darüber hinausgehend ein neues Verständnis von Normalität für die eigene Nation und ihrer Rolle in Europa, das an die »[...] vermeintlich erfolgreiche[] Stabilitätsorientierung der Deutschen Bundesbank [...] und zweitens an der erfolgreichen Krisenbewältigung der deutschen Volkswirtschaft« (Mikfeld 2012) anknüpft.

Diese gefühlte Überlegenheit gegenüber anderen Ländern entfaltet im öffentlichen Diskurs ihre gesellschaftliche Wirkung und findet dort ihren rassistischen, reaktionären und sozialchauvinistischen Widerhall. Die deutsche Nation wird nicht mehr nur als eine europäische Nation unter anderen betrachtet. Stattdessen wird der Anspruch auf eine politische und kulturelle Führungsposition erhoben, die Deutschlands wirtschaftlicher Rolle in Europa angemessen sei.

Quellenverzeichnis

Anderson, Benedict 2006: Imagined Communities. Reflections on the Origin and Spread of Nationalism. Brooklyn, London.

Arlt, Hans-Jürgen / Storz, Wolfgang 2011: Drucksache »Bild« – Eine Marke und ihre Mägde. Die »Bild«-Darstellung der Griechenland- und Eurokrise 2010. In: OBS-Arbeitsheft 67 (2011).

Backhaus, Michael / Lambeck, Markus 2012: Interview mit Phillip Rösler (FDP). Was passiert, wenn die Griechen heute den Falschen wählen? http://www.bild.de/politik/inland/philipp-roesler/was-passiert-mit-dem-euro-wenn-die-griechen-den-falschen-waehlen-teil-ii-24699172.bild.html, 17.6.12 (Zugriff: 15.1.13).

Bild 2010: Verkauft doch eure Inseln Ihr Pleitegriechen!... Und die Akropolis gleich mit. In: Bild, 27.10.10.

Bläske, Gerhard / Esterházy, Yvonne / Wettach, Silke / Fiedler, Sabine / Grüttner, Anne / Höhler, Gerd 2011: Was ist faul in Europas Staaten? http://www.wiwo.de/politik/ausland/filz-und-vetternwirtschaft-was-ist-faul-in-europas-staaten/5243558.html, 18.2.11 (Zugriff: 20.12.12).

Böckler impuls 2011a: Normalarbeit auf dem Rückzug. In: Böckler impuls 20 (2011). http://www.boeckler.de/impuls_2011_20_gesamt.pdf (Zugriff: 15.1.13). S. 1.

Böckler impuls 2011b: Deutsche Arbeitskosten kaum gestiegen. In: Böckler impuls 20 (2011). http://www.boeckler.de/impuls_2011_20_gesamt.pdf (Zugriff: 15.1.13). S. 6-7.

Caborn, Joannah 2009: Die »selbstbewusste Leichtigkeit« des neuen deutschen Seins. Geschichte und Selbstbewusstsein im neuen Nationsdiskurs. In: Projektgruppe Nationalismuskritik (Hg.): Irrsinn der Normalität. Aspekte der Reartikulation des Deutschen Nationalismus. Münster. S. 88-106.

Cammann, Alexander 2009: Auf unheimlichem Boden. Das eigentliche Wunder der deutschen Geistesgeschichte: Zwei Ausstellungen widmen sich den Rückkehrern aus dem Exil – Adorno, Horkheimer und Golo Mann. In: Die Zeit, 29.10.09.

Dams, Jan / Greive, Martin / Hildebrand, Jan 2011: Deutschland wird zum Zahlmeister Europas. http://www.welt.de/wirtschaft/article13543028/Deutschland-wird-zum-Zahlmeister-Europas.html, 13.8.11 (Zugriff: 15.1.13).

Demirović, Alex 2010: »Politik und Wirtschaft kann man nicht trennen«. Zur Aktualität eines Gemeinplatzes. In: Altvater, Elmar / Bieling, Hans-Jürgen / Demirović, Alex / Flassbeck, Heiner / Goldschmidt, Werner / Payandeh, Mehrdad 2010: Die Rückkehr des Staates? Nach der Finanzkrise. Hamburg. S. 19-35.

Demirović, Alex / Sablowski, Thomas 2012: Finanzdominierte Akkumulation und die Krise in Europa. In: Prokla 42 (1). S. 77-106.

Douvitsas, Andreas 2011: Griechenland ist ein Dschungel. http://www.stern.de/politik/ausland/euro-krise-griechenland-ist-ein-dschungel-1697949.html, 22.6.11 (Zugriff: 15.1.13).

Foucault, Michel 1981: Archäologie des Wissens. Frankfurt/Main.

Frankenberger, Klaus-Dietmar 2009: Im Herzen Europas. In: Frankfurter Allgemeine Zeitung, 10.11.09.

Friedrich, Sebastian 2012: Die Konstruktion des »nutzlosen Anderen«. Zur Verschränkung von Einwanderungs- und Unterschichtendiskurs. In: Jäger, Margarete / Kauffmann, Heiko (Hg.): Skandal und doch normal. Impulse für eine antirassistische Praxis. Münster. S. 96-111.

Frischmeyer, Britta / Schäfer, Jan W. 2012: Milliarden Steuerhilfen für die Griechen. Elterngeld? Schlaglöcher? Flughäfen? Wo uns bald das Geld ausgehen könnte. http://www.bild.de/politik/ausland/griechenland-krise/neue-milliarden-hilfe-unsere-gelder-presseschau-27401024.bild.html, 28.1.12 (Zugriff: 15.1.13).

Hagen, Hans von der 2012: Schattenseiten des Jobwunders. http://www.sueddeutsche.de/wirtschaft/arbeitsmarkt-in-deutschland-schattenseiten-des-jobwunders-1.1308678, 14.3.12 (Zugriff: 14.12.12).

Hall, Stuart 1994: Ausgewählte Schriften. Band 2: Rassismus und kulturelle Identität. Hamburg.

Höfer, Max 2012: Der Wall Street fehlt die schwäbische Hausfrau. http://www.welt. de/debatte/kommentare/article13849725/Der-Wall-Street-fehlt-eine-schwaebische-Hausfrau.html, 3.2.12 (Zugriff: 15.1.13).

Jäger, Margarete / Jäger, Siegfried 2007: Deutungskämpfe. Theorie und Praxis kritischer Diskursanalyse. Wiesbaden.

Hawel, Marcus 2009: Der außenpolitische Normalitätsdiskurs als Nationalismus verschleierndes Vehikel. In: Projektgruppe Nationalismuskritik (Hg.): Irrsinn der Normalität. Aspekte der Reartikulation des Deutschen Nationalismus. Münster. S. 107-127.

Kaschuba, Wolfgang 2001: Geschichtspolitik und Identitätspolitik. Nationale und ethnische Diskurse im Kulturvergleich. In: Binder, Beate / Kaschuba, Wolfgang / Niedermüller, Peter (Hg.): Inszenierung des Nationalen. Geschichte, Kultur und die Politik der Identitäten am Ende des 20. Jahrhunderts. Band 7. Köln. S. 19-42.

Keil, Daniel 2009: Die »zarte Wiederentdeckung der Deutschen«. Thesen zur Kritik der deutschen Nation und ihrer gegenwärtigen Entwicklung. In: Projektgruppe Nationalismuskritik (Hg.): Irrsinn der Normalität. Aspekte der Reartikulation des Deutschen Nationalismus. Münster. S. 20-41.

Merkel, Angela 2012: »Gemeinsam können wir ein Europa der Stabilität und Stärke schaffen«. Rede von Bundeskanzlerin Merkel vor dem EU-Parlament in Brüssel. http://www.bundesregierung.de/Content/DE/Rede/2012/11/2012-11-07-merkel-eu.html, 7.11.12 (Zugriff: 15.1.13).

Mikfeld, Benjamin 2012: Deutsche Diskurse. In: Der Freitag, 4.9.12.

Monday, Justin 2012: Überlegenheitsgefühle integriert. Zum Wandel des Rassismus in der Krise. In: Audioarchiv kritischer Theorie und Praxis. Emanzipatorische Inhalte zum Hören. http://audioarchiv.blogsport.de/2012/06/10/ueberlegenheitsgefuehle-integriert/ (Zugriff: 7.11.12).

Payandeh, Mehrdad 2010: Finanzmarktkapitalismus am Ende? In: Altvater, Elmar / Bieling, Hans-Jürgen / Demirović, Alex / Flassbeck, Heiner / Goldschmidt, Werner / Payandeh, Mehrdad 2010: Die Rückkehr des Staates? Nach der Finanzkrise. Hamburg. S. 81-104.

Projektgruppe Nationalismuskritik (Hg.) 2009: Irrsinn der Normalität. Aspekte der Reartikulation des Deutschen Nationalismus. Münster.

Prokla 2012: Editorial. In: Prokla 42 (1). S. 2-5.

Ruppel, Ulrike 2012: Deutschland trotzt den Verschwendern. Wie das Asterix-Dorf stemmt sich die Bundesregierung gegen neue Wünsche aus den Krisenstaaten. In: BZ, 1.1.12.

Schneider, Jens 2001: Deutsch sein. Das Eigene, das Fremde und die Vergangenheit im Selbstbild des vereinten Deutschland. Frankfurt/Main.

Schobert, Alfred 2004: Endlich ganz normal. Auschwitz und Krieg »sittlich begraben«

oder »Lust an der Demokratie« in der »Berliner Republik«. In: Jäger, Siegfried / Januschek, Franz (Hg.): Gefühlte Geschichte und Kämpfe um Identität. Münster. S. 47-69.

Stolzenberg, Christopher 2006: Ein bisschen Einheit. WM-Jubel in Neukölln. http://www.spiegel.de/panorama/gesellschaft/wm-jubel-in-neukoelln-ein-bisschen-einheit-a-421412.html, 15.6.06 (Zugriff: 24.11.12).

Tagesschau.de 2012: Debatte über Euro-Krise. Söder stichelt und Monti mahnt. http://www.tagesschau.de/wirtschaft/euro-debatte100.html, 5.8.12 (Zugriff: 15.1.13).

Thewald, Andreas 2011: Versauen uns die Griechen den Aufschwung? http://www.bild.de/politik/ausland/griechenland-krise/finanzkrise-versaut-griechenland-deutschland-den-aufschwung-18461914.bild.html, 21.6.11 (Zugriff: 15.1.13).

Sara Madjlessi-Roudi

Entwicklungspolitik in der Krise?

Effekte der Krise auf entwicklungspolitische Diskurse in Deutschland[1]

Die deutsche Entwicklungspolitik ist seit jeher mit außen-, wirtschafts- und finanzpolitischen Entwicklungen verwoben. Sie stellt ein Geflecht von unterschiedlichen nationalen Politikebenen dar, das in multilaterale Entscheidungsmechanismen eingebunden ist (Nuscheler 2006: 433). Sie ist auch Teil deutscher Interessenpolitik und dient primär der Durchsetzung machtpolitischer Ziele – zunehmend vor allem in den Bereichen der Wirtschafts- und Sicherheitspolitik (Nuscheler 2006: 434). Dabei soll nicht abgestritten werden, dass viele entwicklungspolitisch engagierte Akteur_innen humanitäre Ziele verfolgen oder dass Projekte und Kampagnen effektiv sein können. Entwicklungspolitik kann jedoch nicht losgelöst von Strukturen globaler Ungleichheiten betrachtet werden.

Während des Kalten Krieges gehörte die Bekämpfung des Kommunismus zu den vorrangigen außenpolitischen Zielen Deutschlands, weshalb mittels der Versendung von Gütern, Geldern und Berater_innen westlich-kapitalistische Ordnungsmodelle unterstützt und ausgebaut werden sollten (Wagner 2007: 6). Zudem nutzten westliche Staaten ihren maßgeblichen Einfluss in den Bretton-Woods-Organisationen Internationaler Währungsfonds (IWF) und Weltbank, um verschuldeten Staaten des globalen Südens in Krisenzeiten aus der Kreditklemme »zu helfen«. Die Kredite der Bretton-Woods-Organisationen sind bis heute an verschiedene marktradikale »Anpassungsprogramme« gekoppelt, die mit einer Kürzung von Staatsausgaben, Senkung der Reallöhne und Abwertung der Inlandswährungen einhergehen. Der neoliberale Diskurs erreichte Ende der 1980er Jahre zunächst seinen temporären Höhepunkt in entwicklungspolitischen Zusammenhängen (Ziai 2009: 74). Die Kreditvergabepolitik von IWF und Weltbank wurde in den darauf folgenden Jahren stark kritisiert, schließlich konnten die Strukturanpassungsprogramme nicht zur Reduzierung von globaler Armut beitragen. In entwicklungspolitischen Auseinandersetzungen werden die 1980er Jahre daher kritisch als »verlorenes Jahrzehnt« (Nuscheler 2006: 80) bezeichnet.

Folge dieser Kritik war eine Hinwendung zum »neuen Entwicklungskonsens«, der die Fokussierung auf Konzepte von »Democratic Governance«, »nachhaltiger Entwicklung« und »Partizipation von Zivilgesellschaft« be-

---

1 Ich bedanke mich bei Philipp Grehn, Johanna Schmitz und Mirjam Büdenbender für ihre kritischen Anmerkungen und hilfreichen Kommentare.

inhaltet. Trotz einer veränderten Programmatik von IWF und Weltbank wird problematisiert, dass ihre Politik noch immer durch ökonomische und eurozentrische sowie »markt- und unternehmenszentrierte[] Prämissen des neoliberalen Paradigmas« (Ebenau 2012: 44) gekennzeichnet ist. Ebenau kritisiert beispielsweise, dass die Förderung des Rechts- und Justizwesens in Entwicklungsländern primär dem ökonomischen Wachstum diene. Ausgehend von der skizzierten Verknüpfung entwicklungspolitischer Diskurse mit außen-, wirtschafts- und sicherheitspolitischen Entwicklungen ist auch der Umgang mit der Wirtschafts- und Finanzkrise seit 2007 zu betrachten.

Postkoloniale Perspektiven auf Entwicklung

Um die ausgrenzenden Effekte der Wirtschafts- und Finanzkrise in der deutschen Entwicklungspolitik zu beleuchten, wird von einem postkolonialen Blickwinkel ausgegangen.[2] Die Kolonialzeit hat Spuren im Wissen Europas hinterlassen. Sie prägt aktuelle Diskurse und Praktiken und wird über Sprache und Handlungen produziert und reproduziert (Arndt/Ofuatey-Alazard 2011). Entsprechendes Wissen trägt zur Konstruktion von Nation bei, erfolgt aber maßgeblich über eine Zugehörigkeit zum westlichen »Abendland« sowie einer Abgrenzung von anderen Identitäten. So argumentiert etwa Edward Said (1981), dass der Orient als Konstrukt zu fassen sei, welches durch westliche Staaten geschaffen wurde – der »mysteriöse Orient« werde dabei einem »aufgeklärten Abendland« gegenübergestellt. Die (Re-)Produktion dieses Wissens ist hiernach auch in Ländern verbreitet, die in der Kolonialzeit keine oder nur wenige Kolonien beherrschten. Nationalistische Diskurse verschränken sich somit oft mit eurozentrischen Debatten.

Aus postkolonialer Perspektive wurde in den vergangenen Jahren das Konzept von »Entwicklung« zunehmend kritisiert. Der Entwicklungsdiskurs ist von der Annahme einer »universellen Entwicklungsskala« geprägt, die die Welt in »entwickelte« und »unterentwickelte« Länder einteilt (Ziai 2007). Der dominante Diskurs bringt Entwicklung mit (wirtschaftlichem und technischem) Fortschritt und einer positiven Konnotation in Verbindung (Ebenau 2012). Dieser Annahme ist ein spezifisches Bild über das Eigene und das Andere inhärent. Das Eigene wird als fortschrittlich, säkular, demokratisch und modern dargestellt, während das Andere als rückschrittlich, traditionell, undemokratisch und vormodern gezeichnet wird. Der moderne Industriekapitalismus wird zur Idealform menschlicher Gesellschaft erhoben (Ziai 2007),

---

2   Im vorliegenden Artikel kann nur am Rande auf postkoloniale Ansätze eingegangen werden. Für eine einführende Lektüre verweise ich auf Castro Valera/ Dhawan (2005).

wenn Ideen von Staatlichkeit und Marktwirtschaft nach westlichem Vorbild gefördert werden. Die beschriebene Dichotomie ermöglicht eine Legitimation (entwicklungs-)politischen Handelns; schließlich ergibt sich daraus die Verortung des Problems im globalen Süden, während die Expertise zur Lösung im globalen Norden lokalisiert wird. Ausgrenzende nationalistische Momente sind vielen entwicklungspolitischen Diskursen somit inhärent. Vor dem Hintergrund der Finanz- und Wirtschaftskrise stellt sich die Frage, welchen Einfluss die Krise auf dieses Verhältnis hat.

Die Krise in entwicklungspolitischen Diskursen

Um die Frage zu beantworten, in welcher Form die Wirtschafts- und Finanzkrise in entwicklungspolitischen Kontexten thematisiert wird und welche ausgrenzenden Effekte einer Auseinandersetzung inhärent sind, wurde die vom deutschen Bundesministerium für wirtschaftliche Zusammenarbeit und Entwicklung (BMZ) finanzierte Zeitschrift »Entwicklung und Zusammenarbeit« (E+Z) im Zeitraum von 2007 bis 2012 analysiert.[3] Die Zeitschrift repräsentiert Auseinandersetzungen in hegemonialen entwicklungspolitischen Spezialdiskursen, da nicht nur Positionen des BMZ diskutiert werden, sondern auch kritische Stimmen zu Wort kommen.

Ihren ersten Höhepunkt erreicht die Auseinandersetzung mit der Krise im Jahr 2009, als Interventionsmöglichkeiten von IWF und Weltbank diskutiert werden. Die Schwerpunkte der Debatte verschieben sich in den zwei Folgejahren zu einer verstärkten Hervorhebung von Global Governance-Ansätzen[4] und der Bedeutsamkeit von politischen Akteuren wie den G8 und G20[5].

Dabei lassen sich verschiedene Fragen kontrastieren, zu denen erste Überlegungen vorgenommen werden: Welche Deutungen zu Ursachen der Finanzkrise werden in der Auseinandersetzung diskutiert? Welche Handlungs-

---

3   Zur Analyse der Debatte wurde ein diskursanalytischer Zugang gewählt. Untersucht wurden alle Artikel der Zeitschrift E+Z im Zeitraum der Finanzkrise. Die im folgenden benannten Zitate sind exemplarisch ausgewählt worden.

4   Seit den 1990er Jahren ist die internationale Politik zunehmend durch unterschiedliche Akteure geprägt. Nationalstaaten haben im Globalisierungsprozess an Macht verloren, was zu einer Zunahme von Komplexität in der internationalen Politik führt (Czempiel 1991). Um dieser Komplexität gerecht zu werden, befürwortet das Global Governance-Konzept die kooperative Gestaltung der Globalisierung.

5   Die G20 ist ein Forum von 20 Industrie- und Schwellenländern zur Kooperation in Fragen der Gestaltung des internationalen politischen Finanzgeschehens. Bei den Treffen sind auch Vertreter_innen internationaler Finanzorganisationen wie dem IWF oder der Europäische Zentralbank vertreten.

optionen werden aufgezeigt, um die Krise zu bekämpfen? Welche Effekte hat die Auseinandersetzung auf das entwicklungspolitische Paradigma?

Verantwortlichkeiten und Auswirkungen der globalen Wirtschafts- und Finanzkrise

Die Frage nach Ursachen der Finanzkrise wird nur zu Beginn der entwicklungspolitischen Auseinandersetzung explizit gestellt. Die Ursache der Krise wird im verantwortungslosen Handeln von »Banken« und »Spekulanten« in einem unkontrollierten Finanzmarkt gesehen, der vor allem von »reichen Staaten« lange Zeit propagiert wurde (Dembowski 2011; Hamad 2009). So wird im Jahr 2009 festgestellt: »Es zeigt sich immer deutlicher, dass die bisher dominierende Doktrin vom freien Markt obsolet ist« (Antwi-Danso 2009). Besonders die mangelnde Kontrolle des globalen Finanzgeschäfts durch internationale Akteure wird kritisiert. Während der ungehemmte Kapitalismus früher dem Eigenen zugerechnet wurde (Gueye 2009), wird der freie Markt nun als ein unabhängiges System neben dem staatlichen dargestellt. Dieses System scheint aufgrund des verantwortungslosen Handelns einiger Akteure außer Kontrolle geraten zu sein. Unterstützt wird diese Implikation durch die stetige Betonung, die Krise sei völlig unerwartet gekommen. Durch diese diskursive Konstruktion von Akteuren, die verantwortungslos in einem Feld agierten, treten Strukturen globaler Ungleichheiten in den Hintergrund. Dabei wird dem »unkontrollierten Markt« der »moderate« staatlich kontrollierte Kapitalismus gegenübergestellt und dient diesem zur Legitimation. Diese Kritik am freien Markt greift zu kurz, da sie die bisherige Förderung neoliberaler Reformen durch staatliche Akteure ausblendet.

In dieser entwicklungspolitischen Auseinandersetzung werden die Effekte der Finanzkrise auf einzelne Regionen der Welt diskutiert. Dabei wird festgestellt, dass die Folgen der Krise in Europa vor allem in Italien, Irland und Griechenland zu spüren seien. Deutschland wird aufgrund seiner wirtschaftlichen Stärke eine entwicklungspolitische Verantwortung zugesprochen. Zum einen wird es damit positiv von anderen EU-Staaten abgegrenzt, zum anderen wird sein Anspruch betont, anderen Staaten in Krisenzeiten helfend zur Seite zu stehen. Schwellenländer wie China oder Indien werden in der Auseinandersetzung zwar als krisenbetroffen gezeichnet, die finanzieller Unterstützung durch Dritte bedürfen, jedoch werden sie verstärkt auch als multilaterale Macht wahrgenommen, wenn von ihrer Einflussnahme innerhalb der G20 gesprochen wird.

Als krisenbetroffene Entwicklungsländer werden vor allem afrikanische Staaten benannt. So wird zu Beginn der Auseinandersetzung festgestellt: »Den Umschwung auf den Weltmärkten haben Trends ausgelöst, die sich nicht so schnell ändern dürften. An erster Stelle steht der Hunger« (Ehring 2008). Die Auswirkungen der Krise auf die Nahrungsmittelproduktion stellt sicherlich ein primäres globales Problem dar, jedoch ist es notwendig, das Problem des »Hungers« nicht als singuläres Phänomen zu betrachten, dem gegebenenfalls mit technokratischen Lösungen entgegen getreten werden kann, sondern es stärker in die Analyse globaler Strukturen sozialer Ungleichheiten einzubinden.

Handlungsmöglichkeiten gegen die Krise

Um der globalen Wirtschafts- und Finanzkrise zu begegnen, werden in der deutschen entwicklungspolitischen Diskussion verschiedene globalpolitische Strategien der Intervention benannt. Eine Weiterführung entwicklungspolitischer Aktivitäten und eine »Neuausrichtung« der globalen Finanzpolitik sei jedoch erforderlich, um zukünftige Krisen zu verhindern.

Ausgehend von einer Kritik am freien Finanzmarkt wird diskutiert, dass staatliche Interventionen in den Markt notwendig seien, um Krisen zu begegnen. »Die globale Finanzkrise erschüttert aber die Realwirtschaft. Afrikanische Staaten sind betroffen, ihre Regierungen müssen handeln« (Gueye 2009). Die Regierungen der Staaten des globalen Nordens reagieren bereits mit Interventionen, indem strengere Regulierungen der Finanzmärkte gefordert werden (Dembowski 2010). So stellt die damalige Entwicklungshilfeministerin Heidemarie Wieczorek-Zeul (SPD) 2009 fest, dass es »keine aufsichtsfreien Räume« mehr geben dürfe, in denen »toxische, hochspekulative« Finanzgeschäfte stattfinden (Dembowski 2009b).

Zwar betonen viele Autor_innen der Zeitschrift immer wieder, dass es sich bei den Forderungen um eine Neuorientierung der Weltwirtschaft handele, jedoch wird eine grundsätzliche Kritik des Weltwirtschaftssystems nicht ausgesprochen. Dabei wird allerdings immer wieder kritisch angemerkt, dass aktuell mit jenen Mitteln gegen die Wirtschaftskrise vorgegangen werde, von denen in Zeiten der Asienkrise den Entwicklungsländern abgeraten wurde:

> »Die derzeitige Situation enthält eine bittere und ironische Lehre. Jahrzehntelang hatte man vom Westen gehört, dass Liberalisierung das Wirtschaftswachstum fördere, dass die Produktion nicht subventioniert werden dürfe und dass die Regierung ihre Hände von den Firmen lassen solle. Afrika sieht nun zu, wie der Westen sein Wirtschaftssystem zu retten versucht, indem er eben die Mittel anwendet, von denen er Afrika abriet« (Gueye 2009).

Indem die Forderung nach staatlichen Eingriffen in den Markt formuliert wird, wird der Staat als System neben dem freien Markt gezeichnet. Erst auf der Grundlage dieser Trennung in zwei Systeme kann die Forderung nach staatlicher Intervention erfolgen. Zwar kritisiert der Autor, dass Deregulierungsmaßnahmen früher Teil globaler Strukturpolitik waren, jedoch tritt die Förderung neoliberaler Strukturanpassungsprogramme durch staatliche Akteure im Rahmen des »neuen Entwicklungskonsenses« in den Hintergrund. Verantwortlichkeiten für die Krisen werden den Akteuren des internationalen Finanzsystems zugeschrieben, die »hochspekulative« Geschäfte betrieben (Dembowski 2009b). Dabei entfaltet sich der herrschaftsstabilisierende Charakter der Auseinandersetzung, indem die Verantwortung für die Krise diesen Akteuren zugerechnet wird, die dem Anderen – dem Markt – angehören. Dem Staat im globalen Norden kommt eine bedeutsame handelnde Rolle zu, indem er aktiv regulierend in die Finanzmärkte eingreifen soll. Dabei wird dem Eigenen ein Expertenstatus zugeschrieben.

In der entwicklungspolitischen Auseinandersetzung zur Krise wird immer wieder die Hilfebedürftigkeit von Entwicklungsländern betont. Sie stellt die Legitimationsbasis entwicklungspolitischen Handelns dar, welches nicht losgelöst von deutscher Interessenpolitik gesehen werden kann. Abhängigkeitsbeziehungen zwischen Staaten des globalen Nordens und Südens werden dabei meist nur verkürzt dargestellt. So wird die Abhängigkeit von IWF und Weltbank-Krediten sowie von der Finanzierung weiterer entwicklungspolitischer Maßnahmen durch die Bundesregierung nicht ausreichend berücksichtigt. Vielmehr wird die Hilfebedürftigkeit von Entwicklungsländern immer wieder hervorgehoben. Bereits im Jahr 2009 stellt Dembowski fest: »Die Regierungen der reichen Länder greifen derzeit massiv in Märkte ein. Aber auch Entwicklungsländer müssen handeln. Dafür brauchen sie die Hilfe der reichen Welt« (Dembowski 2009a). Der Autor warnt davor, entwicklungspolitische Tätigkeiten der Länder des Nordens in Zeiten der Krise zu verringern.

In der entwicklungspolitischen Auseinandersetzung mit der Krise wird die Stärkung der Ökonomie in Entwicklungsländern immer wieder in den Mittelpunkt der Auseinandersetzung gerückt. Entwicklungszusammenarbeit ist demnach am wirksamsten, wenn diese durch marktwirtschaftliche Reformen in Entwicklungsländern ergänzt wird. So wäre »Entwicklungshilfe am effektivsten [...], wenn sie den internationalen Handel ergänzt« (Antwi-Danso 2009).

Die Rolle von IWF, Weltbank und G20

Um der Wirtschafts- und Finanzkrise zu begegnen, soll die globale Ökonomie angetrieben werden. So wird immer wieder die Stabilisierung der Wirtschaft als zentrale Maßnahme zur Überwindung der Krise thematisiert: »Die Finanzwirtschaft muss stabilisiert werden, die Kreditklemme muss überwunden werden. Sonst kann die Weltwirtschaft nicht gedeihen« – um dieses Ziel zu erreichen, gehe es nun darum, »die Nachfrage weltweit und vor allem in den Schwellen- und Entwicklungsländern zu stärken«, so die damalige Ministerin Wieczorek-Zeul (Dembowski 2009b). Diskutiert werden unterschiedliche Instrumente zur Stärkung des Wirtschaftswachstums, wie etwa die Förderung von Mikrokrediten, die auch zur Armutsreduktion beitragen sollen.

Um der Hilfebedürftigkeit von Entwicklungsländern zu entsprechen, wird vor allem im Jahr 2009 die hervorragende Rolle von IWF und Weltbank zur Krisenintervention betont. Den Organisationen wird ein hoher Stellenwert in der Unterstützung von Entwicklungsländern zugesprochen, die sonst keine Kredite auf dem Weltmarkt erhielten. »Die Weltbank könnte die gerade in der aktuellen Krise stark geforderte anti-zyklische Unterstützung nicht leisten, wenn das Eigenkapital der Institution in guten Zeiten tatsächlich abgebaut worden wäre, wie von Kritikern gefordert« (Hamad 2009). Andere Autor_innen plädieren dafür, dass IWF und Weltbank zu den »keynesianischen Wurzeln des Bretton-Woods-Systems zurückfinden, um Schwellen- und Entwicklungsländern den fiskalischen und politischen Spielraum zu verschaffen, den diese brauchen, um gestaltend in die Krise einzugreifen« (Dembowski 2009a).

Somit werden gerade die Organisationen als wichtige Akteure zur Krisenintervention benannt, die bereits in den 1990er Jahren für ihre Kreditvergabepolitik stark kritisiert wurden. Zwar wurden die Programmatiken der Organisationen seit den 1990er Jahren verändert, jedoch ist die Kreditvergabe noch immer an marktwirtschaftliche Umstrukturierungsmaßnahmen geknüpft.

Neben der Hervorhebung von IWF und Weltbank wird in den beiden Jahren ab 2009 die Relevanz von Global Governance-Ansätzen und die Einbeziehung von politischen Akteursgruppen wie der G20 zur Krisenintervention verstärkt diskutiert. Es wird festgestellt, dass die Finanzkrise ein globales Problem sei und ihr daher nur durch die internationale Staatengemeinschaft begegnet werden könne. Vor einem Protektionismus anderer Staaten, etwa der USA, wird hingegen gewarnt: »Was wir zum jetzigen Zeitpunkt brauchen, ist eine neue Bretton-Woods-Konferenz, um Länder von individuellen Lösungen abzuhalten, die die internationale Gemeinschaft am Ende teuer zu stehen kommen« (Cardim de Carvalho 2011). Als relevante Vertreter_innen der internationalen Staatengemeinschaft werden dabei mehrheitlich die G20 benannt. So stellen Berensmann, Fuess und Volz (2011) fest: »Die G20 soll nicht nur Beiträge zur Stabilität der internationalen Finanzarchitektur und der Kapitalmärkte leisten, sondern auch zur internationalen Kooperation, zum globalen Wachstum und zu Entwicklung.« Die Autor_innen stellen Dissens unter den G20-Staaten im Umgang mit der Krise fest. In einzelnen Beiträgen wird die Struktur der G20 kritisiert, da dort keine Entwicklungsländer vertreten seien.

»Die Möglichkeiten und Fähigkeiten der Entwicklungsländer müssen gesteigert werden. Alle Staaten sollten in die Lage versetzt werden, nicht nur auf die Globalisierung zu reagieren, sondern sie auch zu beeinflussen. Am wichtigsten ist, Institutionen und Rechtssysteme aufzubauen, die ausgeglichenes Wirtschaftswachstum fördern« (Chaturvedi 2011).

Vor allem Afrika ist in der G20 stark unterrepräsentiert und nur mit Südafrika vertreten, weshalb innerhalb der Debatte die Relevanz des entwicklungspolitischen Mandats der G20 hervorgehoben wird. »Durch die G20-Arbeitsgruppe zu Entwicklungsfragen profiliert sich die G20 als neuer multilateraler Akteur, der Verantwortung für die Anliegen der Entwicklungsländer und für das globale Gemeinwohl übernehmen will« (Berensmann/Fues/Volz 2011). Jedoch betonen die Autor_innen, dass die Einbeziehung von Schwellenländern erst vor wenigen Jahren stattfand. Ihr Einfluss müsse deshalb zunächst gestärkt werden, schließlich seien sie die neuen »Schwergewichte« internationaler Politik und Wirtschaft (Ahmad 2009). Kritisiert wird darüber hinaus die Rolle der G20 in der multilateralen politischen Architektur. Deutlich wird, dass stärkere Kontrollen der Weltwirtschaft durch staatliche Akteursgruppen gefordert werden, um Wirtschaftswachstum im Sinne eines kontrollierten Kapitalismus zu schaffen.

Effekte der Krise auf das entwicklungspolitische Paradigma

In Diskursen zur globalen Wirtschafts- und Finanzkrise wird das entwicklungspolitische Paradigma nicht in Frage gestellt. Die Staaten des globalen Nordens sind zwar ebenfalls von der Finanzkrise betroffen, jedoch ist vor allem Deutschland wirtschaftlich noch vergleichsweise gut gestellt, woraus eine Pflicht zum entwicklungspolitischen Handeln abgeleitet wird. Schließlich brauchten die Regierungen von Entwicklungsländern die »Hilfe« (Dembowski 2009a) der reichen Länder, um der Krise gegenüber zu treten. Deutschland wird hier als Teil einer starken Akteursgemeinschaft von hochentwickelten Geberländern gedacht, der unter diesen durch seine wirtschaftliche Stärke auch in Zeiten der Finanzkrise hervorragt und sich von Entwicklungsländern abgrenzt. Nationalistische Selbstbilder werden durch diese Hervorhebung der Rolle Deutschlands im internationalen politischen Geschehen gestärkt.

Die Betonung der Rolle von IWF und Weltbank unterstützt dieses Bild, schließlich sind die klassischen Geberländer von Entwicklungshilfe in diesen entwicklungspolitisch machtvollen Institutionen mit hohem Stimmanteil vertreten, auch wenn der Anteil der Schwellenländer gestiegen ist. Die Einbindung von IWF und Weltbank als Organisationen, die für ihre undemokratischen Strukturen bereits in den 1990er Jahren kritisiert wurden und die zur Durchsetzung westlicher Interessenpolitiken beitragen, wird in Zeiten der Krise also nicht grundsätzlich in Frage gestellt. Kritisch zu beurteilen ist, dass ihnen eine bedeutsame Rolle zum Umgang mit der Krise in Entwicklungsländern zugesprochen wird.

Hier verschränken sich ökonomische und entwicklungspolitische Diskurse. Die nationalistische Dichotomie zwischen dem passiven hilfebedürftigen Anderen und dem aktiven helfenden Eigenen wird nicht aufgebrochen. Somit werden Strukturen kolonialen Wissens reproduziert, schließlich sind es die Staaten des Nordens, die nun »aktiv« in die Märkte eingreifen. Sie sind es, die das Problem der Krise feststellen und Handlungsoptionen gegen diese aufzeigen. Zudem ist es gerade Deutschland, dem ein entwicklungspolitischer Führungsanspruch in der EU zugesprochen wird. Gewarnt wird dabei auch vor einem drohenden Protektionismus anderer hochentwickelter Staaten wie etwa den USA. Entwicklungsländer werden als passive hilfebedürftige Akteure gezeichnet, die ohne die Unterstützung der Länder des Nordens bzw. transnationaler Finanzorganisationen wieder hinter ihre bisherigen Erfolge im Vorgehen gegen Armut zurückfielen. Sie »sehen zu«, wenn Länder des Nordens massiv in die Märkte eingreifen, um gegen die Krise anzukämpfen.

Auch Akteure, die im transnationalen Finanzsystem »hochspekulative« Geschäfte machen, werden nicht dem Eigenen zugeordnet. Sie werden als Verantwortliche für die Krise identifiziert. Durch die diskursive Konstruktion eines unkontrollierten »toxischen« (Dembowski 2009b) Finanzsystems, in dem Akteure unverantwortlich handeln, wird ein »kontrollierter Kapitalismus« als sicheres Gegensystem geschaffen. Die Förderung neoliberaler Strukturanpassungsprogramme durch die Bundesregierung sowie die Bretton-Woods-Organisationen werden hier argumentativ meist ausgeklammert. Die Förderung neoliberaler Diskurse wird in der Vergangenheit verortet und nur begrenzt mit dem »neuen Entwicklungskonsens« zusammen gedacht, der staatliche Akteure stärker in Entwicklungsbemühungen einbeziehen möchte. Zum anderen treten durch die Personifizierung verantwortlicher Akteure nationalistische und ausgrenzende Strukturen sozialer Ungleichheiten und globaler Machtverhältnisse in den Hintergrund. Diese Dethematisierung ist problematisch, da sie die politisch-ökonomischen Grundlagen, die zur Krise führten, vernachlässigt. Eine stärkere Einbindung kritischer Debatten um globale Ökonomie in entwicklungspolitische Diskurse wäre nötig. Nicht technokratische Lösungen wären die Konsequenz einer solchen diskursiven Inklusion, sondern die Infragestellung aktueller globaler ökonomischer und politischer Machtverhältnisse, beispielsweise in Fragen der Repräsentanz von

Staaten mit geringen Kapitalanteilen in internationalen Finanzorganisationen. So beruhen die aktuellen ökonomischen Verhältnisse auf einer ungleichen Verteilung von Entscheidungsgewalt in Fragen der globalen Ökonomie. Bisher gehen die Regierungen des Nordens zumindest rhetorisch als gestärkte Akteure aus der Krise hervor. Und auch das entwicklungspolitische Paradigma geht gestärkt aus der Krise hervor, indem das nationalistische Bild des aktiven Eigenen und passiven Anderen reproduziert wird.

Quellenverzeichnis

Ahmad, Jaleel 2009: Neue Schwergewichte. In: Entwicklung und Zusammenarbeit 3 (2009). http://www.dandc.eu/articles/087220/index.de.shtml (Zugriff: 8.12.12).

Antwi-Danso, Vladimir 2009: Gefangen in globalen Turbulenzen. In: Entwicklung und Zusammenarbeit 3 (2009). http://www.dandc.eu/articles/087354/index. de.shtml (Zugriff: 8.12.12).

Arndt, Susan / Ofuatey-Alazard, Nadja 2011: Wie Rassismus aus Wörtern spricht. (K)Erben des Kolonialismus im Wissensarchiv deutsche Sprache. Ein kritisches Nachschlagewerk. Münster.

Berensmann, Kathrin / Fues, Thomas / Volz, Ulrich 2011: Informelles Machtzentrum. In: Entwicklung und Zusammenarbeit 1 (2011). http://www.dandc.eu/articles/184899/index.de.shtml (Zugriff: 8.12.12).

Cardim de Carvalho, Fernando J. 2011: »Ich bin nicht sicher, dass die G20 überlebt«. In: Entwicklung und Zusammenarbeit 1 (2011). http://www.dandc.eu/articles/184659/index.de.shtml (Zugriff: 8.12.12).

Castro Valera, María do Mar / Dhawan, Nikita 2005: Postkoloniale Theorie. Eine kritische Einführung. Bielefeld.

Chaturvedi, Sachin 2011: Vorbild Heiligendamm. In: Entwicklung und Zusammenarbeit 1 (2011). http://www.dandc.eu/articles/190338/index.de.shtml (Zugriff: 8.12.12).

Czempiel, Ernst-Otto 1991: Weltpolitik im Umbruch. Das internationale System nach dem Ende des Ost-West-Konflikts. München.

Dembowski, Hans 2009a: Pflicht zur Verschuldung. In: Entwicklung und Zusammenarbeit 3 (2009). http://www.dandc.eu/articles/092444/index.de.shtml (Zugriff: 8.12.12).

Dembowski, Hans 2009b: Riesige Chance der Modernisierung. Interview mit Heidemarie Wieczorek-Zeul. In: Entwicklung und Zusammenarbeit 3 (2009). http://www.dandc.eu/articles/087315/index.de.shtml (Zugriff: 8.12.12).

Dembowski, Hans 2010: Obamas Themen. In: Entwicklung und Zusammenarbeit 2 (2010). http://www.dandc.eu/articles/167101/index.de.shtml (Zugriff:

8.12.12).

Dembowski, Hans 2011: Über Dissens sprechen. In: Entwicklung und Zusammenarbeit 1 (2011). http://www.dandc.eu/articles/190920/index.de.shtml (Zugriff: 8.12.12).

Ebenau, Matthias 2012: »Recht und Entwicklung« bei der Weltbank: Eine Kritik. In: Peripherie 125 (2012). http://www.zeitschrift-peripherie.de/125_04_Ebenau.pdf (Zugriff: 8.12.12).

Ehring, Georg 2008: Trendwende auf den Agrarmärkten bedroht Hungernde. In: Entwicklung und Zusammenarbeit 4 (2008). http://www.dandc.eu/articles/068430/index.de.shtml (Zugriff: 7.12.12).

Gueye, Mohammed 2009: Afrika muss handeln. In: Entwicklung und Zusammenarbeit 3 (2009). http://www.dandc.eu/articles/087265/index.de.shtml (Zugriff: 8.12.12).

Hamad, Qays 2009: Comeback der Krise. In: Entwicklung und Zusammenarbeit 3 (2009). http://www.dandc.eu/articles/087217/index.de.shtml (Zugriff: 8.12.12).

Nuscheler, Franz 2006: Entwicklungspolitik. Bonn.

Said, Edward 1981: Orientalismus. Frankfurt/Main.

Wagner, Jürgen 2007: Bundestagsfraktion Die Linke: Mit Sicherheit keine Entwicklung! Zur Militarisierung der Entwicklungszusammenarbeit. http://www.imi-online.de/download/EZ-Broschuere-Oktober2008.pdf (Zugriff: 30.3.13).

Ziai, Aram 2007: Globale Strukturpolitik? Die Nord-Süd-Politik der BRD und das Dispositiv der Entwicklung im Zeitalter von neoliberaler Globalisierung und neuer Weltordnung. Münster.

Ziai, Aram 2009: Postkoloniale Perspektiven auf »Entwicklung«. In: Peripherie 120 (2009). http://www.zeitschrift-peripherie.de/120_03_Ziai.pdf (Zugriff: 30.3.13).

Maria Markantonatou

Die Konstruktion des »Feindes« in der Zeit der Finanzkrise
Neoliberalisierung und Ausnahmezustand in Griechenland

Der Zusammenbruch der Sowjetunion, die Balkankriege in den 1990er Jahren und die Kriege in Afghanistan und Irak nach dem 11. September 2001 sowie die hohe Zahl an nicht-staatlichen Kriegen, paramilitärischen Auseinandersetzungen und Guerillakonflikten im Mittleren Osten und in Afrika (Kaldor 2003) haben viele Menschen gezwungen, zum Überleben nach sichereren Orten zu suchen. Ihre Zahl stieg nach UN-Angaben von 150 Millionen im Jahr 2000 auf fast 214 Millionen im Jahr 2010 an (International Migrant Stock - Vereinte Nationen).

Das erste Ziel auf ihrer Flucht nach Europa sind jene Staaten, die über eine Außengrenze der Europäischen Union (EU) verfügen; so auch Griechenland. Die Einwanderinnen und Einwanderer, die in Griechenland oder andere EU-Staaten einreisen, werden hier zum einen selbst Objekt polizeilicher und bürokratischer Behandlung, gleichzeitig repräsentieren sie auch ihren gescheiterten Herkunftsstaat mit seinen politischen und gesellschaftlichen Konflikten und seiner sozialen Unsicherheit. Sie verkörpern somit, wie Jordan und Düvell (2003: 62) beschreiben, »alle ungelösten Probleme von Zugehörigkeit in heutigen Gesellschaften«. Vor diesem Hintergrund aus Armut, persönlicher Gefährdung und staatlichem Versagen werden sie als eine Art »menschlicher Abfall« (Bauman 2007: 41) betrachtet: als Menschen, die weder eine nützliche Funktion noch eine realistische Perspektive haben.

Die erschreckende Relevanz von Baumans Metapher des »menschlichen Abfalls« lässt sich geradezu beispielhaft anhand der Ideologeme der neofaschistischen Partei »Goldene Morgenröte« aufzeigen, die während der Krise in Griechenland einen rasanten Aufstieg erfuhr. Von einem vernachlässigbaren Stimmenanteil von 0,29 Prozent bei den Parlamentswahlen 2009 ausgehend, erhielt sie drei Jahre später, bei den Wahlen im Mai 2012, 6,97 Prozent. Im Juni 2012, als erneut gewählt wurde, waren es 6,92 Prozent. Eine Umfrage im September 2012 ergab schließlich schon eine Zustimmung von 9 Prozent. Damit hatte diese Partei eine starke Präsenz im griechischen Parlament und in der Politik erlangt.

In der griechischen Öffentlichkeit wurden als Ursachen für diese Entwicklung unterschiedliche Faktoren diskutiert: Zum Ersten das Dubliner Abkommen, das Griechenland als eines der ersten Länder, in das tausende Migrantinnen und Migranten aus dem Mittleren Osten und aus Afrika jährlich einreisen, dafür zuständig machte, deren Asylgesuch zu bearbeiten, ohne dass allerdings die dafür notwendigen technischen und administrativen Infrastrukturen vorhanden wären; zum Zweiten die Ghettoisierung der Migrantinnen und Migranten in Athen, durch die das Stadtzentrum und der Alltag der bereits dort lebenden Bewohnerinnen und Bewohner der Stadt abgewertet worden und der Tourismus eingebrochen seien; zum Dritten schließlich die angeblich hohe Kriminalitätsrate unter den Einwanderinnen und Einwanderern.

Aber solche Argumentationen, die den Aufstieg der neofaschistischen »Goldenen Morgenröte« fast ausschließlich mit der Zunahme der Migration nach Griechenland in Verbindung bringen, sind nicht überzeugend. Sie haben vielmehr drei gravierende Schwachpunkte. Erstens können sie nicht erklären, warum die »Goldene Morgenröte« einen solch rasanten Aufstieg innerhalb eines so kurzen Zeitraums verzeichnen konnte (2010-2012). Zweitens werden solche Argumentationsmuster oft herangezogen, um »Null-Toleranz«-Praktiken gegenüber Migrantinnen und Migranten zu rechtfertigen. Sie schließen damit, bewusst oder unbewusst, unmittelbar an die ausgrenzenden Forderungen der »Goldenen Morgenröte« an. Drittens aber konzentrieren sich solche Erklärungsansätze auf »die Migranten«, sie versäumen es damit, den Aufstieg der »Goldenen Morgenröte« mit der aktuellen Krise und ihrer Transformation von einer finanziellen Krise zu einer politischen und sozialen Krise zu verknüpfen.

Der Aufstieg der »Goldenen Morgenröte« ist ein ernstzunehmendes Resultat der Finanzkrise. Er ist damit weitaus komplexer, als es die eben dargestellten Argumentationslinien vermuten lassen. Die rapide Deregulierung sozialer Verhältnisse, die Verelendung großer Teile der Bevölkerung, das Repräsentationsdefizit der untersten, von politischen Entscheidungsprozessen ausgeschlossenen sozialen Schichten sowie ein diffuses Gefühl, in einem nichtfunktionierenden Staat zu leben, konstituierten den Hintergrund, vor dem die beiden Parlamentswahlen im Mai und Juni 2012 stattfanden.

Nun sollen diese Überlegungen allerdings keineswegs als monokausale Erklärung des Aufstiegs der »Goldenen Morgenröte« verstanden werden. Auch soll damit nicht bestritten werden, dass rassistische Ausgrenzung in Griechenland schon vor der Krise weit verbreitet war. Wie verschiedene Umfragen gezeigt haben, begegneten zahlreiche Griechinnen und Griechen den Migrantinnen und Migranten auch schon vor der Krise feindlich und ablehnend (für eine Übersicht zu Griechenland Karakatsanis/Swarts 2007: 120). Allerdings können weder diese langjährige Praxis der Ausgrenzung noch die Migrationspolitik als solche erklären, warum die »Goldene Morgenröte« bei den Wahlen im Jahr 2012 derart hohe Stimmengewinne erzielen konnte. Ihr Stimmenanteil war ja immerhin mehr als zwanzig Mal höher als der von 2009.

Die Finanzkrise ab 2009

Da der Verbleib Griechenlands im Euroraum von der Politik als vorteilhafter bewertet wurde als sein Austritt, der einen Dominoeffekt zur Folge hätte und die Euro-Mitgliedschaft auch anderer Länder gefährden würde, entschied sich die Europäische Union für einen »Rettungsplan«. Die Antwort der Eurozone und des Internationalen Währungsfonds (IWF) auf die wirtschaftlichen Probleme des Landes bestand darin, die »interne Abwertung« der griechischen Wirtschaft voranzutreiben. Dies basiert auf der Vorstellung, dass radikale Lohn-, Personal- und Rentenkürzungen, Privatisierungen und die Verkleinerung des öffentlichen Sektors die Wirtschaft wettbewerbsfähiger und attraktiver für Investoren machen würden. Dank dieses Vorgehens sollte Griechenland schon 2010 aus der Krise geführt sein, eine Frist, die angesichts der verheerenden Auswirkungen dieser Politik sukzessive auf 2011, 2012, 2014 und so weiter verschoben wurde.

Die Kürzungs- und Austeritätsvereinbarungen zwischen Europäischer Kommission, Europäischer Zentralbank und IWF auf der einen Seite (der so genannten »Troika«) und der griechischen Regierung auf der anderen Seite werden in Griechenland als »Memoranden« bezeichnet. Die folgenden Ausführungen geben einen Überblick über die im Rahmen dieser Memoranden durchgesetzten Maßnahmen im Zeitraum von 2010 bis 2012 sowie deren Konsequenzen. Dies illustriert zugleich den wirtschaftlichen und sozialen Hintergrund des Aufstiegs der »Goldenen Morgenröte«. Es verdeutlicht auch, dass – und wie – Griechenland durch die Krise in eine neue Phase seiner Entwicklung eingetreten ist.

Griechenland erlebt derzeit die Phase der größten ökonomischen und sozialen Verwerfungen seiner Geschichte seit dem Ende der Militärdiktatur 1974. Diese Phase hat mit dem Ausbruch der Finanzkrise Ende 2009 begonnen. Vom Memorandum I, das im Mai 2010 unterzeichnet wurde, über die Mid-Term Fiscal Strategy 2011 bis zum Memorandum II im Februar 2012 waren die Folgen für die griechische Gesellschaft dramatisch. Ein Rückgang des Bruttoinlandsprodukts (BIP) von 7,1 Prozent im Jahr 2011 hat den bisherigen historischen Tiefpunkt in der Zeit seit dem Zweiten Weltkrieg (nämlich minus 6,4 Prozent in 1974) sogar noch deutlich überschritten (Eurostat). Mehr als 65.000 kleine und mittlere Unternehmen mussten in den ersten Monaten der Krise Insolvenz anmelden und schließen (Malkoutzis 2011: 3). Bereits in den ersten zwei Jahren der Krise hat sich die offiziell gemeldete Arbeitslosenrate verdoppelt; im August 2012 ist sie auf 25,4 Prozent gestiegen, im Januar 2013 lag sie bei 27,2 Prozent (Eurostat). Der soziale Schutz der arbeitslosen Menschen ist dabei völlig unzureichend, nur ein Drittel von ihnen erhält überhaupt staatliche Sozialhilfe (Malkoutzis 2011: 2), und selbst diese Sozialhilfe reicht längst nicht mehr zum Leben. Da die Krise kein Ende findet, werden Arbeitslose rasch zu Langzeit-Arbeitslosen.

Besonders Jugendliche zwischen 15 und 24 Jahren sind von der Krise stark betroffen; mehr als die Hälfte von ihnen ist bereits arbeitslos (57 Prozent im August 2012 und 59,1 Prozent im Januar 2013, Eurostat). Gleichzeitig gehen durch die Rezession tausende Arbeitsplätze verloren. Dies hat wiederum zu einer neuen Auswanderungswelle von jüngeren, hoch qualifizierten Griechinnen und Griechen geführt. Zugleich sind diejenigen, die nach einem Studium im Ausland ihre Rückkehr planten, skeptisch und entmutigt (Mylonas 2011: 82).

Der Lebensstandard hat sich drastisch verschlechtert, da Löhne, Renten und andere Sozialtransfers um 20 bis 60 Prozent reduziert wurden. Ein Ende der Sozial- und Lohnkürzungen ist noch nicht in Sicht. Kürzungen von Staatsausgaben, Löhnen und Sozialleistungen fanden zunächst im öffentlichen Sektor statt, zusammen mit einer sehr hohen Zahl an Entlassungen und sehr weitreichenden Einschränkungen für Neueinstellungen. Später kam es auch im Privatsektor zu Lohnsenkungen und Entlassungen in großem Ausmaß. Für jene staatlichen Unternehmen, die auch nach zwei Jahrzehnten griechischer Liberalisierungspolitik noch nicht oder nicht vollständig privatisiert waren, wurde ein breit angelegter Privatisierungsplan in Gang gesetzt. Sogar »Sonderwirtschaftszonen« wurden als Wachstumsmaßnahmen sowohl von griechischer als auch von europäischer Seite vorgeschlagen. Öffentliche Einrichtungen und Organisationen, wie etwa Schulen und Krankenhäuser bis hin zu Psychiatrien, wurden entweder geschlossen oder mussten fusionieren. Die verbliebenen öffentlichen Institutionen sind so überlastet, dass die Qualität der Dienstleistungen im Bereich des öffentlichen Gesundheitswesens, der Ausbildung und der kommunalen Verwaltung drastisch abnahm.

Von 2009 bis 2011 stieg die Zahl der Obdachlosen um 25 Prozent. Neben die bereits vor der Krise Obdachlosen und neben die »versteckte« Obdachlosigkeit vieler Migrantinnen und Migranten trat eine neue Gruppe von mehr als 20.000 Obdachlosen. Hierbei handelt es sich zu einem großen Teil um Personen mit mittlerem oder hohem Ausbildungsniveau, die vor der Krise einen zumindest befriedigenden Lebensstandard hatten (Alamanou u.a 2011).

Selbstmordraten erreichten in Griechenland mit der Krise neue Höchststände. Sie stiegen von 2009 auf 2010 um 25 Prozent und von 2010 bis 2011 erneut um 40 Prozent (Kentikentelis u.a. 2011).

Die griechischen Regierungen verfolgten im Zeitraum von 2009 bis 2012 eine Doppelstrategie: Zum einen zeigten sie eine offene Bereitschaft, mit den europäischen Regierungschefs und der Troika im Rahmen einer gemeinsam betriebenen Austeritätspolitik zusammenzuarbeiten. Zum anderen pflegten sie einen autoritären Umgang mit den unteren sozialen Schichten im Inland. So wurden Jahrzehnte alte und institutionalisierte Arbeitsrechte und Arbeitsregulierungen in Rekordzeit durch einfache Ministerbeschlüsse kassiert, oft ohne fiskalpolitische Rechtfertigung und Begründbarkeit. Austeritätsmaßnahmen trafen hauptsächlich untere Schichten sowie Arbeitnehmerinnen und Arbeitnehmer. Widerstände in der Bevölkerung gegen diese Politik wurden massiv unterdrückt: Gewerkschaften organisierten Streiks, massive Proteste und Demonstrationen, an denen aber auch viele andere betroffene soziale Gruppen wie etwa Rentnerinnen und Rentner, Arbeitslose, Studierende und Jugendliche teilnahmen. Diesen Protesten traten die griechischen Behörden mit intensiven Polizeikontrollen und Repression in Verbindung mit einer breit angelegten Verwendung so genannter nicht-tödlicher Waffen entgegen.

Dieser Politik galt die weitere Neoliberalisierung Griechenlands als einziger Weg. Sie stimmte mit den Prioritäten und Interessen der beteiligten nationalen und internationalen politischen und unternehmerischen Eliten überein. Diese waren die einzigen, die Zugang zur Troika und damit die Möglichkeit hatten, nennenswert Einfluss zu nehmen.

Die zwischen der Troika und den griechischen Regierungen vereinbarten Memoranden haben in einen Teufelskreis aus Rezession, Armut, Arbeitslosigkeit, Desinvestition und sozialer Deregulierung geführt. Wachstum hingegen wurde nie realisiert, im Gegenteil ging das griechische Bruttoinlandsprodukt seit Beginn der Krise, das Jahr 2013 nicht berücksichtigt, um über ein Fünftel zurück. Trotz dieser negativen Effekte wurden die gleichen Maßnahmen immer wieder wiederholt und verschärft. Memoranden folgten aufeinander, das Schuldenproblem blieb, die Sozial-, Lohn- und Rentenkürzungen sowie der Personalabbau finden kein Ende.

Diese sozialen Umstände beeinflussen auch das politische System. Politische Umwälzungen gab es seit Beginn der Krise: Die Regierung unter Giorgos Papandreou (PASOK, Sozialdemokratie) unterzeichnete das erste Memorandum und wurde auf europäischen Druck nach der Ankündigung einer Volksabstimmung über das Hilfspaket durch eine für die Verhandlungen mit der EU »geeignetere« technokratische Regierung ersetzt. Abgeordnete wurden aus ihren Fraktionen und Parteien entfernt, weil sie ein unliebsames Abstimmungsverhalten zeigten. Es entstanden fünf neue Parteien innerhalb von drei Jahren.

Die griechischen Parlamentswahlen im Mai und Juni 2012 waren die entscheidendsten der letzten Jahrzehnte. Die Wahlergebnisse waren Reaktionen auf die zurückliegenden Memoranden-Schocks und auf die laufenden sozialen Transformationen angesichts der Krise. Es handelte sich um Wahlen, bei denen nicht nur herrschende Parteien abgestraft wurden, sondern auch das alte ideologisch-politische Parteienspektrum seine Gültigkeit verlor. Alte

Partei-Bindungen und Narrative zerfielen, und zwar vor allem im sozialdemokratischen Spektrum, unter der jungen Bevölkerung und in den urbanen Zentren. Die sozialdemokratische PASOK, die bei den Wahlen 2009 noch 43,9 Prozent der Stimmen erhielt, kam im Juni 2012 nur noch auf 12,3 Prozent der Stimmen und strich damit eine historische Niederlage ein. Die linke SYRIZA hingegen verzeichnete einen bisher einmaligen Wahlerfolg und erlangte im Juni 2012 26,9 Prozent der Stimmen (gegenüber 4,6 Prozent im Jahr 2009). Der Anteil der bis zu den Wahlen unbedeutenden neofaschistischen »Goldenen Morgenröte« stieg, wie bereits erwähnt, von 0,29 Prozent im Jahr 2009 auf 6,92 Prozent im Juni 2012.[1]

Die »Goldene Morgenröte«

Von 2000 bis 2012 wurde das extrem rechte Spektrum von der Partei LAOS abgedeckt. Seit 2000 lancierte LAOS eine ausgrenzende Rhetorik gegen Migrantinnen und Migranten. Sie trieb eine Agenda voran, die in der griechischen Parteienlandschaft für die Zeit nach der Diktatur neu war. Als sich LAOS später stärker in Richtung des politischen Zentrums bewegte, hatte dies weder die Schwächung ihres rassistischen Diskurses zur Folge, noch garantierte dies den Bestand der Partei. Vielmehr kostete die Beteiligung an der offiziellen Memorandum-Regierung unter dem technokratischen Ministerpräsidenten Loukas Papademos im Jahr 2011 die Partei ihre parlamentarische Präsenz. Sie verlor einen Teil ihrer Wählerinnen und Wähler an die noch weiter rechts stehende, neonazistische »Goldene Morgenröte«. Diese konnte zahlreiche verarmte Angehörige der Arbeiterklasse und des Kleinbürgertums, aber auch Jugendliche für sich gewinnen.

Schon seit ihrer Parteigründung hat sich LAOS auf die »Bekämpfung der illegalen Migration« fokussiert. Im Rahmen ihrer letzten Kampagne mit dem Slogan »Zusammen schmeißen wir sie weg!« beschimpfte LAOS Migrantinnen und Migranten als »Menschen, die ausrauben, ermorden und vergewaltigen«.[2] Mit dem Wahlerfolg der »Goldenen Morgenröte« war kurze Zeit später eine neue Eskalationsstufe erreicht: Nie zuvor wurden in Griechenland Rassismus und Gewalt gegen Migranten und Migrantinnen so toleriert wie seitdem.

---

1 Für die Ergebnisse bei den Parlamentswahlen im Oktober 2009, im Mai und Juni 2012 siehe die Webseite des griechischen Innenministeriums, http://ekloges.ypes.gr/.
2 Diese Zitate wurden der Webseite von LAOS entnommen.

Das Mäander-Symbol,[3] Slogans wie »Blut und Ehre«, eine eindeutig an der Nazi-Zeit orientierte Hymne mit dem Titel »Die Fahne hoch« sowie der Hitlergruß, neonazistische Zeitschriften, Zeremonien und Lieder, militärische Hierarchien sind bereits seit ihrer Entstehung im Jahr 1993 typische Elemente der »Goldenen Morgenröte«. Auch rassistische Angriffe, Gewalt gegenüber linken und antifaschistischen Gruppen sowie Anklagen wegen bewaffneter Raubüberfälle waren schon lange vor den Wahlen bekannt.

Nach dem Ausbruch der Krise bestand die Agenda der Partei aus einer oberflächigen Kritik an den Memoranden, verbunden mit nationalistischer Terminologie und mit populistischen »Lösungsvorschlägen« – wie etwa der Bestrafung der für die Krise haftbar gemachten »korrupten Politiker« durch »spezielle Prüfungsausschüsse«, der nationalistischen »Rückkehr zur Autarkie der Nationalökonomie«, der »sofortigen Deportation von illegalen Migranten« und der »harschen Bestrafung« von als »abweichend« bezeichneten Migrantinnen und Migranten, für die keine Gefängnisse vorzusehen seien, sondern »spezielle Hafteinrichtungen, in denen sie für den Staat arbeiten.«[4]

Kurz nach dem Einzug der antisemitischen und rassistischen Partei in das griechische Parlament hat Parteichef Nikolaos Michaloliakos die Mitglieder angewiesen, sich als »mutige Sturmabteilungen« zu verhalten und den Wahlslogan »Den Schmutz reinigen« umzusetzen. Damit war eine Intensivierung der Gewalt gegen »Fremde« gemeint: Eine Welle aus schwerwiegenden Körperverletzungen an Migrantinnen und Migranten unmittelbar nach den Wahlen, öffentliche Aktionen gegen Einwanderinnen und Einwanderer, die »Überwachung« von Bezirken durch von der Partei organisierte bewaffnete Truppen und viele ähnliche Vorkommnisse waren die Folgen. Außerdem hat die Gruppierung mit öffentlichen Geldern (aufgrund ihrer Finanzierung als »offizielle Partei«) ihren pseudo-philanthropischen faschistischen Aktivismus fortgesetzt: eine Blutbank und Nahrungsmittel-Verteilaktionen nur für Griechen, einen Hilfsdienst für ausschließlich griechische Arbeitslose, Angriffe und Kontrollen gegenüber ausländischen Ausstellern bei einer Messe, Genehmigungskontrollen bei ausländischen Haustieren auf Flohmärkten, Begleitung von alten Menschen beim Geldabheben von Bankautomaten, so dass sie vor »kriminellen Fremden« geschützt werden. Neben Angriffen auf Homosexuelle waren zwischen den Wahlen im Mai und im Juni 2012 zwei

---

3   Ein Mäander ist ein altgriechisches Symbol. Die spiral- und zickzackförmige Linie ist mit der griechischen Antike assoziiert und ist beispielsweise auf altgriechischen Tempeln, Kunstobjekten oder Wandgemälden zu sehen.

4   Diese Zitate wurden der Webseite der »Goldenen Morgenröte« entnommen (»Thesen«).

Frauen, beide Mitglieder von linken Parteien, in einer Fernsehsendung von einem Abgeordneten der »Goldenen Morgenröte« verprügelt worden.

Wichtig im Kontext der Krise ist vor allem die Rolle der »Goldenen Morgenröte« bei den sozialen Protesten gegen die Memoranden, wo sie linke Protestierende und antifaschistische Gruppen angreifen. Mit dieser Methode wird eine klare Botschaft vermittelt: Wenn die Proteste »zu weit« gehen, ist die »Goldene Morgenröte« da, um wieder »Ordnung« herzustellen. Ihre Eigenschaft, neben oder oftmals über dem offiziellen repressiven Staatsapparat als Reserveordnungsmacht zu fungieren, hat die Instantiierung von Gewalt als politischer Praktik und als Instrument zur sozialen Disziplinierung zur Folge.

Der Gewinn an Einfluss durch die »Goldene Morgenröte« hat auch zur Stärkung des konservativen Spektrums in Griechenland insgesamt beigetragen. Dies war und ist zugleich Ausdruck für eine Verschiebung des politischen Diskurses weg von sozialen Klassen und hin zur »Nation«. Hier fallen die Kritik an der Politik der Memoranden und die Agitation gegen linke Gegenmodelle zusammen. Auf der einen Seite stellt die »Goldene Morgenröte« die »griechische Nation« als das Opfer von abstrakten internationalen Politik- und Bankeliten dar. Auf der anderen Seite unterstützt sie die strukturellen Ziele der Memoranden, wendet sich gegen Streiks, fordert drastische Senkungen öffentlicher Ausgaben und diffamiert die Agenda der Parteien und Organisationen der Arbeiterklassen. Nicht die Deregulierung der Arbeitsverhältnisse ist für die »Goldene Morgenröte« das Problem, sondern der und die »Fremde«, insbesondere migrantische Arbeiterinnen und Arbeiter. Neoliberale Schocktherapien und die soziale Disziplinierung durch den »Staat des Ausnahmezustands« werden hier mit der Entdeckung eines alten neuen Feindes kombiniert, nämlich den Migrantinnen und Migranten.

Letztere sind nicht der Grund des Aufstiegs des neofaschistischen Diskurses, sondern seine ersten Opfer und Sündenböcke. Allerdings wird dieser Sündenbock keineswegs ausschließlich von der »Goldenen Morgenröte« genutzt. Er ist, wie im Folgenden beschrieben wird, ein Bestandteil der gesamten Politik des Ausnahmezustandes in Griechenland, der seit Beginn der Krise herrscht.

Politik durch den Staat des Ausnahmezustandes

Gemäß Giorgio Agamben (2005: 18) ist heute die Tendenz zu einem »Ausnahmezustand« für alle westlichen Gesellschaften in unterschiedlichem Maße prägend. Diese Tendenz drückt eine breite Verallgemeinerung des Sicherheitsparadigmas als einer Technik des Regierens aus (Agamben 2005: 14). Jeweils verschiedene »Bedrohungen« erfordern vermeintlich ein rasches Eingreifen, damit verschiedene Formen von Ordnung wiederhergestellt werden können. »Fundamentalistische Muslime« bedrohten die Sicherheit des Westens und provozierten einen »Krieg gegen Terror«; »verschwenderische Länder« bedrohten die Einheit des Euroraums und machten eine lange Reihe harscher Austeritätspläne notwendig; »gesetzlose Migranten« oder »abweichende Jugendliche« bedrohten die innere Sicherheit und erforderten eine Intensivierung der Sozialkontrolle und der polizeilichen Überwachung. Der Stigmatisierung, Dämonisierung und Bestrafung derjenigen, die zu »Schuldigen« erklärt werden, folgen Maßnahmen zur Disziplinierung auch der übrigen Gesellschaft. Solche Strategien der Wiederetablierung einer »Normalität« werden in einem Maße durchgesetzt, dass der Ausnahmezustand selbst zu einer Normalität wird (Agamben 2005: 14). Politiken der Angst, Freund-Feind-Dichotomien, Einschüchterungen, moralische Panik und Appelle an historische Dilemmas sind fundamentale Bestandteile dieses Ausnahmezustands.

Auch in Griechenland wurde sofort nach dem Ausbruch der Krise ein »Feind« benötigt, wie beispielsweise der unten dargestellte Umgang mit Migrantinnen und Migranten sowie mit Prostituierten zeigt. Auf diese Weise konnte das »Böse« personifiziert werden, und der kollektive Zorn wegen der Memoranden und Kürzungen fand eine spezifische Richtung. Damit standen eben gerade nicht der in den Memoranden durchgesetzte dogmatische Neoliberalismus oder die Krise selbst im Zentrum der Kritik.

Der Erfolg der »Goldenen Morgenröte« kann als der Höhepunkt dieser Tendenz des Ausnahmezustandes verstanden werden, obwohl die Fundamente der rassistischen Politik und der sozialen Ausgrenzung schon lange davor bestanden. Um eines von vielen Beispielen zu benennen: Zwischen 1988 und August 2009 starben 1.315 Flüchtlinge im Ägäis-Streifen zwischen Griechenland und der Türkei beim Versuch, nach Europa einzureisen, 823 gelten als vermisst, während die Dunkelziffer an Toten noch viel höher geschätzt wird (Trubeta 2010: 2). Aber für die elementaren Sicherheitsrechte dieser Menschen, die durch Kriege, Armut und Gefährdung ihres Lebens zur Migration gezwungen waren, hat der griechische Staat nicht nur kaum besorgt, sondern er hat diese Situation während der Krise als ein Problem für die »nationalen Grenzen des Landes« dargestellt.

Im Dezember 2010, als die Finanzkrise sich dramatisch zuspitzte, kündigte die PASOK-Regierung die Einrichtung eines »Schutzzaunes« von 13 Kilometer Länge in Nordgriechenland an. Er sollte einzig dem Zweck dienen, Migrantinnen und Migranten daran zu hindern, nach Griechenland einzureisen. Während die Gesellschaft den Verzicht auf ökonomische Souveränität und die Vorgaben von Troika und Regierung akzeptierte, musste zugleich die »nationale Souveränität« dringend vor Immigration geschützt werden. Hier kehrte die Feind-Freund-Logik und die rassistische Wiederbestimmung von Grenzen zwischen einer imaginären Wir-Gemeinschaft und ihrem sozial ausgegrenzten Gegenüber wieder. Während gegen den Zaun protestiert wurde, war die »Goldene Morgenröte« die einzige aktivistische Gruppierung, die zustimmende Aufmärsche für den Zaun organisierte und die Regierung unterstützte.

Charakteristisch für eine solche Politik auf Kosten von Sündenböcken ist auch der Umgang mit Prostituierten. Kurz vor den Wahlen im Mai 2012 wurde eine Welle der Verhaftung dutzender mit HIV-infizierter Prostituierter sogar live im Fernsehen gezeigt. Während das Thema jahrelang kaum das Interesse der Behörden oder der Medien weckte, begann plötzlich eine intensive Kampagne zur Kriminalisierung der »schmutzigen«, »kranken« und »gefährlichen« Prostituierten. Laut dem sozialdemokratischen Gesundheitsminister Andreas Loverdos müssten diese Prostituierten »sofort deportiert werden«, da sie die Institution der Familie beschädigten: »Der HIV-Virus wird von der illegalen Migrantin zum Kunden und zur griechischen Familie übertragen«, stellte er kurz vor den Wahlen im Mai 2012 fest (PICUM 2012). Fotos, Namen, Alter, Herkunftsland und Details über das Leben vieler der Prostituierten wurden in Zeitungen und im Fernsehen gezeigt; die Behörden warnten vor einer angeblichen neuen »Notsituation«.

Ein weiteres Beispiel: Statt ihr Wahlversprechen einzulösen, die Memoranden neu zu verhandeln, realisierte die konservative Nea Demokratia (ND) ein anderes Versprechen sofort nach ihrem Wahlsieg: die illegalisierten Migrantinnen und Migranten sofort in Auffang- und Militärlager zu bringen. Auf diese Weise würde es möglich, »unsere Städte wieder besetzen zu können«, wie der Slogan der Kampagne von ND-Parteichef Antonis Samaras lautete. Eine Reihe polizeilicher Operationen in verschiedenen griechischen Städten führte tatsächlich innerhalb von wenigen Wochen zur Verhaftung von mehr als 25.000 Migrantinnen und Migranten, die in leere Fabriken, alte Militärlager und Polizeidienststellen gebracht wurden.

Zusammenfassend lässt sich festhalten: Der Aufstieg der »Goldenen Morgenröte« ist eine der ernstzunehmendsten Folgen der Krise und Folge der gescheiterten »Krisenlösungen«, die die Troika und die verschiedenen griechischen Regierungen durchgesetzt haben und weiter durchsetzen, seien sie sozialdemokratisch oder konservativ geführt. Allerdings sind die Konstruktion von Feinden und Sündenböcken sowie die Intensivierung strafender und ausgrenzender Sozialkontrolle gegenüber Migrantinnen und Migranten sowie Prostituierten das Resultat eines breiteren Regimes des Ausnahmezustandes, den die herrschenden Parteien in Gang setzten und bis heute weiter aufrechterhalten. Dies ist das Resultat des Versuchs, zur Schaffung von Kohärenz und Ordnung einen feindlichen »Anderen« zu bestimmen – Kohärenz und

Ordnung, die letztlich der Durchsetzung neoliberaler Schocktherapien und europäischer Memoranden dienen.

Quellenverzeichnis

Agamben, Giorgio 2005: State of Exception. Chicago.

Alamanou, Ada / Stamatogiannopoulou, Efi / Theodorikakou, Olga / Katsadoros, Kyriakos 2011: The Configuration of Homelessness in Greece during the Financial Crisis. http://www.klimaka.org.gr/newsite/downloads/KLIMAKA__Research%20Conference_2011.pdf (Zugriff: 19.2.13).

Bauman, Zygmunt 2007: Liquid Times. Living in an Age of Uncertainty. Cambridge.

Jordan, Bill / Düvell, Franck 2003: Migration. The Boundaries of Equality and Justice. Cambridge.

Kaldor, Mary 2003: Global Civil Society. Cambridge.

Karakatsanis, Neovi M. / Swarts, Jonathan 2007: Attitudes towards the Xeno. Greece in Comparative Perspective. In: Mediterranean Quarterly 18 (1). S. 113-134.

Kentikelenis, Alexander / Karanikolo, Marina / Papanicolas, Irene / Basu, Sanjay / McKee, Martin / Stuckler, David 2001: Health Effects of Financial Crisis. Omens of a Greek Tragedy. In: The Lancet 378 (9801). S. 1457-1458.

Malkoutzis, Nick 2011: Greece – A Year in Crisis. Examining the Social and Political Impact of an Unprecedented Austerity Programme. Bonn.

Mylonas, Harris 2011: Is Greece a Failing Developed State? Causes and Socioeconomic Consequences of the Financial Crisis. In: Botsiou, Konstantina / Klapsis, Antonis (Hg.): The Global Economic Crisis and the Case of Greece. Berlin. S. 77-88.

PICUM Platform for International Cooperation on Undocumented Migrants 2012: Minister of Health blames undocumented women for HIV infections and calls for their deportation. http://picum.org/pt/noticias/boletim/31644/#news_31597, 17.1.12 (Zugriff: 19.2.13).

Trubeta, Sevasti 2011: Die Internierungslager für Grenzgänger ohne Papiere auf der Ägäis-Insel Lesbos. In: Brunnbauer, Ulf / Voß, Christian (Hg.): Migrationen aus, in und nach Südosteuropa. Aktuelle und historische Perspektiven. Berlin. S. 289-302.

Sibille Merz

Zwischen »Big Society« und »Aspiration Nation«
Krise, Nation und Ausgrenzung in Großbritannien

Großbritannien steckt in der Krise. Spätestens seit dem Regierungswechsel 2010 machen sich die Auswirkungen der globalen Wirtschafts- und Finanzkrise auch auf dem Inselstaat bemerkbar und krempeln derzeit nicht nur die britische Wirtschaft um, sondern greifen in nahezu jeden Bereich gesellschaftlichen Zusammenlebens ein. Konnte die Labour-Partei die Unzufriedenheit der Bevölkerung über die drohenden Sparmaßnahmen im Zuge der Krise noch größtenteils abfangen, entlud sich diese nach dem Amtsantritt der konservativ-liberalen Koalition unter Premierminister David Cameron in massenhaften Protesten zunächst gegen die drastischen Kürzungen im Bildungs- und Sozialbereich. Es folgten wachsende und teils militante Proteste von Studierenden und Gewerkschaften, die urbanen Unruhen im Sommer 2011 und der Londoner Ableger der globalen Occupy-Bewegung vor der Sankt Pauls-Kathedrale.

Neben den sichtbarsten politischen Veränderungen im öffentlichen Sektor kristallisieren sich auf diskursiver Ebene jedoch noch weitere, oft subtilere Ausschlussmechanismen heraus. Im Zentrum der Krisenpolitik der Regierung sowie des öffentlich-medialen Diskurses stehen die Aushöhlung wohlfahrtstaatlicher Strukturen samt der Dämonisierung der Arbeiter_innenklasse und Empfänger_innen von Transferleistungen, die Zuspitzung der Einwanderungs- und Asylpolitik, die politische Abschottung von der Europäischen Union sowie der Fokus auf die nationalistische Konstruktion einer kulturell homogenen britischen bzw. explizit englischen Identität. Anzeichen für eine derartige Entwicklung lassen sich zwar seit geraumer Zeit feststellen; dennoch verschärfte sich diese Entwicklung seit Beginn der Wirtschaftskrise und dem Wahlerfolg der konservativ-liberalen Koalition.

Im vorliegenden Beitrag untersuche ich nach einem kurzen Überblick über den Verlauf der Krise in Großbritannien diese Entwicklungen vor allem in Bezug auf die Konstruktion und Abwertung einer neuen »Unterschicht«. Darüber hinaus werde ich Entwicklungen im Bereich der Immigrationspolitik – inklusive der Kriminalisierung von (vermeintlich) muslimischen Menschen, Migrant_innen und Asylsuchenden – auf der institutionell-politischen sowie der medial-diskursiven Ebene nachzeichnen und deren Auswirkungen auf gesellschaftliche Ein- und Ausschlüsse aufzeigen.

Herausarbeiten werde ich dabei vor allem das neoliberale Nützlichkeits- und Produktivitätsdenken, das den aktuellen Debatten um die Konstruktion einer »aspiration nation« und der diskursiven Ausgrenzung von »chavs« und »benefit cheats« unterliegt. Ich charakterisiere den neoliberalen Sparkurs der Regierung als biopolitische Regierungstechnologie, die sowohl auf die permanente Aktivierung selbstverantwortlicher Bürger_innen anhand der zunehmenden Privatisierung öffentlicher Güter und Einrichtungen als auch auf die Reinhaltung und Regulierung eines als homogen konstruierten nationalen Bevölkerungskörpers entlang spezifischer Nützlichkeitskriterien und rassistischer Klassifizierungen zielt. So kann die Regierung zumindest einen Teil der Verantwortung für die Folgen der Krise auf ihre Bürger_innen abwälzen und den politischen wie gesamtgesellschaftlichen Wettlauf nach rechts für sich entscheiden. Dass ihr dies aber nur begrenzt gelingt, zeigt sich anhand der wachsenden staatlichen Gewalt und Repression politischen Widerstands, wie zum Beispiel im Zuge des brutalen Vorgehens gegen die Studierendenproteste im Winter 2010, wie ich abschließend diskutieren möchte.

Zum Einstieg: Krise und Regierung in Großbritannien

Der Ansturm verängstigter Anleger_innen der wenig später verstaatlichen britischen Hypothekenbank Northern Rock, die in Folge der Refinanzierungsschwierigkeiten des Unternehmens Hals über Kopf ihre Ersparnisse zurückforderten, markierte im September 2007 symbolisch den Beginn der Finanzkrise in Großbritannien. In den darauffolgenden Jahren gab die amtierende Labour-Partei unter Premierminister Tony Blair umgerechnet rund eine Billion Euro zur Rettung des britischen Bankenwesens aus. Innerhalb von vier Jahren stieg die Staatsverschuldung von 47 auf 82 Prozent des Bruttoinlandsprodukts; eine Steigerung, wie sie kaum ein anderes Industrieland in der Krise verzeichnen musste (Esterházy 2010). Nichtsdestotrotz rutschte Großbritannien in die schwerste Rezession seit dem Zweiten Weltkrieg; erst im vierten Quartal 2009 konnte die Wirtschaft wieder ein minimales Wachstum verbuchen.

Seitdem kämpfen die Brit_innen mit den Folgen der Krise und den drastischsten Sparmaßnahmen seit der Nachkriegszeit. Nicht einmal während der Amtszeit Margaret Thatchers, die in den frühen 1980er Jahren unter dem berühmt gewordenen Slogan »there is no such thing as society« die Wirtschaft Großbritanniens in ein neoliberales Vorzeigemodell verwandelte, hatte es vergleichbare Schritte gegeben.

Spätestens mit dem Antritt der konservativ-liberalen Koalitionsregierung im Mai 2010 brach die Krise vollends über das Land hinein. Innerhalb kürzester Zeit legte die Regierung ein radikales Sparprogramm zur Haushaltssanierung vor, mit dem Finanzminister George Osborne im kommenden

Fiskaljahr bis zu 81 Milliarden Pfund einzusparen plante, 20 Prozent davon über Steuererhöhungen, 80 Prozent über Ausgabenkürzungen (Esterházy 2010). Letztere treffen vor allem die ohnehin bereits verarmende Arbeiter_innenklasse und Empfänger_innen von sozialen Transferleistungen, aber auch Mittelklassefamilien, Studierende und Rentner_innen schwer. So sieht das Programm eine Begrenzung der maximal zu beziehenden Sozialleistungen von 30.000 Euro pro Jahr für Familien vor, ferner eine Kürzung des Wohngeldes (sodass allein in London knapp 200.000 Menschen zum Umzug aus dem Stadtzentrum in die Randgebiete gezwungen werden), eine Erhöhung des Rentenalters sowie den Wegfall des Kindergeldes für finanziell besser gestellte Familien. Hinzu kommen eine Erhöhung der Deckelung der Studiengebühren für grundständige Studiengänge von bisher knapp 3.500 auf bis zu 9.000 Pfund pro Jahr und die Abschaffung des »education maintenance allowance«, einem finanziellen Zuschuss für Schüler_innen und Studierende in Fort- und Weiterbildungsangeboten. Auch das staatliche Gesundheitssystem »National Health Service«, welches bisher als unantastbar galt, soll in großen Teilen privatisiert werden. Der öffentliche Sektor leidet dabei besonders unter den Kürzungen: Mit Ausnahme des Gesundheits- und des Entwicklungsministeriums mussten alle Ministerien ihre Ausgaben um rund ein Viertel reduzieren, der Großteil der Gehälter wurde eingefroren, bis 2015 sollen dort rund eine halbe Million Stellen eingespart werden. Dies wird vor allem jene von Frauen, Migrant_innen sowie Schwarzen Brit_innen und Brit_innen of Color betreffen, die in Großbritannien als Resultat von Race equality- und Gleichstellungsprogrammen überdurchschnittlich häufig im öffentlichen Sektor angestellt sind (McRobie 2012; Schmitz 2012).

Aktuell erholt sich die britische Wirtschaft zwar leicht, die Folgen der Krise werden für die Einwohner_innen des Landes jedoch noch die nächsten Jahrzehnte spürbar sein. Neben den Kürzungen und Sparmaßnahmen lassen sich dabei auf diskursiver Ebene noch weitaus gravierendere soziale Veränderungen und gesellschaftliche Exklusionsmechanismen beobachten. Während Premierminister Cameron die Konstruktion einer »aspiration nation« zielstrebiger, leistungsorientierter Individuen beschwört, Innenministerin Theresa May alles daran setzt, vor allem südeuropäische Migration nach Großbritannien zu verhindern und die absatzstärksten Tageszeitungen die »Dämonisierung der Arbeiter_innenklasse« (Jones 2011, Übersetzung S.M.) vorantreiben, werden soziale und gesellschaftliche Spaltungen zementiert und sogar noch verstärkt.

David Camerons »Big Society« und der Klassenkampf von Oben

Die diskursive und symbolische Stigmatisierung der Arbeiter_innenklasse in Großbritannien lässt sich nicht ohne einen historischen Rekurs auf die Krise des Fordismus in den 1970er Jahren und die Politik der konservativen Tories unter Thatcher in den 1980er Jahren verstehen, in deren Zentrum die Transformation der britischen Gesellschaft in eine lose Zusammenkunft interessengeleiteter und eigennutzorientierter Individuen sowie die radikale Absage an Politikformen stand, die auf einer gemeinsamen Identität als Arbeiter_innen basieren. Wohlstand, gesellschaftlicher Erfolg und sozialer Aufstieg, so Thatchers Devise, seien nur durch individuelle Leistung, Fleiß und Disziplin zu erreichen. Die gravierende Kluft zwischen Arm und Reich sei nicht Folge mangelnder sozialer Gerechtigkeit, sondern Resultat ungenügender Selbstverantwortung und Leistungsbereitschaft Einzelner.

Folge dieser neoliberalen Offensive war die Zerschlagung der Arbeiter_innenbewegung und der traditionellen Gewerkschaften, die Fragmentierung der kollektiven Arbeiter_innen-Identität sowie die Glorifizierung der Ober- und Mittelschicht, allen voran der Bankiers der Londoner City, die im postindustriellen Großbritannien das neoliberale Ideal des selbstverantwortlichen, leistungsorientierten und gewinnstrebenden Individuums verkörperten (Jones 2011: 62).

Thatchers Politik kann somit als Paradebeispiel für die Re-Organisation sozialer Strukturen um das Konzept des Unternehmer_innentums und die Transformation von Subjektivitäten in »Unternehmer ihrer Selbst« gelesen werden, die Michel Foucault als zentral für neoliberale Regierungsweisen charakterisierte: »I think this multiplication of the ›enterprise‹ form within the social body is what is at stake in neo-liberal policy« (Foucault 2008: 148). Die damit einhergehende Konstruktion und gleichzeitige Stigmatisierung nichtproduktiver und damit nutzloser Subjektivitäten liegt auf der Hand und hält auch im aktuellen Diskurs um »benefit fraudsters«, »scroungers« oder »chavs« Einzug (Jones 2011: xi). In David Camerons »Big Society«, welche er im Zuge der massiven Privatisierungen und Sparmaßnahmen im öffentlichen Sektor als Reaktion auf die Krise schon während des Wahlkampfes 2009 propagierte, wird wieder verstärkt auf die Selbstverantwortung und Selbst-Führung der Bürger_innen rekurriert. Nach Cameron ist es der bürokratische Wohlfahrtstaat der Labour-Partei, der die Bevölkerung jeglicher Handlungsfähigkeit und Verantwortung beraubte und zu passiven Konsument_innen staatlicher Leistungen reduzierte. Dem versucht er, durch die Konstruktion der »Big Society« und dem »Regieren durch Community« (Rose 2000: 81) entgegenzuwirken: Die Regierungsprogramme »Localism Act« und »Public Services (Social

Value) Act« rufen lokale Strukturen und Zusammenhänge als Communities an, appellieren an das sozial und ökologische Gewissen der Bevölkerung und treiben die Dezentralisierung der Regierung voran (Dowling 2012a, 2012b). Die Rhetorik der »Big Society« verdeckt damit die zunehmende Privatisierung öffentlicher Dienstleistungen und versucht, die affektiven Kapazitäten der Gesellschaft für die Übernahme vormals staatlicher Einrichtungen wie Pflegeheime, Bibliotheken und Kindertagesstätten zu mobilisieren.

Wie Nikolas Rose (2000: 81) schreibt, wurde das Konzept der Community, welches ursprünglich ein wichtiges Instrument migrantischer Selbstorganisation darstellte, im Kontext neoliberaler Rationalität zum Gegenstand gouvernementaler Techniken:

> »Community war fortan etwas für Gemeinschafts-Entwicklungsprogramme; sie kam unter die Obhut der öffentlichen Hand, wurde von Kontaktbeamten der Polizei betreut, Sicherheitsprogramme sorgten für ihren Schutz und soziologische Fallstudien machten sie einem größeren Publikum bekannt. Die Communities wurden so zu Zonen, die erforscht, dargestellt, klassifiziert, dokumentiert und interpretiert werden mussten.«

Wie auch im Kontext der urbanen Aufstände 2011 deutlich wurde, dient das Konzept also heute vor allem als staatliche (und polizeiliche) Befriedungsstrategie (Altenried 2012: 24). Camerons Konzept der »Big Society« schreibt diese Regierungslogik fort, indem es die Übernahme vormals staatlicher Strukturen durch lokale, meist private Einrichtungen und Wohltätigkeitsorganisationen forciert.

In die gleiche Kerbe schlägt derzeit Camerons Rede von der Konstruktion einer »aspiration nation«, welche auf »harter Arbeit, starkem Familienzusammenhalt und der Übernahme von Verantwortung« (zit. n. Silver 2012, Übersetzung S.M.) basiert. In seiner Rede während des Tory-Parteitages Anfang Oktober 2012 betonte der konservative Premier in Reaktion auf seine Kritiker_innen aus dem linken Lager: »They call us the party of the better-off. No: we are the party of the want to be better-off, those who strive to make a better life for themselves and their families – and we should never, ever be ashamed of saying so« (zit. n. Sedghi/Hymans 2012).

Das Regulativ der Selbstverantwortung, Disziplin, Produktivität und Leistungsbereitschaft steht also im Großbritannien der Krise wieder ganz oben auf der politischen Agenda und verdeutlicht die Produktivitäts- und Nützlichkeitskriterien, die neoliberalem Regierungshandeln und der Einteilung der Gesellschaft in nützliche und nutzlose Teile zu Grunde liegen. Die Abwertung der Bezieher_innen von sozialen Transferleistungen und Teilen der Arbeiter_innenklasse, die im medialen Diskurs nicht selten als »Schmarotzer« oder »Schnorrer« stigmatisiert werden, nimmt dabei einen zentralen Stellenwert für die Legitimation weiterer Ausgabenkürzungen und der Vergewisserung bürgerlichen Selbstverständnisses ein. Der Klassenhass, den Großbritanniens Mittelschicht zunehmend kultiviert, zeigt sich am deutlichsten im aktuellen Diskurs um Arbeitslosigkeit, Sozialleistungen und Wohngeld im Kontext der Krise. Dan Silver (2012) schreibt hierzu in der Tageszeitung *The Guardian*:

> »The narrative of the ›scroungers‹ who lurk behind their curtains in the morning when decent, hard-working people are on their way to work is clearly popular amongst certain sections of society. Cameron vilifies those claiming housing benefits as ›a cause of great injustice‹ when in fact, 93 percent of new claimants seeking housing benefit are actually in work.«

Während unter Thatcher noch die Arbeiter_innenklasse an sich diskreditiert wurde, trifft dies heute aber vor allem diejenigen, denen Arbeitsverweigerung, fehlende Moralvorstellungen oder Faulheit und Passivität zugeschrieben werden. Diese »Chavs«, im Deutschen oft etwas unglücklich mit »Prolls« übersetzt, repräsentieren dabei all das, was im meritokratischen Großbritannien für den Verfall der Gesellschaft steht: Drogenabhängigkeit und Alkoholismus, Kriminalität, Verwahrlosung, fehlende Moral und Sittenlosigkeit (Jones 2011: 13ff.). Dabei ist der Klassenhass, der ihnen entgegenschlägt, inzwischen geradezu salonfähig geworden und wird durch Politik, Boulevardpresse und zahlreiche kulturelle Praktiken tagtäglich geschürt. Von Fitnesszentren, die »Chav fighting«-Kurse anbieten (Jones 2011: 3), über Reisebüros, in denen »Proll-freier Urlaub« gebucht werden kann (Jones 2011: 5), bis zur Boulevardpresse, die in regelmäßigen Abständen ihre Abscheu kundtut:

> »look around the supermarket, the bus and increasingly now the road, you will encounter ever-growing numbers of tattooed, loud, foul-mouthed proles, with scummy brats trailing in their wake, who are incapable of acknowledging or even recognising a common courtesy, and who in their own minds can never, ever, be in the wrong about anything. These are the people who are getting sentimental about a vicious killer; they have no values, no morality and are so thick that they are beyond redemption. You are better off just avoiding them« (Sandbrook 2010).

In Zeiten der Krise kapitalistischer Vergesellschaftung erfüllt diese Konstruktion dabei nicht nur die Funktion, die hegemoniale Arbeitsethik und die Normativität der unternehmerischen Selbstführung zu stützen, sondern vor allem auch die Funktion, weitere Sparmaßnahmen im Bildungs- und Sozialbereich zu legitimieren.

Am deutlichsten wurde die Dominanz dieses Leistungsideals im Diskurs um die urbanen Aufstände im Sommer 2011. Wie Moritz Altenried (2012) aufgezeigt hat, lassen sich diese Riots nur als radikale Absage an ein politisches und sozio-ökonomisches System verstehen, von dem sich die meist jungen Aufständischen schlicht nichts mehr erhoffen. Sie stehen für die post-politische Kritik an einer gesellschaftlichen Ordnung, von der sich ein Großteil der Menschen weder repräsentiert noch erwünscht, in jedem Fall aber von jeglicher Partizipation ausgeschlossen fühlt. Im hegemonialen Diskurs wurden die Aufstände aber vor allem als Beweis für den moralischen Verfall der Gesellschaft gelesen. David Cameron sieht nicht die zunehmende Armut weiter Teile der britischen Bevölkerung, die andauernde rassistische Polizeigewalt, der seit 1969 über tausend Menschen zum Opfer fielen, die Frustration über erneute Sparmaßnahmen und die Krise politischer Repräsentation als Ursachen der Ereignisse, die er als schlichte Kriminalität abstempelt, sondern vielmehr

> »Irresponsibility. Selfishness. Behaving as if your choices have no consequences. Children without fathers. Schools without discipline. Reward without effort. Crime without punishment. Rights without responsibilities. Communities without control. Some of the worst aspects of human nature tolerated, indulged – sometimes even incentivised – by a state and its agencies that in parts have become literally de-moralised« (zit. n. Sparrow 2012).

»Fegt den Abschaum von den Straßen« oder »Plünderer sind Abschaum« waren nur zwei der vielen Reaktionen von Printmedien und selbsternannten Bürger_innenwehren auf die urbanen Aufstände.

Camerons Narrativ der »kaputten, kranken Gesellschaft« bringt die biopolitische Perspektive auf den Bevölkerungskörper, der von all jenen kranken oder kaputten Teilen gesäubert werden müsse, hierbei am deutlichsten zum Ausdruck. Diese Rhetorik ermöglicht es, sowohl die unverhältnismäßig hohen Strafen für die verurteilten Rioters zu rechtfertigen, als auch die Mehrheitsgesellschaft in ihrer bürgerlichen Integrität zu vergewissern und gegen die Aufständischen zu mobilisieren. Sie manifestiert den Diskurs, den Foucault als zentrales Element zur Steuerung und Regulierung der Bevölkerung seit dem frühen 18. Jahrhundert herausstellte: In den Blickpunkt biopolitischer Machtmechanismen geraten jene pathologisierten Phänomene, welche die kontinuierliche Produktivität der Bevölkerung beeinträchtigen könnten. Es sind Krankheiten, Epidemien, aber auch jene »permanente[n] Faktoren des Entzugs von Kräften, der Verminderung der Arbeitszeit, des Schwindens der Energie« (Foucault 1992: 31), alles von der (medizinischen) Normalität Abweichende, welches eine Bedrohung für den gesunden Bevölkerungskörper darstellt. Hygienisch-medizinische Diskurse als Macht-Wissen-Dispositive repräsentieren also ein Moment der Disziplinierung, das zugleich auf den individuellen Körper als auch auf die Bevölkerung als Gattungskörper gerichtet ist. Sozialhygienische Aspekte spielen hierbei eine besondere Rolle, da biopolitische Regulationsmechanismen »das Proletariat als eine Sonderzone voller Risiken von Proliferationen und Denormalisierungen (Epidemien, Alkoholismus, ›Entartung‹, ›Minderwertigkeit‹)« (Link 1999: 271) betrachten.

Migration, Immigration, Rassismus

Gleichzeitig wurden die Aufstände überwiegend als »race riots« dargestellt, was die Komplexität der involvierten Subjektpositionen nicht nur drastisch verkürzt, sondern sich auch schlicht und einfach als falsch herausstellte (Altenried 2012: 25). Doch die Rassifizierung der Ereignisse spielt ebenso wie ihre Repräsentation als Mangel moralischer Integrität einer Regierungslogik in die Hände, die zur Regulierung der Bevölkerung in Zeiten ökonomischer Sparpolitik existierende gesellschaftliche Spaltungen zu nutzen und verschiedene Gruppen gegeneinander auszuspielen versucht. Der biopolitische Zugriff auf den Bevölkerungskörper manifestiert sich also nicht nur entlang ökonomischer Nützlichkeitskriterien, sondern zeigt sich auch anhand zunehmender rassistischer Stigmatisierung und Ausgrenzung. Während sich die diskursive Produktion der Unterschicht, im Gegensatz zur Diskussion in Deutschland (Friedrich 2012), erstaunlich wenig ethnisierender Konstruktionen bedient, halten zum Teil längst totgeglaubte Rassismen dafür in der Debatte um Asylpolitik, Immigration und Integration verstärkt Einzug. Wie der britische Kulturwissenschaftler und Aktivist Paul Gilroy (2002: xxiii) betont: »racism and nationalism should not be artificially separated and had been densely interwoven in mordern British history. Britain's nationalism and racism are still routinely articulated together«. Die Reinhaltung der Bevölkerung als Gattungskörper muss auch über die Verhinderung von illegalisierter Einwanderung und der Herstellung einer homogenen, oft explizit *weißen*[1] britischen Identität sichergestellt werden.

Nach der Einführung eines punktebasierten Immigrationssystems zwischen 2008 und 2010, das Migrant_innen anhand ihrer Nützlichkeit für die britische Wirtschaft in verschiedene Erwünschtheits-Kategorien einteilt, versucht derzeit Innenministerin Theresa May mit einer restriktiven Einwanderungs- und Asylpolitik, die Stigmatisierung von Immigrant_innen und Asylsuchenden weiter voranzutreiben. Am 26. Mai 2012 verkündete sie, die konservative Politik der Tories noch zu verschärfen und alles daran zu setzen, vor allem krisenbedingte griechische Migration nach Großbritannien

---

1   Das Adjektiv *weiß* verweist hier nicht auf eine biologische, sondern eine politische Kategorie und gesellschaftliche Machtposition. Damit kann es auch Personen mit nicht-weißer »Hautfarbe« einschließen, denen in gesellschaftlichen Machtverhältnissen eine dominante Position zugewiesen wird.

zu verhindern. Im Juni versprach sie, mit einem neuen Gesetzesentwurf zur Familienzusammenführung in Zukunft härter gegen Zwangsehen unter Migrant_innen vorzugehen, was von der BBC-Moderatorin Sarah Montague als Paradigmenwechsel in der konservativen Immigrationspolitik gelesen wurde, weg von einer »toleranten« Haltung hin zu einer, die Migrant_innen zur Assimilation an eine eilends reproduzierte britische »Leitkultur« zwingt (Grayson 2012).

Auch Boris Johnson, konservativer Bürgermeister Londons, der sich noch während des Wahlkampfes 2009 für eine Amnestie für illegalisierte Immigrant_innen aussprach, kündigt heute ein viel härteres Durchgreifen in Sachen Immigration an und fordert von der Regierungskoalition, mehr gegen das »Problem« illegalisierter Einwanderung in der Hauptstadt zu unternehmen. Damian Green, aktueller Justizminister und ehemaliger Schattenminister für Immigration, scheut sich nicht, es noch direkter auszudrücken: »We are also working closely with other government departments to create a hostile environment which makes it much harder for migrants to live in the UK illegally« (zit. n. Travis 2012). Ganz aktuell wirbt Innenministerin May für eine Einschränkung der Bewegungsfreiheit für Arbeiter_innen innerhalb der EU und des Zugangs zu Sozialleistungen für EU-Bürger_innen in Großbritannien.

Die zunehmende Stigmatisierung von (illegalisierten) Migrant_innen und Asylsuchenden geht dabei Hand in Hand mit dem Versuch, eine neue britische, in Teilen sogar explizit englische Identität zu konstruieren und einen Nationalismus zu stärken, den der Labour-Vorsitzende Ed Miliband als »celebrating what binds us together and what we project outwards to the world« (Miliband 2012) beschreibt. Diese Identität schließt zwar nicht-*weiße* Brit_innen mit ein, aber nur solange diese keine Bedrohung für hegemoniale Kultur und Wertsysteme darstellen. Während der Somalia-stämmige Leichtathlet und Olympiasieger Mo Farah derzeit als neuer Nationalheld und Beweis für eine gelungene multikulturelle Integration gefeiert wird, entzündete sich gleichzeitig eine hässliche rassistische Diskussion um einen vermeintlich pakistanischen Pädophilen-Ring. Selbst eher progressive Stimmen wie Trevor Philipps, ehemaliger Vorsitzender der *Equality and Human Rights Commission*, schließt sich der rassistischen Hetze an und erklärt es für »töricht«, den »racial link« der Verbrechen zu leugnen (zit. n. Martin 2012, Übersetzung S.M.). Dass sich diese rassistische Diskussion dabei auf die diskursive Diskriminierung von britisch-pakistanischen Menschen beschränkt und nicht, wie in den offiziellen Statistiken erfasst, auf Menschen mit südasiatischen Hintergründen im Allgemeinen, verdeutlicht zusätzlich die antimuslimische Stimmung im Land (Fekete 2012).

An den Grenzen der Gouvernementalität

Trotz dieser Versuche, die Folgen der Krise durch die Re-Organisierung der Gesellschaft um Leistungsorientierung, Produktivitätsdenken und die Konstruktion einer nationalen Identität samt der Exklusion widerständiger Subjektivitäten abzufangen, flauen die Kämpfe gegen die Sparpolitik der Regierung nicht ab. Noch vor den Aufständen im Sommer 2011 waren es vor allem die Proteste der Studierenden und Gewerkschaften im Winter 2010, die den Staatsapparat herausforderten und denen mit zunehmender Repression und Gewalt seitens der Polizei begegnet wurde. Alfie Meadows, 20-jähriger Student und Aktivist, der während der Proteste von einem Polizeiknüppel getroffen wurde und am Kopf notoperiert werden musste und damit die Schlagzeilen selbst konservativer Medien prägte, ist nur eines der vielen Beispiele für die zunehmende Härte, mit der Polizei und Regierung gegen politischen Widerstand vorgehen. Die Reaktion auf die Entstehung der größten Studierendenbewegung des Landes seit Mitte der 1960er Jahre und deren unerwartete Militanz hat deutlich gemacht, auf welch unsicherer Mehrheit die Koalition beruht und dass diese bereit ist, ihre Politik mit allen ihr zur Verfügung stehenden Mitteln durchzusetzen.

Die Steuerung und Regulierung der Gesellschaft durch gouvernementale Techniken wie der Förderung von Selbstdisziplin und unternehmerischer Rationalität hat die Ausübung physischer Gewalt und Repression also nicht ersetzt, sondern lediglich ergänzt. Sie steht somit keineswegs im Widerspruch zu souveränen Formen der Machtausübung, wie auch Thomas Lemke (2000: 42) betont, der diese Gleichzeitigkeit von Selbst-Technologien und physischem Zwang gerade als die Ambivalenz gouvernementaler Strategien charakterisiert. Im Großbritannien der Krise lässt sich also eine Verdichtung von Regierungstechniken beobachten, die sowohl diskursive Strategien der Aktivierung und Responsibilisierung als auch physische Gewalt und materielle Exklusion umfasst. Es bleibt abzuwarten, wie sich die Widerstände gegen diese Regierung in den kommenden Jahren neu formieren.

Quellenverzeichnis

Altenried, Moritz 2012: Aufstände, Rassismus und die Krise des Kapitalismus. England im Ausnahmezustand. Münster.

Dowling, Emma 2012a: Big Society: The Iron Fist in a Velvet Glove. http://www.newleftproject.org/index.php/site/article_comments/big_society_the_iron_fist_in_a_velvet_glove, 2.7.12 (Zugriff: 10.12.12).

Dowling, Emma 2012b: The Big Society, Part 2: Social Value, Measure and the Public Services Act. http://www.newleftproject.org/index.php/site/article_comments/ the_big_society_part_2_social_value_measure_and_the_public_services_act, 30.7.12 (Zugriff: 11.12.12).

Esterházy, Yvonne 2010: Großbritannien und die Folgen der Finanzkrise. In: Aus Politik und Zeitgeschichte 49 (2010). S. 40-46.

Fekete, Liz 2012: Grooming: an open letter to Nick Lowles. http://www.irr.org.uk/ news/grooming-an-open-letter-to-nick-lowles, 15.11.12 (Zugriff: 11.12.12).

Foucault, Michel 1992: Leben machen und sterben lassen. Die Geburt des Rassismus. In: Reinfeldt, Sebastian / Schwarz, Richard / Foucault, Michel: Bio-Macht. Duisburg. S. 27-52.

Foucault, Michel 2008: The Birth of Biopolitics. Lectures at the Collège de France 1978   -1979. Basingstoke, New York.

Friedrich, Sebastian 2012: Die diskursive Erschaffung des »nutzlosen Anderen«. Zur Verschränkung von Einwanderungs- und Unterschichtendiskurs. In: Jäger, Margarete / Kauffmann, Heiko (Hg.): Skandal und doch normal. Impulse für eine antirassistische Praxis. Münster. S. 96-111.

Gilroy, Paul 2002: Ain't no Black in the Union Jack. The Cultural Politics of Race and Nation. London.

Grayson, John 2012: Back to the future: racism still rules. http://www.irr.org.uk/news/ back-to-the-future-racism-still-rules, 19.7.12 (Zugriff: 11.12.12).

Jones, Owen 2011: Chavs: The Demonization of the Working Class. London.

Lemke, Thomas 2000: Neoliberalismus, Staat und Selbsttechnologien. Ein kritischer Überblick über die governmentality studies. In: Politische Vierteljahresschrift 41 (1). S. 31-47.

Link, Jürgen 1997: Versuch über den Normalismus. Wie Normalität produziert wird. Opladen.

Martin, Daniel 2012: Child sex grooming case was about race and it would be a »national scandal« if political correctness meant it was not stopped sooner, says equality chief Trevor Phillips. http://www.dailymail.co.uk/news/article-2143922/ Its-fatuous-deny-race-link-child-sex-grooming-case-says-equality-chief-Trevor-Phillips.html, 13.5.12 (Zugriff: 11.12.12).

McRobie, Heather 2012: When austerity sounds like backlash: gender and the economic crisis. http://www.opendemocracy.net/5050/heather-mcrobie/when-austerity-sounds-like-backlash-gender-and-economic-crisis (Zugriff: 11.12.12).

Miliband, Ed 2012: Full transcript: Ed Miliband's speech on Englishness. http://www. newstatesman.com/blogs/politics/2012/06/full-transcript-ed-milibands-speech-englishness (Zugriff: 21.11.12).

Rose, Nikolas 2000: Tod des Sozialen? Eine Neubestimmung der Grenzen des Sozialen. In: Bröckling, Ulrich / Krasmann, Susanne / Lemke, Thomas (Hg): Gouvernementalität der Gegenwart. Studien zur Ökonomisierung des Sozialen. Frankfurt/Main. S. 72-109.

Sandbrook, Dominic 2010: A perfect folk hero for our times: Moat's popularity reflects society's warped values. http://www.dailymail.co.uk/debate/article-1295459/A-perfect-folk-hero-times-Moatpopularity-reflects-societys-warped-values.html, 19.7.10 (Zugriff: 10.12.12).

Schmitz, Klara 2012: Austerity in Europe: what impact on race equality? http://www.ukren.org/2012/05/Austerity-in-Europe-what-impact-on-race-equality.html, 17.5.12 (Zugriff: 9.11.12).

Sedghi, Ami / Hymans, Nina 2012: The David Cameron clap-o-meter: how the Conservative party leader's conference speech went down. http://www.guardian.co.uk/news/datablog/2012/oct/10/david-cameron-conservative-party-conference-speech, 10.10.12 (Zugriff: 12.12.12).

Silver, Dan 2012: David Cameron's »aspiration nation« neglects underlying issues. http://www.guardian.co.uk/uk/the-northerner/2012/oct/11/davidcameron-conservatives-benefits-employment-jobs-minimum-wage?INTCMP=SRCH, 11.10.12 (Zugriff: 11.12.12).

Sparrow, Andrew 2011: England riots: Cameron and Miliband speeches and reaction Monday 15 August 2011. http://www.guardian.co.uk/politics/blog/2011/aug/15/england-riots-cameron-miliband-speeches?INTCMP=SRCH, 15.11.11 (Zugriff: 11.12.12).

Travis, Alan 2012: 150,000 cases of migrants denied right to stay in UK are »missing«. http://www.guardian.co.uk/uk/2012/jul/05/migrants-denied-uk-stay-missing, 5.7.12 (Zugriff: 11.12.12).

Anna Curcio[1]

Wege des Rassismus im Italien der Krise
Arbeitsorganisation und Sozialkontrolle zwischen alten und neuen Hierarchisierungen von »Rasse«[2]

In den letzten Jahren hat Italien einen steilen Anstieg des Rassismus erlebt. Formen von sozialer Diskriminierung, Arbeitsausbeutung und Gewalttaten zielten vor allem auf die immer zahlreicheren migrantischen Arbeiter_innen – sowohl als diffuser, alltäglicher Rassismus, wie er auf den Straßen, an den Arbeitsplätzen und in den Schulen ausgeübt wird, als auch auf institutioneller Ebene durch offensichtlich diskriminierende Regelungen gegenüber Migrant_innen.

Die wohl extremsten Fälle sind die Abwehrmaßnahmen gegenüber Geflüchteten und Asylsuchenden, die parteiübergreifend sowohl durch die Mitte-Links-Regierung (1997 versenkte man in der Straße von Otranto ein Schiff mit albanischen Flüchtlingen beim Versuch, dieses zurückzudrängen) als auch durch die Mitte-Rechts-Regierung unter Silvio Berlusconi (ab 2008 in der Straße von Sizilien) ergriffen wurden. Diese Vorkommnisse, die mittlerweile vom Europäischen Menschenrechtsgerichtshof verurteilt wurden und hinter denen wichtige politische Persönlichkeiten standen, sind im öffentlichen politischen Diskurs Italiens so gut wie nie als durch und durch rassistisch aner-

---

1   Übersetzung aus dem Italienischen: Patrick Schreiner.

2   Ich bin mir des problematischen Charakters des Begriffs »Rasse« im kontinentaleuropäischen Diskurs bewusst, und selbstverständlich sind »Rassen« nichts anderes als gewaltsame und brutale soziale Konstruktionen. Dennoch gebrauche ich im Folgenden den Begriff der »Rasse« in Anlehnung an die Erkenntnisse der Critical Race Theory in der Annahme, dass es sich dabei um einen unverzichtbaren analytischen Schlüssel zur Untersuchung der Strukturen des Rassismus handelt: »Rasse ist insofern real, als es eine materielle Dimension und ein materielles Gewicht der Erfahrung gibt, rassialisiert zu werden« (Crenshaw u.a. 1995: xxvi, Übersetzung P.S.) »Rasse« zu benennen bedeutet, die angebliche Überlegenheit der *weißen* Mehrheit zu betonen, die die gesamten Erzählungen des Kapitals durchzieht; und es bedeutet zugleich, die materielle Dimension des Rassismus offenzulegen, jene Dimension, die für die verschiedenen Formen von Herrschaft und Ausbeutung in kapitalistischen Gesellschaften konstitutiv ist. Ich denke, dass dieses Vorgehen für das Verstehen und Bekämpfen des heutigen Rassismus unverzichtbar ist (siehe dazu unter anderem auch Curcio 2011b; Curcio 2012). [Es war die Entscheidung des Übersetzers, in der deutschen Fassung dieses Textes den Begriff der »Rasse«, abweichend vom italienischen Original, in Anführungszeichen zu setzen; P.S.]

kannt worden. Ganz im Gegenteil wurden sogar die schlimmsten Gewalttaten als lediglich xenophobe Antworten auf die Entwicklung der internationalen Migration und auf die Krise verstanden; als spezifische Ängste, die an eine besondere geschichtlich-politische Situation gebunden seien.

Ich bin hingegen davon überzeugt, dass die zunehmende rassistische Gewalt, die wir heutzutage in Italien beobachten müssen, nicht als Effekt oder Konsequenz anderer sozialer Phänomene (wie etwa auch politischer und institutioneller Dynamiken – Migration, Krise, rechte Regierungen) verstanden werden kann. Es handelt sich dabei vielmehr um eine Konstante in der Geschichte dieses Landes: Eine unheilbare Spaltung, die unmittelbar die italienische Identität betrifft und die immer wieder neue und andere Ausdrucksformen gefunden hat.

Dies zeigte nicht zuletzt die rassistische Rhetorik der Regierung Mario Montis. Um einen Unterschied gegenüber den Positionen ihrer Vorgänger-regierung deutlich zu machen, hat die Regierung Monti rasch ein Ministe-rium »für internationale Zusammenarbeit und für Integration« eingerichtet. Zugleich hat sie eine Diskussion über die Möglichkeit in Gang gesetzt, in Italien geborenen Kindern migrantischer Eltern die italienische Staatsbür-gerschaft zu geben. Dieser Initiative folgte allerdings weder eine Abkehr von den diskriminierenden Praktiken, denen Migrant_innen ausgesetzt sind, noch ein Ende des immer weiter verbreiteten Rassismus. Schon wenige Wochen nach Antritt der Regierung Monti im November 2011 hat ein Gewalttäter der extremen Rechten zwei senegalesische Straßenhändler auf einem Markt in Florenz erschossen.

Darüber hinaus hat die Regierung Monti die rassistischen Rhetoriken, die Merkmal der vorangegangenen Regierung Berlusconi waren, keineswegs ab-gelegt, wenngleich sie heute andere Erscheinungsformen haben. Es sind Rhe-toriken und Repräsentationen einer nie abgeschlossenen Vergangenheit, die an die rassistische Konstruktion des italienischen Südens (des »Mezzogiorno«) zum Zeitpunkt der italienischen Einigung anknüpfen. Heute korrespondieren sie mit den Trennstrichen, die zwischen Nordeuropa und dem mediterranen Europa gezogen werden. Gemeint sind die PI(I)GS; Portugal, Italien, Ir-land, Griechenland und Spanien, gleichlautend dem englischen Wort für »Schweine«. Die Schweine Europas; das Europa zweiter Ordnung, in dem der Ursprung der Krise in der Eurozone verortet wird; dieser Mittelmeer-Raum zwischen Europa und Afrika, der auf die Konstruktion der europäischen, kapitalistischen und kolonialen Moderne verweist.

Inmitten internationaler Diskussionen, die einmal mehr die Idee einer inner-europäischen Spaltung aufgreifen, gräbt die Regierung also Diskurse und Vorstellungen aus, die in der Mitte des 19. Jahrhunderts die Kon-struktion einer nationalen und europäischen Identität kennzeichneten. Es sind dies Diskurse und Vorstellungen, die auf der Unterscheidung zwischen einem fleißigen und genügsamen Norden einerseits und einem von Parasiten, Unproduktiven und Unpolitischen besiedelten Süden andererseits beruhen.

Italien und das Europa der PI(I)GS

»Jobs for your friends, contracts for your relatives, cash handouts for everyone: that's how politics works in Sicily« (Schlamp 2012). So beginnt ein Artikel, Mitte 2012 in *Der Spiegel International* erschienen, der die wirtschaftliche und finanzielle Krise der Region Sizilien auf Korruption, Verschwendung und Vetternwirtschaft zurückführt. Der Text, obgleich sachbezogen die grundlegende Verschlechterung der politischen Zustände in Sizilien beschreibend, enthält doch hochgradig problematische Schlussfolgerungen: Korruption, Verschwendung und Vetternwirtschaft seien Praktiken, die »can be found in all those southern European countries struggling under the debt crisis [...] The true problem of the south isn't the economic and financial crisis – it's corruption, waste and nepotism« (Schlamp 2012).

Die internationale Presse identifiziert offenbar einen Zusammenhang zwischen den Lebens- und Politikformen in den südeuropäischen Ländern einerseits und der Staatsschuldenkrise andererseits. Sie greift dabei auf die Vorstellung eines trägen, nutzlosen, zu Familismus und Klientelismus neigenden Mezzogiorno zurück – eine Vorstellung, auf der nicht zuletzt auch der Mythos der europäischen Modernität beruht. Hier wird ein Südeuropa als homogen und ahistorisch beschrieben und die Möglichkeit heterogener Entwicklungsprozesse sowie verschiedener Produktionsmodelle nicht im Mindesten reflektiert. Als ob die Geschichte als ein unablässiges Hin zur »Entwicklung« des Kapitalismus gelesen werden könne.

Im Europa des 17. und 18. Jahrhunderts diente die Konstruktion einer Spaltung zwischen Nord und Süd dazu, die Überlegenheit eines technologisch fortgeschrittenen und ökonomisch dynamischen Nordeuropa zu behaupten, das vom Großbritannien der ersten Industriellen Revolution angeführt wurde (Moe 2002). Für Italien wurde der Mythos der Überlegenheit der *Weißen*, die Grundlage dieser gesamteuropäischen Erzählung, just im Moment seiner Vereinigung relevant, als es zeitgleich seinen südlichen Teil als »anders« identifizierte: Dieses geografisch nahe Andere, das als Beweis für die Überlegenheit des Nordens dienen musste, garantierte nicht zuletzt die Anerkennung durch die europäischen Mächte im Norden.

Heute, im vielleicht kritischsten Moment der Geschichte des Kapitalismus, ist das Beharren auf dieser Spaltung gleichbedeutend damit, eine politische und ökonomische, in Ansätzen auch anthropologische und »moralische«

Überlegenheit Nordeuropas unter der Führung von Deutschland und dessen Bundesbank zu betonen. Ernst, Strenge, Mäßigung, Verzicht zu Gunsten der neoliberalen Eliten in Krisenzeiten – das gilt als innerste Eigenschaften der mittel- und nordeuropäischen Arbeitnehmer_innen.

Parallelen zum Umgang mit Einwander_innen in den Vereinigten Staaten des frühen 20. Jahrhunderts drängen sich geradezu auf. Damals organisierte man mittels einer detaillierten Taxonomie die Bedingungen und Kosten von Arbeit – eine Hierarchie, an deren Spitze die »zähen, genau arbeitenden und genügsamen« deutschen Arbeiter_innen standen, sehr viel weiter unten folgten die italienischen (insbesondere, wenn sie aus Süditalien stammten), die Sklav_innen, die Armenier_innen und die Chines_innen, denen eine geringe Intelligenz zugeschrieben wurde (Roediger 2008: 95). Heute wie damals stellt das Degradieren und Abwerten von Südeuropäer_innen eine Maßnahme im Rahmen eines faktischen Prozesses des Race management dar. Im Rahmen der Organisation von Arbeit und sozialer Ordnung werden Unterschiede inwertgesetzt, die auf der Grundlage von »Rasse« und in der Annahme einer Überlegenheit der *weißen* Mehrheit konstruiert werden.

In Italien weist dieses Race management Spezifika auf. Das Land ist von einer Linie der Rassialisierung durchzogen, die zu jener komplexeren Spaltung hinzutritt, mit deren Hilfe die mediterranen Länder abgewertet werden. Es handelt sich um eine Linie, die eben auch die südlichen Regionen Italiens als »anders« stigmatisiert. »La Sicilia oberata dai debiti rischia di diventare la Grecia d'Italia«, schrieb die Tageszeitung »La Repubblica«, das überschuldete Sizilien drohe, das Griechenland Italiens zu werden. Die Zeitung äußerte sich damit zur internen Krise der Region Sizilien (Rampini 2012). Sizilien also analog Griechenland – und beide als negative Kontrastfolien aus der Sicht des Nordens. Und auch der italienische Staatspräsident Giorgio Napolitano erklärte im Februar 2012: »Noi non siamo la Grecia«, Italien sei nicht Griechenland (Repubblica.it 2012).

Der Rassismus in Italien ist also durchzogen von einer doppelten Spannung. Es wird ein Unterschied zwischen dem Norden und dem Süden des Landes behauptet, um sich von jener Rückständigkeit und jenem mangelnden Bürgersinn zu distanzieren, der heute als Ursache allen Übels in Europa gilt – eben genau wie es der Mythos der europäischen Modernität erzählt. Zugleich wird das Anderssein von Migrant_innen behauptet, um soziale Ordnung und Arbeit zu organisieren.

Race management in Italien

Der Begriff Race management bezieht sich auf Prozesse der Essenzialisierung und Diskriminierung, die auf institutioneller Ebene wie auch im sozialen Kontext stattfinden. Sie übersetzen sich in Diskurse, Praktiken und Repräsentationen, die auf die politische und ökonomische Unterordnung einer bestimmten sozialen Gruppe zielen. Diese Prozesse haben ihre Wurzeln in jenem Mythos der europäischen Moderne und in jener Konstruktion der Nationalstaaten. Sie machen »Rasse« zu einer Handlung: »Rassialisieren« als Bezeichnung für das Teilen und Hierarchisieren von Bevölkerungen, Territorien, Arbeitskräften, und als Bezeichnung für das Aktivieren von Dispositiven sozialer Kontrolle als Stütze kapitalistischer Entwicklung.[3] »Rasse« als Überlegenheit der *weißen* Mehrheit wurde im vorrevolutionären Virginia »erfunden«, um die gemeinsamen Kämpfe von *weißen* und schwarzen Arbeitern zu spalten (Allen 1997: 239-259). Man führte ein engmaschiges System von Privilegien für *Weiße* und von Verboten für Schwarze ein, durch das sich faktisch ein Lohn für das *Weiß*-Sein (Roediger 1996) etablierte. Dieser Lohn bildete die Sozial- und Produktionsbeziehungen im Kapitalismus ab.

Im Rahmen dieser Prozesse verlor der Rassismus dann jenen Charakter einer ideologischen Verfehlung oder sozialen Pathologie, auf den sich ein guter Teil der italienischen und europäischen[4] Debatte nach wie vor bezieht; er wird vielmehr als Dispositiv der Unterordnung und der Ausbeutung zur Grundlage der Konstruktion moderner Nationalstaaten. Rassismus ist nicht einfach nur eine innere Ergänzung des Nationalismus (Balibar 1991), sondern er ist zugleich eine innere Ergänzung bei der Konstruktion des Arbeitsmarkts (Du Bois 1935; Mezzadra 2008). Rassismus ist ein konstitutives Steuerungsinstrument für alle Formen des modernen Kapitalismus, das es zu benennen gilt, um seine Funktionsweise offenzulegen.

In Italien ist der Rassismus gedoppelt: Er umfasst einerseits die Rassialisierung des »inneren« Anderen im Süden des Landes. Andererseits umfasst er den »äußeren« Anderen in Form der kolonialisierten Bevölkerungen in Afrika, heute auch der internationalen Migrant_innen, wie auch – im spezifischen Kontext des faschistischen Italien – die Konstruktion des Juden als inneren »Feind« der italienischen »Super-Rasse«. Diese gedoppelte Rassialisierung verweist auf die nationale Erzählung Italiens, sie offenbart eine stets gegebene Spannung zwischen Modernität und Subalternität, aus der sich die verschiedenen Versionen italienischer Identität speisen.

---

3 Wenn ich hier von Rassialisierung spreche, so beziehe ich mich auf Fanon 1967.
4 Für eine kritische Auseinandersetzung mit der Diskussion um Rassismus und Antirassismus in Italien und Europa siehe Curcio/Mellino 2012.

Die Konstruktion einer »verdammten Rasse«[5] im Süden des Landes als eine Form des Rassismus schloss historisch an die Rhetorik vom *Weiß*-Sein an und übertrug den in den Vereinigten Staaten und in Australien sich herausbildenden »racial capitalism« (Robinson 1993) auf den lokalen Kontext Italiens. Die Süditaliener_innen stempelte man aufgrund vermeintlich »schwarzen« Blutes als faul und wenig intelligent ab, sie wurden harschen Formen der Ausbeutung und Lohndiskriminierung unterworfen und dienten bei der Entwicklung des ersten italienischen Kapitalismus als billige Arbeitskräfte. Die Rassialisierung der Italiener_innen, insbesondere der aus dem Süden des Landes, ging einher mit ihrer Unterordnung bei Arbeitsbedingungen und Gehältern – zu Beginn des 20. Jahrhunderts zunächst in den USA und in Italien selbst, später in den Industriestädten Norditaliens und nach dem Zweiten Weltkrieg in Frankreich, Belgien, Deutschland und der Schweiz. Prozesse des Race management trugen auch dazu bei, in der heiklen Phase der kapitalistischen Transformation von Gesellschaften Konflikte zu neutralisieren, indem man Differenzen und Hierarchien schuf, um die Solidarität zwischen den Arbeiter_innen zu brechen.

In Amerika ging die Rassialisierung der Italiener_innen mit deren Vorreiterrolle in den harten Klassenkämpfen des frühen 20. Jahrhunderts einher. Und als es in Italien während der 1960er und 1970er Jahre galt, den Wandel von einer vorwiegend agrarischen Wirtschaft in eine industrielle zu betreiben, machte die Mechanisierung der Produktion die Arbeiter in überwiegend »norditalienischen« Berufen obsolet; man trieb diese Entwicklung durch die Rassialisierung der beruflich nicht spezialisierten süditalienischen Arbeiter voran, die sich besser in die neue Massenproduktion einpassen ließen.

Die andere Form des heutigen italienischen Rassismus geht auf die historische Phase der kolonialen Expansion in Afrika zurück, die kurz nach der politischen Einigung des Landes begann. Hier tritt das Bedürfnis, sich eines – historisch in Frage gestellten – *Weiß*-Seins zu versichern, neben den rassistisch-kolonialen Kapitalismus Europas. Eine abscheuliche Gewalttätigkeit ist einer seiner Wesenszüge. Während nun einerseits die aus dem Mezzogiorno stammenden Kolonialisten durch einen Prozess des »Weiß-Werdens« im Grunde unvorstellbare Privilegien erhielten, hat der Erlass einer spezifisch kolonialistischen Gesetzgebung 1937 ein System ungleichartiger Rechte und Pflichten für »Bürger« und »Kolonialisierte« geschaffen, durch das Segregation zum entscheidenden Merkmal des kolonialen Lebens wurde (Del Boca 1986). Innerhalb der Grenzen Italiens wurden die Menschen aus dem Mezzogiorno hingegen weiterhin rassialisiert.

---

5   So Napoleone Colajanni, Abgeordneter im nationalen Parlament von 1890.

Im Zuge der vollständigen Trockenlegung und Besiedelung der Sümpfe in der Pontinischen Ebene betrieb die faschistische Regierung auf dem Höhepunkt ihrer imperialistischen Hoffnungen ein regelrecht eugenisches Projekt zur Selektion einer »italienischen Super-Rasse« (Snowden 2008). Dies war der grausame Auftakt zur »Verteidigung der Rasse«, zur Rhetorik des »Arischen« und zum Antisemitismus, der ab 1938 die italienischen Jüdinnen und Juden traf. Man folgte, neben einem ideologischen Wahn, auch in diesem Fall einem der objektiven Prinzipien des Race management: Das Spalten im sozialen Bereich sowie im Bereich der Arbeit mit der Intention zu kontrollieren – angesichts zunehmender Unsicherheiten auf geopolitischer Ebene.

In jüngerer Zeit hat der koloniale Rassismus eine neue Ausdrucksform gefunden, indem eine fehlende historische Aufarbeitung des Kolonialismus sowie dessen Verschwinden aus der öffentlichen Diskussion (als Konsequenz der Niederlage des Faschismus und der Verurteilung des Holocaust) ab den 1980er Jahren auf das Massenphänomen der internationalen Migration trifft. Von den abwertenden Diskursen, die mit der wachsenden Zahl von Migrant_innen in Italien einsetzten, war es Ende der 1980er und Anfang der 1990er Jahre nur ein kleiner Schritt zu tatsächlicher rassistischer Gewalt: Alleine die Anwesenheit des kolonialen Anderen auf dem nationalen Territorium entzündete rasch die rassistische Aggressivität, die zuvor in Afrika zu beobachten war.

Dennoch betrafen die Prozesse des Race management keineswegs nur schwarze Migrant_innen; die Vormachtstellung der *weißen* Mehrheit gründet vielmehr in sehr viel komplexeren Prozessen der Segmentierung und Unterordnung von Arbeit. Davon waren in Italien, beginnend ab den 1990er Jahren, durchaus auch Arbeiter_innen erfasst, die aus Osteuropa kamen, obwohl viele von ihnen Bürger_innen von EU-Staaten waren und sind. 2008 wurde die Möglichkeit des Landesverweises von EU-Bürger_innen »aus zwingenden Gründen der öffentlichen Sicherheit« geschaffen; dies war Ergebnis einer Kriminalisierungskampagne, die nach Medienberichten über Rumän_innen einsetzte.

Darüber hinaus wurden die Migrant_innen in ihrer sozialen Position und in ihrer Position im Arbeitsleben durch eine entsprechende Gesetzgebung geschwächt (De Genova 2010). Man führte diskriminierende Prinzipien ein, durch die – wie in der kolonialen rassistischen Gesetzgebung – ein System in Kraft trat, das zwischen Bürger_innen einerseits sowie Migrant_innen andererseits unterscheidet. 1998 wurden »Zentren für einen vorübergehenden Aufenthalt (»Centri di Permanenza Temporanea«, heute »Zentren zur Identitätsfeststellung und Abschiebung«, »Centri di Identificazione e Espulsione«) geschaffen. Sie ermöglichten den Behörden die Inhaftnahme von Migrant_innen ohne Pass und zementierten so die Gleichung »Migrant = Krimineller«.

2002 wurde das Recht, sich in Italien niederzulassen, an einen Arbeitsvertrag gebunden; dies zwang etwa zwei Drittel der migrantischen Arbeiter_innen in die Illegalität. Zugleich hat das Race management auf diese Weise eine »diskrete« Nische der Produktion geschaffen, die die Prozesse der »differenzierenden Integration« (»inclusione differenziale«, Hardt/Negri 2000; Mezzadra 2001) als Bestandteil der Kontrolle heutiger Arbeitsmobilität deutlich macht. So legalisierte man 2009 den Aufenthalt von (überwiegend weiblichen) migrantischen Haushaltshilfen und Pflegekräften, dies war die politische Antwort auf die wachsende Nachfrage nach migrantischer Care-Arbeit – zugleich unterstrich es die Prozesse der Ethnisierung und Genderisierung von Care-Arbeit in Italien (Curcio 2011a).

Rassismus und die Krise

Im Italien der Krise, während der institutionelle und alltägliche Rassismus die Migrant_innen erfasst und immer mehr von ihnen in deregulierte Produktionssektoren zwingt (Angrisano 2010), kehren auch Logiken und Rhetoriken wieder, mit denen die regionalistische Partei Lega Nord schon in den 1980er und 1990er Jahren die noch immer präsente Rassialisierung der Süditaliener_innen rechtfertigte. Insbesondere zirkulieren im politischen Diskurs wieder Vorschläge und Maßnahmen, die die geschichtlichen Unterschiede zwischen Norditalien und Süditalien unterstreichen. Wenngleich diese Initiativen vorwiegend propagandistischer Art sind, tragen sie doch massiv zur Reproduktion der inneren Spaltung des Landes bei.

Die Lega Nord hat 2009 eine Absenkung der Löhne in Süditalien gefordert und mit den dort niedrigeren Lebenshaltungskosten begründet. 2011 hat sie gesetzliche Änderungen verlangt, mit denen die Zahl süditalienischer Lehrer_innen, die in Norditalien ihre Arbeit aufnehmen, deutlich reduziert würde. Dies ergänzend hat die Bildungsministerin Maria Stella Gelmini (Forza Italia) öffentlich geäußert, dass die süditalienischen Lehrer_innen schlechter ausgebildet seien als ihre Kolleg_innen aus dem Norden (Scrima 2008).

Im Bereich der Bildungspolitik findet heute eine für die Beziehungen zwischen Nord und Süd wesentliche Auseinandersetzung statt. Schon 2010 hat die Lega Nord einen Gesetzentwurf präsentiert, demzufolge das schulische Lehrpersonal auf der Basis regionaler Auswahlkriterien ausgewählt und eingesetzt werden sollte (Capussotti 2012). Ein wahres Schmuckstück hat 2012 die Monti-Regierung ausgearbeitet. Gemeint ist das Projekt »Messaggeri della conoscenza«, in dessen Rahmen im Ausland wohnhafte Wissenschaftler_innen befristet an Hochschulen in süditalienischen Regionen (Kampanien, Apulien, Kalabrien und Sizilien) beschäftigt werden sollen. Ziel dessen ist die Vermittlung von »exzellenten Unterrichts- und Forschungsmethoden« (Ministero dell'Istruzione, dell'Università e della Ricerca 2012) – als ob es in jenen Regionen keine Lehrenden und Wissenschaftler_innen auf der Höhe des nationalen und internationalen wissenschaftlichen Diskurses gebe.

In ähnlich abwertender und stigmatisierender Weise wird diskursiv ein administrativer Notstand im Mezzogiorno konstruiert, der ein Eingreifen der italienischen Regierung in lokale und regionale Belange geradezu notwendig mache. Die dahinterstehende Rhetorik hat historische Kontinuität. Sie behauptet eine Unfähigkeit des Mezzogiorno, lokale und regionale Angelegenheiten selbst zu regeln. Diese Rhetorik stellt ein Beispiel für die Governance-Formen dar, denen sich der Süden des Landes gegenübersieht (Amendola 2008: 26). Sie knüpft unmittelbar an die diskursiven Dispositive des Paradigma der »zwei Italien« an, wie sie nach der Einigung des Landes von Alfredo Niceforo und von einer positivistischen Anthropologie zur Rassialisierung der Einwohner_innen Süditaliens entwickelt wurden (Niceforo 1897, 1898, 1901). Jenes Paradigma unterscheidet zwischen einer *weißen* Bevölkerung »germanischen Ursprungs« im Norden und einer lateinisch-kaukasischen Bevölkerung mit »negroiden Einflüssen« im Süden. Es behauptet die politische Unreife letzterer und rechtfertigt damit »wissenschaftlich« die politische Unterordnung und die Ausbeutung im Arbeitsleben, der die Einwohner_innen des Mezzogiorno ausgesetzt sind.

Eine weitere, in vielerlei Hinsicht ähnliche Rhetorik der Unterordnung lässt sich im Kontext der Konstruktion eines »Schiffs-Anlandungs-Notstands« in Lampedusa beobachten. Diese sizilianische Insel ist ein Eingangstor der internationalen Migration nach Europa, die italienische Regierung greift hier in die Zuständigkeiten der regionalen Behörden ein (Gatta 2012). In ähnlicher Weise wird aktuell in Kampanien ein »Müll-Notstand« konstruiert, hier hat die italienische Regierung schon seit 1994 Befugnisse in Bereichen, die eigentlich lokale Zuständigkeiten sind (Festa 2012).

Diese Politik wird von einer Rhetorik begleitet, die Vorstellungen eines korrupten und familistischen Südens wieder aufwärmt; vorangetrieben durch Medienveröffentlichungen und Äußerungen bestimmter Institutionen. Kürzlich hat beispielsweise das Wirtschaftsministerium einen Werbefilm gegen Steuerhinterziehung verbreitet, der aus einer Aneinanderreihung von Parasiten besteht: Parasiten auf Wiederkäuern, Parasiten im Holz, Parasiten auf Hunden und so weiter. Diese Reihe endet schließlich mit dem gesellschaftlichen Parasit, mit dem Steuerhinterzieher. Dargestellt wird er als junger, eher ärmlicher, braunhaariger, untersetzter Mann, mit vollen Augenbrauen und schwarzen Koteletten – eine exakte Abbildung des rassialisierten Süditalieners.

Schlussbemerkungen

Die Prozesse des Race management im heutigen Italien der Krise zielen zum einen auf die Verletzbarkeit und Erpressbarkeit der migrantischen Arbeiter_innen, sie zielen auf deren soziale Kontrolle und Unterordnung am Arbeitsmarkt. Zum anderen ist Race management wesentlicher Bestandteil des Umgangs mit der wachsenden Arbeitslosigkeit und Prekarisierung insbesondere der jungen Arbeitnehmer_innen im Süden, wo die »reale« Arbeitslosigkeit 25 Prozent erreicht (Svimez 2012).

Der Mezzogiorno wird einmal mehr zum Reservoir für billige Arbeitskräfte; eine Region, in die man niedrig qualifizierte und schlecht entlohnte Produktion verlagert. Diese Möglichkeit nutzte beispielsweise eine große Call-Center-Gesellschaft, die kürzlich ihre gesamten Strukturen vom Latium nach Kalabrien verlegt und die Löhne um mehr als zwei Drittel gesenkt hat. Zugleich versorgt der Mezzogiorno den Norden des Landes wie auch das Ausland mit einer großen Zahl junger, gut ausgebildeter Arbeiter_innen (Cuccomarino/Pezzulli 2012): 2011 betrug die Zahl derer, die im Süden wohnen, aber in einer der mittel- oder norditalienischen Regionen arbeiten, etwa 140.000 (plus 4,3 Prozent gegenüber dem Vorjahr). Es sind vor allem Menschen unter 40 Jahren mit mittlerem Studienabschluss, die anspruchsvolle Berufe zu überwiegend prekären Bedingungen ausüben (Svimez 2012). Im Süden zu wohnen, wo – trotz der Schwierigkeiten durch die Krise – gewisse familiäre Strukturen sozialer Hilfe noch funktionieren, ist angesichts der hohen Lebenshaltungskosten in den Städten oft eine Notwendigkeit.

50.000 Menschen haben hingegen mit der Krise das Land verlassen und dadurch den Saldo aus Einwanderung und Auswanderung erstmals seit einigen Jahren wieder negativ werden lassen. Es sind immer hochqualifizierte, junge Menschen, die Arbeit jenseits der Grenzen suchen (Fondazione ISMU 2012) – dafür werden sie oftmals von den Universitäten bezuschusst, insbesondere von privaten (Consigliere 2012).

Vor dem Hintergrund jener Diskurse und Praktiken, die auf der hierarchisierenden Unterscheidung von Norditalien und Süditalien wie auch von Nordeuropa und Südeuropa bestehen, sind diese jungen, spezialisierten und qualifizierten Arbeiter_innen Prozessen der Dequalifizierung und der Herabsetzung unterworfen – mit der unmittelbaren Folge niedrigerer Gehälter, schlechterer sozialer Absicherung und reduzierter Rechte im Arbeitsverhältnis. Damit werden sie, gemeinsam mit internationalen Migrant_innen, zu Figuren in Prozessen des Race management. Es sind dies Prozesse, mit denen – in der aktuellen Phase der Neudefinition der Koordinatoren von Arbeit und Produktion in Europa im Zuge der Krise – die inner-europäische Arbeitsmobilität kontrolliert wird.[6] Genau hierin lässt sich mit einer gewissen Klarheit die unmittelbar materielle und strukturierende Dimension des gegenwärtigen Rassismus erkennen.

Quellenverzeichnis

Allen, Theodor W. 1997: The Invention of the White Race. The Origin of Racial Oppression in Anglo-America. London, New York.

Amendola, Adalgiso 2008: Il sud e la paranoia repressiva, la perpetua emergenza. In: Piperno, Franco (Hg.): Il vento del meriggio. Insorgenze urbane e postmodernità nel Mezzogiorno. Rom.

Angrisano, Nicola 2010: Gone With The Orange [Video]. In: Darkmatter journal 6 (2010). http://www.darkmatter101.org/site/2010/10/10/gone-with-the-orange-video/ (Zugriff: 3.3.13).

Balibar, Étienne 1991: Racism and Nationalism. In: Balibar, Étienne / Wallerstein, Immanuel (Hg.): Race, Nation Class: Ambiguous Identities. London. S. 37-67.

Capussotti, Enrica 2012: »Per i posti di lavoro al Nord siano preferiti i settentrionali«. Migrazioni interne, razzismo e inclusione differenziale nel secondo dopoguerra a Torino. In: Curcio, Anna / Mellino, Miguel (Hg.): La razza al lavoro. Rom. S. 123-140.

Consigliere, Irene 2012: Giovani e i lavori all'estero, il gap delle università. http://nuvola.corriere.it/2012/11/19/giovani-e-i-lavori-allestero-il-gap-delle-universita/, 19.11.12 (Zugriff: 4.2.13).

Crenshaw, Kimberlé / Gotanda, Neil / Peller, Garry / Thomas, Kendall (Hg.) 1995: Critical Race Theory. The Key Writings that formed the Movement. New York.

Cuccomarino, Carlo / Pezzulli, Francesco 2012: Tra Mirafiori e Bangalore. L'inchiesta politica nei call center calabresi. http://www.uninomade.org/tra-mirafiori-e-bangalore/, 13.12.12 (Zugriff: 3.3.13).

Curcio, Anna 2011a: La »razza« al lavoro. Confini e assemblagi del lavoro contemporaneo. In: Chicchi, Federico / Leonardi, Emanuele (Hg.): Lavoro in frantumi. Condizione precaria, nuovi conflitti e regime neoliberista. Verona.

Curcio, Anna 2011b: Il management della razza in Italia. In: Mondi Migranti 3 (2011). S. 91-121.

Curcio, Anna, 2012: L'invenzione della razza: credenza o mistificazione? In: Massari, Monica (Hg.): Attraverso lo specchio. Saggi in onore di Renate Siebert. Cosenza.

Curcio, Anna / Mellino, Miguel 2012: La razza al lavoro. Rileggere il razzsimo, ripensare l'antirazzismo in Italia. In: Curcio, Anna / Mellino, Miguel (Hg.): La

---

6   Zu den neuen Koordinatoren der Arbeit und der Produktion in der Krise siehe Fumagalli/Mezzadra 2009.

razza al lavoro. Rom. S. 7-36.

De Genova, Nicholas 2010: The Deportation Regime. Sovereignty, Space, and the Freedom of Movement. In: Peutz, Nathalie / De Genova, Nicholas: The Deportation Regime: Sovereignty, Space, and the Freedom of Movement. Durham. S. 33-65.

Del Boca, Angelo 1986: Gli italiani in Africa orientale. Band 3. Bari, Rom.

Du Bois, W.E.B. 1935: Black Reconstruction in America. New York.

Fanon, Frantz 1967: Razzismo e Cultura. In: Fanon, Frantz: Toward the African Revolution. Political Essays. New York.

Festa, Francesco 2012: Oltre l'emergenza. Pratiche, condotte ed esperienze di »comune« nel Sud Italia. http://uninomade.org/oltre-lemergenza-pratiche-condotte-comune-nel-sud-italia/, 3.7.12 (Zugriff: 25.10.12).

Fondazione ISMU 2012: Diciottesimo rapporto sulle migrazioni. Milano.

Fumagalli, Andrea / Mezzadra, Sandro (Hg.) 2009: La crisi dell'economia globale. Mercati finanziari, lotte sociali e nuovi scenari politici. Verona.

Gatta, Gianluca 2012: Una Lega sotto la Padania. La razza nel discorso leghista lampedusano. In: Curcio, Anna / Mellino Miguel (Hg.): La razza al lavoro. Rom. S. 141-156.

Hardt, Michael / Negri, Antonio 2000: Empire. Cambridge.

Mezzadra, Sandro 2001: Diritto di fuga. Migrazioni, cittadinanza, globalizzazione. Verona.

Mezzadra, Sandro 2008: La condizione postcoloniale. Storia e politica nel mondo globale. Verona.

Ministero dell'Istruzione, dell'Università e della Ricerca 2012: Decreto Direttoriale n. 567. http://attiministeriali.miur.it/anno-2012/settembre/dd-21092012.aspx, 21.9.12 (Zugriff: 4.2.13).

Moe, Nelson 2002: The View from Vesuvius: Italian Culture and the Southern Question. Berkeley.

Niceforo, Alfredo 1897: La delinquenza in Sardegna. Palermo.

Niceforo, Alfredo 1898: L'Italia barbara contemporanea (studi e appunti). Palermo.

Niceforo, Alfredo 1901: Italiani del nord e italiani del sud. Turin.

Rampini, Federico 2012: Austerità, contagio greco e allarme Regioni le sei cause della tempesta perfetta. In: La Repubblica, 24.7.12.

Repubblica.it 2012: Napolitano: »Non siamo la Grecia – i partiti non mineranno il governo«. http://www.repubblica.it/politica/2012/02/11/news/napolitano_non_siamo_la_grecia_nessuna_alternativa_ai_sacrifici-29696879/, 11.2.12 (Zugriff: 25.10.12).

Robinson, Cedric 1993: Black Marxism. The Making of the Black Radical Tradition, Chapel Hill.

Roediger, David 1996: The Wages of Whiteness: Race and the Making of the American Working Class. London, New York.

Roediger, David 2008: How Race Survived US History: From Settlement and Slavery to the Obama Phenomenon. London.

Schlamp, Hans-Jürgen 2012: Corruption and Nepotism Haunt Southern Europe. http://www.spiegel.de/international/europe/southern-europe-plagued-by-corruption-and-political-mismanagement-a-847229.html, 30.7.12 (Zugriff: 25.10.2012).

Scrima, Francesco (2008): Il Ministro Gelmini e gli insegnanti del Sud. www.cislscuola.it/node/18066, 24.8.08 (Zugriff: 11.12.12).

Snowden, Frank M. 2008: La conquista della malaria. Una modernizzazione italiana 1900-1962. Turin.

Svimez 2012: Rapporto SVIMEZ 2012 sull'economia del Mezzogiorno. Rom.

Umberto Bettarini / Alessandro Capelli / Davide Schmid

The new Italian populism
Social exclusion, technocratic rhetoric and the new »social« movements

For the past decade or so, the perception has become established that »Italy is not a normal country« (Andrews 2005). The apparent anomaly represented by Silvio Berlusconi, with its compendium of judicial vicissitudes, folkloristic gossip and political misdoings, was observed all around Europe with a mix of incredulity, amusement and disapproval. The task of engaging in sophisticated interpretations of this apparently bizarre political phenomenon has since been taken on by a plethora of authors, journalists and commentators and we do not feel we have much to add to that discussion. What we wish to do, rather, is to insert Berlusconi and the populist era he led in a broader historical context, stretching from the 1990s to the recent post-crisis phenomena of technocratic rule and populist opposition. We interpret the economic crisis of these past years not as a factor of radical rupture, but rather as an amplifier of already existing political dynamics. Our aim is to explore and describe some of these underlying processes, by exposing the elements of continuity within the discursive and ideological devices employed by political actors as diverse as Beppe Grillo's »Movimento 5 Stelle« and Mario Monti's technocratic government.

Whilst by no means attempting to merge together political phenomena that do have important distinctions, we merely hope to embed Italy's »populist anomaly« in a wider political-institutional analysis and provide a preliminary description of its present political forms.

Populism and social exclusion

Populism is a »slippery« concept, difficult to define in precise analytical terms. This is due to the fact that, in Taggart's words, »[i]t lacks distinguishing features that make it more apprehensible« (Taggart 2000: 2). If a definition has to be attempted, we believe it should focus on the idea of »the people« that it postulates. In populist rhetoric, the notion of »the people« is constituted as a unitary, organic body of a quasi-mystical nature, »a subject that is not rational, but rather assumed or apodictically postulated« (Bobbio/Matteucci/Pasquino 2004: 735). Its homogeneity is achieved by externalising any trait or characteristic that does not fit in this artificial entity: ethnic, religious and political minorities are all potentially subjected to a process of social exclusion. They are portrayed as foreign bodies, dangerous for the unity of the people and therefore less worthy of social protection. This monolithic representation of »the people«, furthermore, obfuscates class difference and antagonistic material interests in favour of a narrative of a harmonious social body under exogenous threat. By denying the existence of contradictions among the people, all organisations and movements representing labour as well as social minorities are delegitimised and portrayed as divisive, disaggregating actors, much to the advantage of the ruling sections of society. The same happens with regards to all those norms and intermediary bodies that stand between »the people« and the execution of their will. Constitutional norms of representation, tutelages of minorities and bodies of political mediation are to be disposed of and the »vox populi« expressed through one channel only: that of the leader.

As a public figure, the leader emphasises the immediate connection with his followers, rejecting the mediation of complex party structures or political associations (Capelli 2010: 62). The leader, moreover, does not typically emerge from the political cadre or any traditional political organisation, a fact that is forcefully used to emphasise his/her differentiation from what is perceived as a sluggish, inefficient and perverted political class.

This introduces a final element often connected to populist rhetoric, that of »anti-politics«. As a discursive register, anti-politics is built on a dichotomy between the new actors embodying the will of »the people« and the traditional political forces representing »the establishment«. The entirety of the political system is thereby constituted discursively as a »rotten« body. This way, as Campus argues, »[t]he language of anti-politics induces the individual citizen to identify himself with a larger group of people that is being ignored, when not outright damaged, by the ruling elite« (Campus 2006: 23).

Italian politics in the years of the great transformation

The impact of populism in Italian republican politics had been fairly limited until the start of the 1990s, when the political system entered a phase of profound crisis and radical transformation. The immediate cause for the crisis was the convergence in the spring of 1992 of three dramatic events: the start of an open offensive of the Mafia against the state, the outburst of the »Tangentopoli« corruption scandal and the currency crisis. From a wider historical point of view, the political crisis was an expression of the profound structural transformations that were taking place in the entire Western world in terms of modes of production and cultural paradigms.

In those years, Italy experienced a substantial weakening of heavy industry in favour of extended networks of small and medium enterprises (SME). Today, 94,3 per cent of Italian enterprises employs fewer than 10 workers. 47 per cent of all employees are employed by an SME, making Italy the country with the highest percentage of micro-enterprises in Europe (Eurostat). This process of fragmentation of the centres of production is characteristic of the transition to a post-fordist, service-sector economy and creates a spatial dispersion of the working class by removing its central site of aggregation: the big industrial factory. The atomisation of the labour force, furthermore, creates the basis of what has recently been described as »class de-composition«, i.e. a process of destruction of a collective identity based on a common social positioning (Bologna/Fumagalli 1997). These processes of social and economic transformation were certainly not unique to Italy. It is however there that they emerged most visibly on the political level.

In the history of Italian post-war politics, the working class movement had played a fundamental role in the maturation of the infrastructure of democracy. The collective organisation of labour was manifested in enduring trade unions, the most prominent and influential Communist Party of the Western world, as well as in a broad tradition of extra-parliamentary social movements. The working class movement, furthermore, had been the principal driver behind a cascade of popular festivals, political publications, cultural initiatives and civil associations, all of which played a major role in the development of the sort of collective rituality that has always represented an important factor of social integration (Sennet 1998). The gradual weakening of these networks of social organisation from the 1980s onwards meant that a significant part of the population had less or no access to robust cultural reference points. Although disenchanted and dissatisfied with the status quo, it largely lost the capacity to focus its energies in the struggle for political and social rights.

On the right side of the political spectrum, the party that had remained the undisputed protagonist of institutional politics for the entirety of Italian republican history – the »Christian Democracy« (DC) – was completely eliminated from the political arena in a matter of months. A centrist party that had traditionally represented the interests of the middle and bourgeois class, the DC had managed to remain in power for almost 50 years thanks in part to its ability to interpret the general shifts in society and open up, when necessary, even to centre-left political allies. It therefore retained at least some sensitivity for social welfare issues, albeit in a familistic form. In 1992, however, the party was irreparably damaged by the political scandal of »Tangentopoli«, which exposed a widespread and intricate web of corruption entangling both the DC and its major ally at the time, the Socialist Party.

This sudden trauma generated a process of political recomposition of the entrepreneurial class. Taking advantage of the void left empty by the death of the DC and the erosion of the working class movement, it moved to regain the ground lost during the period of great political reforms in the 1970s under the aegis of a new political-economical paradigm, that of neoliberalism. Obscured behind a veil of value-neutral, technical knowledge, the »post-ideological ideology« of neoliberalism soon established itself not as one form of political discourse among many, but as the only remaining one. The practice of Politics, the encounter of conflicting preferences, was decisively portrayed as a relic of the past, inefficient and wasteful. The long-standing right-left struggle was declared redundant, governing reduced to a merely administrative function. Democracy itself was weakened, made into an instrument of selection and periodic »refresh« of the institutional cadre. The political lexicon was transformed, with concepts such as »merit« and the economic categories of neo-classical economics being employed to justify worsening social inequality.

The dominant political narrative described class struggle as a thing of the past, as over. This was a deliberate conceit. In fact the class struggle was fervent, as the ruling class launched a slow but unrelenting attack to win back the privileges of the past. A »[c]lass struggle after class struggle«, as Gallino referred to it (Gallino 2011: 12). In the political age that followed, known from the point of view of the political left as the »great leap backwards« (Halimi 2004), all the major social conquests of the previous three decades were put in question and the political balance of power redrawn. It is in this context that a relatively new phenomenon made its entry in the Italian political landscape: that of populism.

The »second republic« and the rise of populism

At the start of the 1990s, the political space had opened up for a new political phenomenon to emerge and a new political cadre to assert itself through an aggressive use of populist rhetoric.

The media-centric populism of Silvio Berlusconi and the discriminatory populism of Umberto Bossi, leader of the secessionist »Lega Nord« (»Northern League«), were bound by a particular synergy which was to dictate public debate for almost two decades. The Lega Nord in particular fed from a whole set of populist tropes: the unity of the people – in this case those of northern Italy – counterposed to the economic parasitism of the south; the loss of traditional values in the face of globalisation; the focus on immigration as a source of social instability.

The affirmation of these two political actors effectively marked a new phase in Italian democracy, a »Second Republic« which closely resembled Colin Crouch's »Post-democracy« (Crouch 2004). In this phase, populism moved to supplant intermediary political bodies as the main vehicle of opinion formation. The »sacred democratic rituality« itself was never put in question, but the meaning of democracy was redefined semantically, reduced to a merely procedural thing, in which governments hold a »passive popular legitimacy« (Salvadori 2009: 3-4) and the role of the citizenship is confined to the casting of the electoral vote.

When the 2008 financial crisis struck, the political system of the »Second Republic« was already showing signs of serious distress. Public debate was almost completely centred on the personal figure of Silvio Berlusconi, supporters and critics frequently waging their battle on ethical, rather than properly political grounds. When the consequences of the economic crisis became apparent, the inconsistency, demagogy, and superficiality of the policy responses prompted by the Berlusconi government soon became evident, as did the lack of any evident alternative on the political left. In the spring of 2011, Berlusconi's odyssey came to what appeared to be a definitive end. It did so, however, not on the wave of popular protest, but rather due to the mounting pressure exercised by financial markets and European economic institutions.

The rise of the technocrats

On November 12th, 2011, shortly after the resignation of Berlusconi, former university rector Mario Monti was called by the President of the Republic, Giorgio Napolitano, to form an emergency »government of national commitment«. Monti, who himself had never held political office, selected his ministers amongst the highest echelons of the academic, financial and economic elite. In parliament, Monti benefited from wide bipartisan support. Public opinion polls for the newly instituted government were also extremely favourable, if only because the sober and placid style of its members provided a much-needed break from the vulgarities and scandals of the Berlusconi era. The widespread disenchantment with regards to the ability of the traditional political class to lead the country out of the economic turmoil ultimately resulted in a complete delegation of the democratic function of government to the economic and financial elites. Populism, however, was all but banished from this new political phase. On the one hand, the anti-political and demagogic rhetoric that characterised large parts of the anti-Berlusconi opposition outlived the fall of its villain. On the other, a close analysis of the rhetorical devices employed by the Monti government itself reveals a set of interesting points of contact between the political phenomena of populism and technocracy.

Technocracy, of course, appears at first glance to represent a clear alternative to populism. The overall narrative, however, presents curious similarities. As was the case with Berlusconi's entry into the political arena in 1994, the »strong man« Monti accepted the task of reforming a corrupt and wrecked system and guiding the country out of a period of crisis almost as a personal sacrifice. The ensuing political relationship was in both cases a triangular one – President, media and the spectators of democracy – and one in which political parties were required to stay out of. Although the specific features of this relationship are different – Monti's attitude being one of detached, stern fatherhood rather than typical populist leadership – anti-politics remained in both cases the focal point around which political discourse and communication strategies were built.

Public policy in the age of technocratic rule assumed a post-ideological veil. Ultimately, it expressed a neoliberal perspective. The government of the »professors« deployed a haughty and cold style of communication, clearly distancing itself from the litigious and unrefined manner of its predecessors. In its interaction with other political forces, such as trade unions and popular movements, the government attempted to reinforce an image of being open and available to negotiate. In most cases, however, this was only cosmetic, as the final outcome of debate was already set and every attempt at serious criticism was condemned as ideological and an attempt to a return to the discredited ways of the past. What took hold is thus a logic of unavoidability, according to which everything must comply to the demands of financial markets and super-national economic institutions and little margin of action is left for the political and social opposition.

The cuts in public spending and increases in indirect taxation following from this contention took the form of a general transverse attack on the lower and middle classes and all those sections of society least well equipped to effectively compete in the global market. Employing the rhetoric of merit, the government suggested that inequalities are the result of individuals not being willing to make the necessary sacrifices, work hard and succeed in life. The weak, in this narrative, are ultimately responsible for their own misery.

In light of this political conception, no space was left for the tutelage of disadvantaged social groups. The unemployment rate among the young (15 to 24 year olds) continued to grow and in the first trimester of 2012 touched its historical peak at 35,9 per cent (Istituto nazionale di statistica). Even when young people do find a job, this is generally temporary and with precarious terms and conditions. A similar fate confronts many workers over 55, who have to face the combined challenge of the elevation of the retirement age and the reduction of »social shock absorbers«. Comparable difficulties afflict other sections of the labour market, such as women, small entrepreneurs, and in general all those sections of society structurally most exposed to the effects of the crisis.

The response to technocracy: new populisms emerge

If technocracy is a product of the crisis of Italian populism and its inability to respond to the challenges of the economic downturn, the most visible forms of dissent and resistance to emerge against the policies of the Monti government continued themselves to be of a populist nature. We focus here on two manifestations of this: the »Movimento 5 Stelle« (M5S) and »Imprese che resistono« (ICR).

The »Movimento 5 Stelle«, led by the comedian and prominent public figure Beppe Grillo, has managed to skilfully combine a strong anti-party rhetoric with other diverse »post-materialist« (Inglehart 1987) demands concerning issues such as new technologies, environmental degradation and internet-based direct democracy.

In its infancy, the M5S consisted in an informal network of locally active groups that mobilised themselves mostly for extemporary, large scope public initiatives and campaigns aimed against the party system. The regional elections of 2010, however, marked the start of a new phase for the Movement, as it decided to take a more organised form and to take part in elections. In just a few months the M5S was transformed into a national political structure with a growing number of followers. Electoral successes won the Movement several representatives in local and regional assemblies, as well as victory in important municipality elections, such as Parma. Ever since, the Movement has continued to grow at an exceptional rate.

The general election in the spring of 2013 was arguably a further turning point for the Movement, as it secured more than 25 per cent of the votes. Moreover, as the elections did not produce a clear majority in the Senate, the Movement will likely play an important role in the negotiations to form a new government.

Given the fluid and inscrutable nature of the contemporary political landscape in Italy, any attempt at formulating precise predictions concerning the future of the Movement is bound to be highly problematic. What we wish to do instead is provide a closer analysis of the internal contradictions characterising Grillo's Movement, referring, in particular, to the issue of the political programme as well as the question of organisation and internal decision-making.

Formulating a unified and coherent national political programme has been one of the most difficult problems for Grillo to tackle. The grassroots origin of the Movement meant that beyond the commonplace anti-system rhetoric and repeated reference to the widely recognised and charismatic leader, disparate local groups were until recently subjected to little national coordination, and therefore they developed locally in sometimes surprisingly divergent directions. On the whole, the M5S expresses a remarkable heterogeneity of political demands, some deriving from the political history of the left, others relating to different cultural and ideological traditions (Giannuli 2012). Typically, progressive themes like campaigns for public water and sustainable development and a stark anti-establishment aesthetic are accompanied by vivid pronouncements against immigrants (La Repubblica 2007).

This element of indeterminacy concerning the exact political position of the Movement – typical of »catch-all parties« – could in time create rifts inside the support base, as growing institutional responsibilities will require the Movement to specify its position on a number of controversial issues. At the same time, the M5S will have to institute rules and decision-making mechanisms while developing some form of internal democracy. The legal statute of the Movement currently grants Grillo an unlimited power of leadership, while failing to cede any form of democratic procedure at either the central or local level. With demands for a radical redefinition of the organisational structure becoming ever louder, it is hard to see how the M5S can maintain its current levels of support without tackling these fundamental problems.

The second phenomenon of populist response to the crisis that we wish to address is that of the »Imprese che resistono« Movement. Certainly less widespread than the M5S, this network of entrepreneurs that recently formed in northern Italy presents some interesting characteristics. Proclaiming its independence from all political forces, ICR states as its mission the protection of small enterprises and of the labour force that is employed there. A strong emphasis is put on the notion that SMEs, which constitute the true economic backbone of the country, have for years been subjected to excessive regulations, disproportionate fiscal pressure and exasperating bureaucratic burdens, while being left entirely on their own to face an increasingly fierce global competition. The Movement is therefore united in the denunciation of the inefficiencies of politics, of its corruption and its incompetence.

Interestingly, many of the key demands put forward by the ICR Movement had previously been put forward by the »Northern League« (Lega Nord), the separatist populist party of Umberto Bossi. The League had been in a coalition government with Berlusconi for three years when, in 2011, a series of scandals hit the leadership and the bond of trust between small enterprises and the »Lega« effectively broke down. The rise of ICR, in this sense, is undoubtedly related to fall of the Northern League, the new movement mobilising the discontent of parts of the Lega's former support base. At the same time, however, the ideology and rhetoric of »Imprese che resistono« present some intriguing particularities that make it something different from a mere successor of Bossi's party. First of all, the Movement explicitly refuses to take part in institutional politics, emphasising the autonomy of enterprises from party politics. Secondly, the discourse of ICR represents in many ways a novel combination of political demands. While resentment against institutions in Rome still plays a significant role, xenophobia – an important part of the League's rhetorical paraphernalia – is largely absent from the Movement's rhetoric. The network, moreover, distances itself from both the anti-union propaganda of the right and the anti-bank language of the left, preferring to focus on an anti-political and anti-state discourse instead.

There are some parallels that can be drawn between the »Movimento 5 Stelle« and »Imprese che resistono«. Although different in size and orientation, both share a certain fluidity of political demands, the lack of a clear ideological position and the rejection of traditional concepts of representation. All of these elements create social exclusion in both indirect and direct ways. Indirectly, they participate in shaping public debate in a way that translates socio-economic grievances and conflicts that are systemic in nature into a moral, personalistic confrontation with the political cadre. Popular discontent is thereby diverted away from the specific policies that are being enacted – and the political and economic vision that underlies them – and directed against the inadequacy and inefficiency of the political class as a whole. Thus, politics is under attack not so much because of the decisions it takes, but for the amoral behavior it engages in, the privileges it enjoys and its general slowness and inefficiency. While legitimate, a critique that focuses exclusively on this superficial level undermines the development of a movement of opposition able to grasp politics in its totality. Populism, in this sense, represents a factor of conservation in society by means of its very rhetoric of absolute change.

In a more direct way, the programmatic declarations of these populist movements often coalesce into veritable calls for exclusionary political practices. For the M5S, this takes the form of a caustic criticism against trade unions in the name of a vaguely defined »third way« – a sort of corporatistic approach to industrial relations. Like all forms of political organisation, trade unions are seen as representing nothing more than divisionary, bureaucratic bodies that divide the people, protect vested interest and shackle individuals.

ICR's calls for action, on the other hand, include »fiscal strikes«, a form of voluntary tax evasion that implicitly rejects the principle of the redistribution of wealth through the state.

Finally, both ICR and the M5S are opposed to the free movement of individuals and share a euro-sceptic sentiment (Corriere della Sera 2012). The EU is described as nothing but a technocratic body, distant from the interest of the citizenship and entirely subdued to the interest of the banks. This legitimate critique of the severe deficiencies of the European project, however, leads to an all out rejection of any idea of trans-European solidarity. By advocating a »chauvinist« vision of counter-posed national interests, populism also mitigates against any attempt to build networks of the exploited and discriminated across the national boundaries.

Conclusion

Populism and technocracy coexist today in Italy. They present distinctive features and often face each other in the political arena, and yet their genealogy and the discursive devices they employ are very much intertwined. In this sense, the most troubling aspect of contemporary Italian public debate is the pervasiveness of the anti-political trope. The growing dissatisfaction with the political class, which appears mostly interested in reproducing itself indefinitely and preserving the privileges of the past, is thereby channelled into political forms that further obscure the divisions within society, rather than shedding new light on them. Social conflict is thereby curbed and muted, its potentially progressive thrust stemmed by a sterile rhetoric of superficial change of the political class. Through populist social exclusion on the one hand and the technocratic rhetoric of »we're all in it together« on the other, new political subjectivities are effectively prevented from making their appearance. To use Antonio Gramsci's words, then, »[t]he crisis consists precisely in the fact that the old is dying and the new cannot be born; in this interregnum a great variety of morbid symptoms appear« (Gramsci 1971 : 276).

Quellenverzeichnis

Andrews, Geoff 2005: Not a normal country. Italy after Berlusconi. London.
Bobbio, Norberto / Matteucci, Nicola / Pasquino, Gianfranco 2004: Il dizionario di politica. Turin.
Bologna, Sergio / Fumagalli, Andrea 1997: Il lavoro autonomo di seconda generazione. Mailand.
Campus, Donatella 2006: L'antipolitica al governo. De Gaulle, Reagan, Berlusconi. Bologna.
Capelli, Alessandro 2010: Contro il populismo dell'Italia contemporanea. In: Gli

argomenti umani 12 (2010). S. 61-73.

Corriere della Sera 2012: Grillo attacca i sindacati, 22.12.12.

Crouch, Collin 2004: Post-Democracy. Oxford.

Esping-Andersen, Gosta 1990: The three worlds of welfare capitalism. Princeton.

Gallino, Luciano 2011: La lotta di classe dopo la lotta di classe. Bari.

Giannuli, Aldo Sabino 2012: Il movimento a cinque stelle ed il punto di confusion. http://www.aldogiannuli.it/2012/05/il-movimento-5-stelle-e-punto-di-confusione/, 6.5.12 (Zugriff: 13.10.12).

Gramsci, Antonio 1971: Selections from the Prison Notebooks. London.

Halimi, Serge 2004: Le Grand Bond en arrière. Paris.

Inglehart, Ronald 1987: Value change in industrial societies. In: American Political Sciences Review 81 (4). S. 1289-1319.

La Repubblica 2007: Grillo:»I rom sono una bomba a tempo. Sconsacrati dai politici i confini della Patria«, 5.10.07.

Salvadori, Michele 2009: Democrazia senza democrazia. Rom, Bari.

Sennet, Richard 1998: The Corrosion of Character. The Personal Consequences of Work in the New Capitalism. New York.

Taggart, Paul 2002: Il populismo. Troina.

Frank Eckardt

Verhärtung der Ausschlüsse
Die Niederlande in der Krise

Die Niederlande galten einst als Beispiel dafür, wie man trotz wirtschaftlicher Globalisierung einen Wohlfahrtsstaat aufrechterhalten und eine multikulturelle Gesellschaft tolerant gestalten kann. Bis zum kometenhaften Aufstieg des Rechtspopulisten Pim Fortuyn (Veer 2006) und seiner Ermordung im Jahr 2001 schien das Land die Quadratur des Kreises gefunden zu haben. Dann folgte ein Jahrzehnt der politischen und moralischen Instabilität mit einem schier unendlich wachsenden Rechtspopulismus, der bis zu den letzten Parlamentswahlen unaufhaltsam und das Regierungsgeschehen und die öffentliche Debatte zu dominieren schien. Mit den letzten Wahlen im September 2012 scheint der Spuk vorläufig ein Ende zu haben, einigten sich doch Rechtsliberale (VVD) und die sozialdemokratische Arbeitspartei (PvdA) auf eine Koalition.

Und doch ist der rechtspopulistische Spuk nur oberflächlich betrachtet vorbei. So soll im Folgenden dargestellt werden, dass – und wie – die niederländische Wahrnehmung der Euro-Krise, das eigene nationale Selbstverständnis und die damit einhergehenden Ausschlüsse von Minderheiten, insbesondere MuslimInnen, tiefgreifende Einflüsse auf die niederländische Politik und Gesellschaft haben. Hierbei ist die leitende These, dass der zu beobachtende Rechtsruck der Niederlande seit dem Jahr 2001 als eine Folge veränderter, »flexiblerer« und damit prekärer Arbeits- und Lebensbedingungen anzusehen ist.

Der Artikel greift dabei eine umgangssprachliche Deutung dieser Veränderungen auf, die von einer Verhärtung der Beziehungen zwischen den Menschen im Allgemeinen ausgeht. Dieser Diskurs ist in den Niederlanden weit verbreitet und zielt keineswegs nur auf den engen Kern der PopulistInnen und ihrer AnhängerInnen. Mit dem Begriff der Verhärtung ist vielmehr ein umfassender gesellschaftlicher Paradigmenwechsel gemeint, der aus der Mitte der Gesellschaft schon seit den 1980er Jahren von den GewinnerInnen des Gesellschaftswandels, nämlich von der hochqualifizierten Mittelschicht und überproportional von rechtsliberalen WählerInnen, propagiert und in den 2000er Jahren von allen Schichten, auch den MigrantInnen, mitgetragen wurde. Die niederländische Kultur, die bis dahin durch einen ethischen Pragmatismus gekennzeichnet war, der vor allem in einer liberalen Drogen-, Sozial- und Minderheitenpolitik zum Ausdruck kam und der als »Duldungspolitik« (»gedogdenbeleid«) weltweit einzigartig war, ist von einer allgemeinen, aber umfassenden Philosophie der Rigidität abgelöst worden. Im Unterschied zu anderen populistischen Gesellschafts-Transformationen ist dies aus Sicht des Autors aber nicht mit einer extremen oder rechts- nationalistischen Ideologie verknüpft geschehen. Im Gegenteil, erst die deutliche Abgrenzung von rechts-nationalen Klängen oder gar von Verklärungen der Zeit des Nationalsozialismus hat diesen Paradigmenwechsel eingeleitet (Eckardt 2003).

Der Krisenvorlauf

Mit dem sowohl von der deutschen Sozialdemokratie als auch von Grünen und Konservativen gelobten »Poldermodell«[1] gelang es, die Niederlande global wettbewerbsfähig zu machen. Die damit einhergehende Flexibilisierung des Arbeitsmarkts war aufgrund der Abnahme der überdurchschnittlich hohen Arbeitslosigkeit von der Bevölkerung toleriert worden. Auch die so genannte »lila« Koalition unter Führung der Sozialdemokratie und unter Beteiligung der Rechts- und Linksliberalen änderte deshalb an diesen durch Lohnverzicht und Prekarisierung des Arbeitsmarkts erzielten Wettbewerbseffekten nichts. Zum Credo des Poldermodells gehörte auch die fiskalpolitische Devise, wonach nur Gelder ausgegeben werden dürfen, die anderswo eingenommen werden. Austeritätspolitik und Globalisierung galten als Voraussetzung für eine erfolgreiche Arbeitsmarktpolitik; eine deutliche Pro-Euro-Politik sowie eine weitergehende Europa-Integration wurden wiederum als notwendige Voraussetzungen hierfür gesehen. In dieser Hinsicht sind die Niederlande sogar »deutscher« als Deutschland selbst, da es die Maastricht-Kriterien wie kein anderes Land ernst genommen und tatsächlich auch realisiert hat.

Zweifelsohne hat sich diese Pro-Euro-Politik für die Niederlande insgesamt ökonomisch ausgezahlt. Das Land hat mit seiner Transit- und Dienstleistungswirtschaft vom positiven Urteil der globalen Wirtschafts- und FinanzmarktakteurInnen profitiert. Dies hat zu einer großen Immobiliennachfrage durch europaweit tätige Unternehmen geführt, was spektakuläre Bauvorhaben (wie etwa die »Maasvlakte 2« im Rotterdamer Hafen) zur Folge hatte. Ein nicht unerheblicher Nebeneffekt, der aber auch durch einen nach wie vor verhältnismäßig hohen Geburtenüberschuss demographisch verstärkt wird, war ein enormer Anstieg der Immobilienpreise. Durch Weiterverkauf des Wohneigentums erlebten große Teile der Bevölkerung in den 1990er und

---

1 Das Poldermodell hat es de facto nie als eine bewusst eingeleitete Politikveränderung im Sinne einer »Agenda 2010« gegeben. Teilweise wurde dieses Etikett von externen Beobachtern und ex post für Bündel von unterschiedlichen und teilweise widersprüchlichen Reformen vergeben. Zumeist wird verkürzt auf den so genannten Vertrag von Wassenaar (1992) verwiesen, der die korporative Zusammenarbeit von Arbeitgeberseite, Gewerkschaften und einem unabhängigen Wirtschaftsrat fokussiert.

2000er Jahren einen sozialen Aufstieg, der die negativen Seiten des Polder-modells zu kompensieren schien.

Allerdings war das Poldermodell im Ergebnis eben nicht für alle Bevöl-kerungsteile segensreich. Dies manifestierte sich augenscheinlich auf dem Wohnungsmarkt und in den Großstädten. Wohneigentum hat in den Nieder-landen einen hohen Stellenwert und gilt als Norm. Mietverhältnisse in einem privaten Wohnungssektor, wie er in Deutschland besteht, sind im Grunde unbekannt. Daher gibt es auf dem Wohnungsmarkt eine Zwei-Drittel-Gesellschaft: Ein Drittel der Bevölkerung ist auf sozialen Wohnungsbau an-gewiesen, der sich in den weniger bevorzugten Wohngegenden konzentriert. Nachgefragt werden diese Wohnungen von denjenigen, die die Schattenseiten der Restrukturierung der Arbeitswelt zu verkraften hatten – Schattenseiten wie etwa verhältnismäßig niedrige Löhne, Unsicherheit, Leiharbeit und höhere Abgaben.

Politisch machte sich diese gesellschaftliche Ungleichverteilung der Lebens- und Arbeitsmarktchancen durch eine Neuorganisation der Parteienlandschaft bemerkbar. Etwas vereinfachend kann man sagen, dass die Rechtsliberalen (VVD) als die Partei anzusehen sind, die – unter Frits Bolkestein – all jene vertritt, die von der neoliberalen Anpassungspolitik profitieren und es sich in ihren neuerworbenen Eigenheimen außerhalb der ungeliebten Großstädte gemütlich machen wollen. Beispielgebend dafür sind frühe lokale Mehrheiten in Satellitenstädten wie Almere, von denen aus man in die Büros der Amster-damer Südstadt pendelt.

Die Euro-Krise

Die Rechtsliberalen haben allerdings eine ambivalente Haltung zu Europa bzw. den Institutionen der Europäischen Union (EU), die sie bei Privatisie-rungen und Flexibilisierungen von jeher als zu wenig »konsequent« ansehen. In diese Logik gehört auch eine »strenge« rechtsliberale Sozialpolitik, die dem Fördern und Fordern der deutschen Agenda 2010 sehr ähnlich ist. Mit einer europakritischen Haltung kann die VVD bis heute jene Wählergruppen an sich binden, die aktuell die Ursache der vermeintlichen Überschuldung südeuropäischer Staaten in einer Kuschelpolitik »Brüssels« sehen, das diesen Ländern in den Jahren seit der Euro-Einführung zu viel durchgehen gelassen habe. Aus rechtsliberaler Sicht sollten Länder wie Griechenland nicht Wohl-taten auf Kosten anderer – sprich: auf Kosten der Niederlande – verteilen dürfen. Dessen ungeachtet hat sich Ministerpräsident Mark Rutte (VVD) vehement für den Verbleib Griechenlands in der Euro-Zone eingesetzt, wobei er allerdings nur an das niederländische Eigeninteresse appelliert, wonach für die Niederlande andere Lösungen wirtschaftlich ungünstiger ausfallen würden Wie die deutsche Bundesregierung auch, stellte er sich 2012 zunächst gegen ein weiteres Hilfspaket für Athen.

Aus Sicht des Populisten Geert Wilders, der von 2010 bis 2012 eine Minderheitsregierung der Rechtsliberalen tolerierte und durch das Entziehen seiner Unterstützung für den Staatshaushalt 2012 schließlich Neuwahlen erzwang, hat Rutte schon viel zu viel für »die Griechen« bezahlt: »Rutte hat die Sichtweise eines Straußvogel, das Rückgrat einer Muschel und die Verlässlichkeit von Pinocchio«, sagte er in der dritten Fernsehdebatte vor den Wahlen. Wilders strebt den Austritt der Niederlande aus der EU an. Sein Kalkül, dass er nun mit seiner Radikalopposition gegen die EU-Mitgliedschaft in Zeiten der Euro-Krise die Mehrheit der Stimmen erreichen würde, schlug aber fehl.

Europakritisch hat auch die linke Socialistische Partij (SP) auf die Euro-Krise reagiert. Sie blies aber nicht in das gleiche »Raus-aus-der-EU«-Horn, sondern forderte eine radikal andere, nämlich nicht-neoliberale Wirtschafts- und Sozialpolitik in Europa ein. Nach dem Verkünden der Neuwahlen sah es lange so aus, als ob die SP mit einer linken Fundamentalkritik jenseits der sozialdemokratischen PvdA stärkste Kraft im Land werden könnte. Sogar ein sozialistischer Ministerpräsident schien erstmals möglich.

Doch weder für die SP noch für Wilders ging die Rechnung am Ende auf. Die WählerInnen entschieden sich für eine gemäßigte und Stabilität versprechende Politik. Zugewinne erzielten vor allem die Rechtsliberalen und die Sozialdemokratie. Ende Oktober 2012 einigten sich diese beiden Parteien auf die Bildung einer neuen Regierung.

Strategische Normalität

Nach gut einem Jahrzehnt der überpolitisierten und verhärteten öffentlichen Diskussionen kam es in den Niederlanden also paradoxerweise zu einer strategischen Normalisierung inmitten einer europaweiten, tiefgreifenden ökonomischen Krise. Damit sind die Niederlande keinesfalls eine Ausnahme. Die NiederländerInnen reagieren offensichtlich nicht mit rechtsnationaler Ideologie auf die europäische Krise, und auch nicht mit einer extrem-nationalistischen Ideologie, für die die Wilders-Partei stehen würde.

Ähnliches zeigte sich schon anhand der Debatte um die Rettungspakete. Auch sie war nicht von einem extremen Nationalismus geprägt, allerdings durchaus von einem vielleicht nationalistischen Wohlstandschauvinismus motiviert. Eine Stimmungsmache, wie sie von der CSU und manchen anderen politischen AkteurInnen in Deutschland betrieben wurde (etwa dass die Griechen zulange Urlaub machten oder ähnliches), hat es in den Niederlanden allerdings so nicht gegeben. Und auch in den Medien haben vor allem die Zweifel an den Möglichkeiten des europäischen Krisenmanagements vorgeherrscht. In den Niederlanden ist man von den Stabilitätskriterien des Euros immer überzeugt gewesen. Die Misere Griechenlands wird dementsprechend als Folge von zu viel Toleranz gegenüber Abweichungen von den Stabilitätskriterien gesehen (Abweichungen, die es lange auch durch Deutschland gab und für das man auch Deutschland kritisierte).

In den ersten 2000er Jahren hätte es in einer ähnlichen Krisensituation möglicherweise noch einen politischen Diskurs gegeben, der auch auf nationalistische Ideologiefragmente zurückgreift. Hier hätten Personen wie Pim Fortuyn oder der Christdemokrat Jan Peter Balkenende, der sich vergeblich um eine öffentliche Debatte um das Thema der nationalen Identität bemühte, einen solchen Ton angeschlagen. Mit Ministerpräsident Rutte kehrte man allerdings zum holländischen Pragmatismus zurück.

Dies ist nun aber ein Pragmatismus, dem jede Vision eines vermeintlich progressiven Poldermodells fehlt. Er betont vielmehr in calvinistisch-puristischer Tradition Leistung und Härte einerseits – dies ist das Profil der Rechtsliberalen. Andererseits nimmt er mit wohlmeinender Intention bestimmte neoliberale Reformen zurück. Für letzteres steht die PvdA mit ihrem neuen Vorsitzenden Diederik Samsom. Dieser neuformulierte Pragmatismus impliziert eine bequeme Haltung zum Thema Europa: Man räumt ganz ostentativ ein, keine Ahnung zu haben, wie es »da« weiter gehen solle. Brüssel und Athen werden in weite Ferne gerückt. Die Große Koalition repräsentiert damit das fundamentale Desinteresse der WählerInnen, die in Umfragen das Thema »Europa« regelmäßig als nicht wichtig bezeichnen.

Die neue niederländische Normalität zeichnet sich also nicht durch einen rechten Nationalismus, sondern vielmehr durch einen relativ ratlosen Narzissmus aus. Die WählerInnen haben aus den zwei Jahren der Duldung einer Regierung durch Geert Wilders gelernt, dass notwendige Reformen letztlich nicht stattfinden und der Dauer-Hass gegen den Islam sowie gegen EinwanderInnen politisch nur heiße Luft bedeuten. Die Aufforderung zum Kürzen öffentlicher Ausgaben und zur Einhaltung der von Brüssel vorgegebenen Kriterien werden akzeptiert, allerdings will man jetzt wissen, wie dies vonstattengehen soll. Was die Eigenheim-BesitzerInnen der Vorstädte umtreibt, sind nicht die segregiert lebenden »Kopftuch-Trägerinnen«, sondern etwa die Pläne, die Steuerrückerstattung von Hypothekenzinsen zu verringern, um das Haushaltsdefizit abzubauen.

In der Parlamentsdebatte über die Euro-Krise hat eine breite Koalition aus Rechts- und Linksliberalen, Christ- und Sozialdemokraten demonstrativ Einigkeit gezeigt und alle europäischen Kürzungs- und Austeritätsmaßnahmen jeweils unterstützt. Die Begründung lautete dabei, dass starke Länder schwachen helfen sollten. Es fehlte aber auch nie der Hinweis, dass der EU-Beitrag der Niederlande eigentlich zu groß sei.

Die anfängliche Sympathie weiter Teile der Bevölkerung für die linke SP, die dann aber schließlich doch in Stimmen für die Sozialdemokratie umschlug, hat viel mit dem Image des Ex-Greenpeace-Aktivisten und neuen PvdA-Vorsitzenden Samson zu tun. Anders als sein Vorgänger Wouter Bos, der die Sozialdemokratie neoliberal reformieren wollte und damit die Stammwählerschaft der unteren Mittelschicht verschreckte, zeigte er sich – gern als Familienmensch fotografiert – ganz gezielt als an den Sorgen der »kleinen« Menschen interessiert. Im Ergebnis wollten viele NiederländerInnen, denen etwa die eigene Rente, die Schule der Kinder und das Gesundheitswesen sehr viel mehr Sorgen bereiten als die Hypothekenzahlungen der VVD-WählerInnen, die Kümmerer der Sozialdemokratie an der Macht sehen – und eben nicht die Sozialistische Partei mit ihrer durchaus als angemessen und richtig empfundenen Radikalkritik.

Anders aber als noch in den 1990er Jahren gibt es hierfür allerdings keine milieugebundene Unterstützung mehr, wie sie einst die »Versäulung« der Niederlanden ausmachte, bei der Religion, Wohnort, Lebensstil und politische Präferenz hochgradig übereinstimmten. Noch nie zuvor haben so viele NiederländerInnen strategisch abgestimmt und sich eine Normalität gewünscht. Eine Normalität allerdings, die es in dieser Krise so nicht geben kann. Schließlich werden die Niederlande nicht einfach so in eine externe Krise quasi hineingezogen, sondern diese Krise stellt die Architektur der niederländischen Gesellschaft grundlegend in Frage. Dies wird sich durch eine entdramatisierte politische Landschaft nicht ändern.

Der fortgesetzte Populismus

Die große Ratlosigkeit, die in den Niederlanden angesichts der Euro-Krise herrscht, und ein fast resignatives Akzeptieren der vorgeblichen Implikate der Austeritätspolitik können als ein gesellschaftlicher Schutzmechanismus verstanden werden, der durch die Debatte über den angeblich gescheiterten Multikulturalismus eingeübt wurde. Das schon fast kometenhafte Aufkommen des Populisten Pim Fortuyn gründete vor allem auf dessen Fundamentalkritik am Diskriminierungsverbot und der damit einhergehenden angeblichen Zensur sowie der angeblichen Entfremdung der Eliten von der sozialen Wirklichkeit, über die man nicht offen sprechen dürfe. Damit war ein dreifacher Topos ineinander verwoben: »Gescheiterter Multikulturalismus«, »Elitenentfremdung« – wobei »Brüssel« als das Maximum der Fernsteuerung galt – und Medienschelte. Die durchschlagende Kraft dessen kann aber nur verstanden werden, wenn man die schleichenden Veränderungen in der niederländischen Gesellschaft der 1990er Jahre berücksichtigt (Leiprecht 2005). Ganz offensichtlich war das Poldermodell ambivalent. Es machte einerseits die Rechtsliberalen mit ihrem neoliberalen Politikkonzept und ihrer im Prinzip wenig liberalen Integrationskonzeption unglaubwürdig. Andererseits konnte und wollte es nicht wahrnehmen, dass die sozialen Segregationslinien in den Städten sich nicht veränderten und die damit einhergehenden hohen Anteile von MigrantInnen an manchen Orten als bedrohlich empfunden wurden. Es entwickelte sich eine Diskussionskultur und Haltung, die die Normen der Leistungsgesellschaft nicht nur nicht in Frage stellte, sondern sie sogar einforderte. Das vermeintliche oder tatsächliche Nicht-Einlösen dieser Normen durch bestimmte Bevölkerungsgruppen diente zur zynischen, aggressiven und ausgrenzenden Konstruktion personifizierbarer Hassobjekte.

Fortuyn und seine Nachfolger (»Leefbaar Nederland«) haben diese Problemlagen in einer neuen, fragwürdigen Weise politisiert. Sie wollten sie nicht mit symbolischen Akten und konkretistischen Forderungen bearbeiten, was die parlamentarisch-demokratische Lösung gewesen wäre, sondern strebten nach Auflösung und Beendigung der Problemlagen. Der Spannung zwischen einer demokratischen Problembearbeitung und einem auf autoritäre Problemlösungen setzenden Populismus konnten sich auch die demokratischen Parteien auf Dauer nicht widersetzen.

Die Regierungen des christdemokratischen Ministerpräsidenten Jan Peter Balkenende setzten nach der Ermordung Fortuyns im Jahr 2002 auf Prinzipienreiterei (»Wertedebatte«). Sie ermöglichte den Regierenden ein problemorientiertes Handeln, konnte aber nie die rechtspopulistische Aufgeregtheit einfangen. Der prinzipielle Unmut an der Demokratie wurde somit weitgehend kultiviert (Reuter 2011). Dies ermöglichte es Geert Wilders, seine Anti-Islam-Politik mit einer medialen Selbstinszenierung zu verbinden, die ihn quasi in die Rolle des Schiedsrichters über die Politik versetzte, ihn aber zugleich außerhalb jeglicher Verantwortung stellte.

Zu betonen ist dabei, dass Geert Wilders als Vollblut-Rechtsliberaler und Ziehkind seines charismatischen Vorsitzenden Frits Bolkestein (Vossen 2011) einer etablierten politischen Richtung und Denktradition in den Niederlanden zuzuordnen ist. Im Gegensatz dazu hatte Pim Fortuyn eine eher »linke« Vergangenheit. Und im Gegensatz zu Fortuyn ist Wilders nicht so volksnah, wie er sich gerne sehen würde; er benötigt die Medien als Verstärker seiner Person. Schwankungen in seinem inhaltlichen Profil und eine mediale Dauerpräsenz konnten nicht kaschieren, dass Wilders keine ureigentliche Programmatik verfolgt, sondern vielmehr konservative, autoritäre und rechtsliberale Ideologeme vermischt. Diese Ideologeme finden sich durchaus auch bei anderen Polit-Persönlichkeiten, etwa bei der sich als radikale Islam-

Kritikerin gerierenden Ayaan Hirsi Ali, bei der zweiten, aber erfolglosen VVD-Rebellin Rita Verdonk und ansatzweise auch auf der Linken bei dem ehemaligen Amsterdamer PvdA-Bürgermeister Job Cohen sowie dem PvdA-Intellektuellen Paul Schaeffer (»Das multikulturelle Drama«).

Der neue Rassismus

Fortuyn verleumdete den Anti-Rassismus, der als Konsens in den Niederlanden galt und Verfassungsnorm ist, als »verlogen«. Im Diskriminierungsverbot meinte er eine scheinheilige Political correctness zu erkennen. Beides fing offensichtlich bei vielen NiederländerInnen Feuer. Wie Wahlanalysen zeigten, gewann er vor allem in jenen Stadtteilen Rotterdams Zuspruch, deren BewohnerInnen einen Zuzug von ImmigrantInnen fürchteten, aber bis dahin noch keine überdurchschnittlich ethnisch gemischte Bevölkerung aufwiesen.

Die Selbstwahrnehmung als eine tolerante und multikulturelle Gesellschaft wurde insbesondere in Rotterdam als besonders widersprüchlich empfunden. Abgehängt von der boomenden Ökonomie im Norden der Niederlande und ignoriert von der Regierung in Den Haag, waren große Teile der alten Arbeiter-Stadtteile über fast zwei Jahrzehnte zur Baustelle erklärt worden. Sie verkamen und wurden von den Ärmsten bezogen, also in der Regel von ImmigrantInnen (Eckardt 2001). Es koppelte sich vielerorts in den großen Städten, mit Ausnahme von Amsterdam und damit für die internationalen Beobachter weitgehend unbeobachtet, eine *weiße* Jugendszene (»Gabbers«) ab, die sich martialisch gab und deren Verbindungen zum Rechtsextremismus zunächst nicht hoffähig waren. Dies änderte sich mit dem sich etablierenden Rechtspopulismus. Wie die ethnographische Studie »Generation Lonsdale« (Homan 2006) deutlich zeigt, sind es eben diese Jugendliche am Rande der Gesellschaft, die nach dem Mord an dem Filmemacher Theo van Gogh die Moscheen angesteckt und rassistische Anschläge begangen haben.

Schon in den 1980er Jahren war das tolerante Selbstbild der Niederlande in Frage gestellt worden. Damals aber ging die Kritik eher in eine linke Richtung: Kritisiert wurde, dass zwischen dem teilweise arrogant vorgetragenen Bild der anti-rassistischen Niederlanden auf der einen Seite und der Wirklichkeit auf der anderen Seite eine erhebliche Lücke klaffte. Hervorzuheben waren und sind dabei jene Phänomene des Alltagsrassismus, die bis heute nicht wahrgenommen werden, die aber weitgehend die Kommunikationsverhältnisse zwischen allochthonen und autochthonen NiederländerInnen prägen (Essed 1990) und eine lange Zeit sehr restriktive Einwanderungspolitik bestimmten (Eckardt 1992).

Mit der aktuellen Krise und der bis Ende 2012 andauernden indirekten rechtspopulistischen Regierungsbeteiligung Geert Wilders' aber haben sich der Ton und die Diskussion derart verschärft, dass viele MigrantInnen in den Niederlanden keine zukünftige Heimat mehr sehen. Wie das Niederländische Statistikamt (CBS) feststellte, verlassen immer mehr ehemalige ImmigrantInnen die Niederlande. 35 Prozent sind nach sechs Jahren wieder ausgewandert. Wer anderswo eine Gelegenheit zu arbeiten und zu leben hat, geht sogar eher. So bleiben Menschen aus Marokko beispielsweise länger, während Menschen aus China schneller gehen. Dabei verlassen sie das Land aus eigener Kraft. In recht spektakulärer Form haben somalische Flüchtlinge vor wenigen Jahren die Niederlande verlassen. Zwei Drittel der ehemals 50.000 SomalierInnen leben nun in Großbritannien, wo sie sich bessere Lebenschancen erhoffen.

Dennoch formuliert Robbert van Lanschot, ein von seinem Minister gelobter Beamter und Botschafter, dass es besser wäre, wenn die Niederlande den Vereinten Nationen mitteilten, in den nächsten zehn Jahren Pause vom Asylrecht zu machen und keine Flüchtlinge mehr aufzunehmen. Geert Wilders fordert in gleichem Sinne, dass die Niederlande bei der EU eine Opt-Out-Ausnahme bei der Einwanderungs- und Flüchtlingspolitik anstreben sollten. Seinen paranoiden Vorschlag, die Regierung solle eine bewaffnete Sondereinheit gegen den Straßen-Terror einsetzen, hat man in allem Ernst breit diskutiert, dann aber abgelehnt. Integration (»Inburgering«) wurde zwar als Schlüssel für die gesellschaftliche Partizipation aller als Konsens in der Koalitionsvereinbarung formuliert, aber in der Praxis hat die von Wilders tolerierte Regierung eine aktive Politik der Ausbürgerung gemacht. Getrieben wurde sie dabei von den Hetzreden Wilders', in denen er MigrantInnen im Parlament drohte, wenn sie nicht an den seit 2007 eingeführten Integrationskursen teilnähmen, dann würden sie »nicht nur aus dem Bett, sondern auch aus dem Land« fliegen.

Der bisherige Höhepunkt

Die Einbindung der Rechtspopulisten in die Regierung im Jahr 2010 war der bisherige Höhepunkt einer gesellschaftlichen Verhärtung, die bestehende gesellschaftliche Ausschlüsse nicht mehr der flexiblen und toleranten Verhandlung zwischen den Personen versucht zu überlassen, sondern durch autoritative Vorgaben und rigide Regelhandhabung vertieft und die auf eine langanhaltende interne Krise der Gesellschaft folgte. Generiert wurde diese gesellschaftliche Krise durch eine chaotische Umgestaltung der politischen Kultur und durch eine Restrukturierung der Wirtschaft im Zeichen der Globalisierung. Sie steht mit der externen Krise vor der europäischen Haustür in unmittelbarem Zusammenhang. Es resultierte aus der aktuellen Finanz- und Wirtschaftskrise die bittere Erkenntnis, dass nicht nur die südeuropäischen Länder betroffen sind, sondern dass auch die Niederlande von globalen Finanzmärkten und von Überschuldung in ihrem Wohlstand bedroht werden. Diese Erkenntnis hatte keine heilende Wirkung im engeren Sinne, aber sie ernüchterte.

Dies lässt sich sehr unmittelbar an dem abnehmenden Ausmaß der sozialen Härten ablesen – und auch daran, dass man nun nach Kümmerern statt nach polarisierenden PolitikerInnen sucht. Der Rückgriff auf einen »Kulturnationalismus«, wie ihn etwa Joeri Boom immer wieder in der Zeitschrift »De Groene Amsterdammer« beschreibt und der durch den Versuch einer kulturellen Definition der Niederlande (etwa als christlich) die soziale Exklusion legitimieren soll, besteht allerdings weiterhin als eine psychologische Option und Reserve, um soziale und nationalistische Ausschlüsse öffentlich und im privaten Bereich zu begründen. Ohne Konsequenzen blieb beispielsweise, dass ein Amsterdamer Dezernent der sozialdemokratischen PvdA in beleidigender Weise öffentlich gegen MarokkanerInnen wetterte. Auch kann die Partei der Radikalchristen (SGP) Anti-Moscheen-Gesetzvorschläge in das Parlament einbringen und damit bei vielen – auch säkularen – NiederländerInnen punkten.

Das Jahr 2009 dürfte gleichwohl der bisherige Höhepunkt rassistischer Exzesse gewesen sein. Dies lässt sich in eingeschränktem Rahmen auch anhand geringfügig rückläufiger rassistischer Aktivitäten nachvollziehen. Der neunte Monitorbericht »Rassismus und Extremismus« der Anne-Frank-Stiftung berichtet, dass im Jahr 2011 aktuell die niedrigsten Zahlen zu rassistischen Vorfällen seit 2005 vorliegen. Dies könnte teilweise mit dem Verschwinden der »Lonsdale-Jugendlichen« aus dem öffentlichen Leben zu tun haben, dürfte teilweise allerdings auch auf »Underreporting« der Polizei zurückgehen (Tas/ De Wit 2008). Die jährliche Umfrage des Rotterdamer Anti-Rassismus-Büros RADAR/ARIC kam 2011 zu dem Ergebnis, dass 16 Prozent der Befragten Rassismus erfahren hatten. Damit ist dieser Wert wieder so niedrig wie zuletzt im Jahr 2008, also vor der Krise und vor der von Wilders tolerierten Regierung.

Andererseits aber fand im Jahr 2011 ein Prozess gegen Geert Wilders statt, der beschuldigt wurde, zur Diskriminierung aufzurufen. Er wurde von den Richtern freigesprochen wurde, was von Rotterdamer AntirassistInnen als Beitrag zu einer weiteren gesellschaftlichen Polarisierung gesehen wurde.

Quellenverzeichnis

Eckardt, Frank 1992: Ist alles Gold, was glänzt? Die Flüchtlingspolitik der Niederlande. In: links 1 (1992). S. 8-10.

Eckardt, Frank 2001: Rotterdam. Konturen einer globalisierten Stadt. Münster.

Eckardt, Frank 2003: Pim Fortuyn und die Niederlande. Marburg.

Essed, Philomena 1990: Everyday Racism. Newbury Park.

Homan, Maaike 2006: Generatie Lonsdale. Extreem-rechtse jongeren in Nederland na Fortuyn en van Gogh. Antwerpen.

Leiprecht, Rudolf 2005: Populismus und Polarisierung in den Niederlanden. In: Migration und Soziale Arbeit 27 (2). S. 141-152.

Reuter, Gerd 2011: Unmut zwischen Maas und Marschen. Rechtspopulisten in Belgien und den Niederlanden. In: Wielenga, Friso / Hartleb, Florian (Hg.): Populismus in der modernen Demokratie. Die Niederlande und Deutschland im Vergleich. Münster, New York, München, Berlin. S. 55-75.

Tas, Floris / De Wit, Wouter 2008: Poldisreport 2008. Criminaliteitsbeeld discreminatie. Apeldoorn, Nijmegen.

Veer, Peter van der 2006: Pim Fortuyn, Theo van Gogh, and the politics of tolerance. In: De Vries, Hent / Sullivan, Lawrence E. (Hg.): Political Theologies. New York. S. 527-538.

Vossen, Koen 2011: Vom konservativen Liberalen zum Nationalpopulisten. Die ideologische Entwicklung von Geert Wilders. In: Wielenga, Friso / Hartleb, Florian (Hg.): Populismus in der modernen Demokratie. Die Niederlande und Deutschland im Vergleich. Münster, New York, München, Berlin. S. 77-103.

Ute Weinmann

Nerzmäntel für die Mittelklasse oder wer füttert den Kaukasus
Nationalismus und Ausgrenzung in Russland

Die ersten beiden Amtszeiten von Präsident Wladimir Putin schienen ein Versprechen einzulösen, das von Wirtschaftsreformern und Vordenkern der postsowjetischen Ära nach 1992 formuliert, aber nicht eingehalten wurde: die Schaffung einer breiten Mittelschicht als staatstragende Stütze. Spätestens mit dem Bankencrash von 1998, bei dem ein Großteil der russischen Bevölkerung seine Ersparnisse verloren hatte, schien das Mittelschichtsmodell der Jelzin-Regierung gescheitert zu sein. Unter der Präsidentschaft von Wladimir Putin, dessen erste beiden Amtszeiten bis 2007 ganz im Zeichen hoher staatlicher Kapitalerträge durch den für das Rohstoffexportland Russland günstigen Anstieg der Preise für Energieträger standen, gelang es der russischen Regierung, die Wirtschaft »in Schwung« zu bringen. Hohe Ölpreise brachten eine Steigerung der Binnennachfrage mit sich und ermöglichten den Aufbau von Goldreserven und die Schaffung eines Stabilitätsfonds, der direkt der Regierung untersteht. Darin fließen aus Preisdifferenzen entstehende Überschüsse aus dem Ölexportgeschäft ein, die den Staatshaushalt im Falle sinkender Einnahmen stützen sollen. Das ging einher mit einer deutlichen Erhöhung der Löhne: Zwischen den Jahren 2000 und 2010 haben sich die Löhne nach Angaben der russischen Statistikbehörde im Durchschnitt um das Zweieinhalbfache erhöht, die Renten beinahe um das Dreieinhalbfache. Über die reale Kaufkraftveränderung geben diese Angaben jedoch keine Hinweise, da im gleichen Zeitraum ein rasanter Anstieg von Wohnnebenkosten, der Preise für Bahn- und Flugtickets und eine Kommerzialisierung des Bildungs- und Gesundheitssektors erfolgte.

Im Vergleich zum Staatsbankrott von 1998 verlief die 2008 einsetzende Wirtschaftskrise in Russland relativ glimpflich, da durch den Stabilitätsfonds zumindest die unmittelbar eintretenden Negativtendenzen gedämpft werden konnten. Zwischen September 2008 und April 2010 schrumpfte der Fonds von 142 auf 53 Milliarden Dollar. Das durch die Folgen der Krise und den Einbruch der Erdölpreise 2009 entstandene Haushaltsdefizit wurde aus diesen Reserven beglichen. Allerdings betonen Wirtschaftsexpert_innen, dass expansive Maßnahmen heute wesentlich schlechter greifen, weil dieses Mal – anders als 1998 – die russische Krise mit einer weltweiten Wirtschaftskrise einhergeht und zudem durch jahrelang forcierte Importe der Produktionssektor extrem geschwächt ist. Die Arbeitsproduktivität blieb weit hinter der Lohnentwicklung zurück, was der ohnehin bescheidenen Konkurrenzfähigkeit der russischen Wirtschaft stark zusetzte, insbesondere erlitten die verarbeitende Industrie und der Bausektor herbe Einbußen. Zudem erfolgte im Krisenjahr 2008 ein eklatanter Kapitalabfluss von 150 Milliarden Dollar. Für die kommenden drei Jahre sieht die russische Regierung einen defizitären Staatshaushalt vor, wobei laut Haushaltsentwurf vom Oktober 2012 über die Hälfte der Einnahmen durch den Export von Öl und Gas erzielt werden sollen. Durch drastische Haushaltskürzungen soll das Defizit über die kommenden Jahre verringert werden. Dies betrifft insbesondere die im Haushalt bis 2015 vorgesehenen Ausgabenkürzungen für den Bildungs- und Gesundheitsbereich, aber auch für wirtschaftsfördernde Maßnahmen. Einsparungen verspricht sich die Regierung auch durch eine geplante Rentenreform, während der Verteidigungshaushalt weiter ansteigen soll. Insofern ist bereits jetzt absehbar, dass die Folgen der Wirtschaftskrise insbesondere für einkommensschwächere Bevölkerungsschichten in vollem Ausmaß erst noch zum Tragen kommen werden.

Die russische Sberbank kam im Februar 2011 in einem Bericht über die Auswirkungen der Krise von 2008-2009 zu dem Schluss, dass die Reallöhne erstmals seit der Krise von 1998 sanken, und zwar lagen sie im Dezember 2008 um elf Prozent unter dem ein Jahr zuvor errechneten Durchschnittsniveau. Im Jahr darauf seien diese Einkommensverluste jedoch wieder wettgemacht worden. Ein knappes Drittel aller russischen Haushalte war nach dem Bericht von negativen Folgen betroffen und bei einem Viertel verloren eine oder mehrere Personen zeitweise ihren Arbeitsplatz (Sberbank 2011: 4). Gleichzeitig betont die Sberbank, dass die Krise die für Russland weit verbreitete verdeckte Form der Arbeitslosigkeit noch verstärkt habe. Denn zum einen liegt der Anteil der Beschäftigten in der Schattenwirtschaft nach Schätzungen von Rosstat bei nicht weniger als 17 bis 18 Prozent, anderen Angaben zufolge machen diese gar 30 Prozent aus (Kuwschinowa 2012), zum anderen bietet die geringe (zwischen umgerechnet etwa 20 bis höchstens 120 Euro) und zeitlich befristete staatliche Arbeitslosenunterstützung wenig Anreiz für eine Meldung bei den Behörden. Nach offiziellen Angaben der staatlichen Agentur für Arbeit und Beschäftigung erreichte die Arbeitslosenrate im April 2009 über zehn Prozent und fiel bis Dezember 2009 auf knapp über sieben Prozent.

Zentrum und Peripherie

Auf einige ökonomische Besonderheiten, die bei der Betrachtung von Ausgrenzungsmechanismen eine Rolle spielen, soll an dieser Stelle gesondert hingewiesen werden. Gemeint ist das den russischen Arbeitsmarkt dominierende enge Abhängigkeitsverhältnis zwischen Arbeitnehmer_innen und Staat. Im

Krisenjahr 2008 arbeitete ein knappes Drittel der Erwerbstätigen in Betrieben, die sich komplett in staatlichem oder kommunalem Besitz befinden, sechs Prozent gingen einem Beschäftigungsverhältnis in Firmen oder Betrieben mit gemischten Besitzverhältnissen nach (Mezhdunarodnyj Institut Ekonomiki i Finansow 2009). Der Wunsch nach einer Beschäftigung in einem staatlich kontrollierten Betrieb ist zudem weit verbreitet, da der Staat als Garant im Krisenfall ein höheres Vertrauen genießt als private Arbeitgeber. Diese Einstellung erhält insofern ihre Bestätigung, als die russische Regierung tatsächlich wiederholt in Konflikte zwischen Belegschaften und Firmeneignern intervenierte, um Lohnfortzahlungen und den Erhalt von Arbeitsplätzen zu erreichen.

Eine besondere Kategorie bilden die 460 »Monostädte«, in denen ein Viertel der städtischen Bevölkerung Russlands lebt (Gazeta.ru 2008). Nach der Definition des Ministeriums für regionale Entwicklung müssen für die Einstufung als Monostadt zwei Kriterien erfüllt sein: Der Anteil der Beschäftigten bei einem für die Stadt bestimmenden Unternehmen oder Industriezweig darf nicht unter 25 Prozent der arbeitenden Bevölkerung liegen, wobei der Produktionsumfang über die Hälfte der Gesamtproduktion in der Stadt oder Gemeinde ausmacht. Monostädte erzeugen etwa 40 Prozent des Bruttoinlandsproduktes, im Krisenfall erweist sich die eindimensionale Wirtschaftsstruktur jedoch als Problem.

Mit Einsetzen der Wirtschaftskrise verschärfte sich die angespannte wirtschaftliche Situation insbesondere jenes Teils der Bevölkerung, der in kleineren Monostädten in der Peripherie lebt. Auf Lohnrückstände und die drohende Reduzierung der Produktion reagierte die lokale Bevölkerung mit Protesten. In Pikaljowo, einem Ort mit 22.000 Einwohner_innen am äußeren Rande des Leningrader Gebiets gelegen, blockierten Anfang Juni 2009 mehrere hundert Menschen eine Fernstraße, um den damaligen Premierminister Wladimir Putin auf Produktionsstillstand, Entlassungen und ausstehende Lohnzahlungen aufmerksam zu machen. Zwei Wochen zuvor waren aufgrund der Zahlungsrückstände einem von drei lokalen Betrieben in der gesamten Gemeinde Strom und Warmwasser abgestellt worden. Putin reiste nur zwei Tage nach der Blockade persönlich in den Ort und konnte durch sein Konfliktmanagement einen großen Imageerfolg erzielen. Pikaljowo gilt seither als Synonym für die von Staats wegen geschaffene soziale Misere in den Monostädten, gleichzeitig fiel jedoch der Startschuss für ein föderales Subventionsprogramm.

Anhänger einer marktliberalen Wirtschaftsordnung kritisieren nicht nur in stigmatisierender Weise die Passivität und geringe Mobilität der Bewohner_innen von Monostädten und strukturschwachen Regionen. Vielmehr wird strikt zwischen den Einwohner_innen der russischen Hauptstadt und der wenigen sich entwickelnden Ballungszentren einerseits und dem Rest des Landes andererseits unterschieden. Im Zuge der gegen die russische Regierung gerichteten Protestwelle des Jahres 2012 manifestierte sich diese Haltung in Form einer von Vertretern der Protestbewegung, aber auch von Medien verlautbarten konfrontativen Gegenüberstellung einer vermeintlich fortschrittlichen, weil mobilen, unternehmerischen, großstädtischen gebildeten Schicht und einer rückwärtsgewandten und obrigkeitshörigen Bevölkerung in den russischen Regionen. Das Zusammenspiel von Selbstidentifikation und Ausgrenzung funktioniert in beide Richtungen.

Nordkaukasus im Fokus

Allerdings birgt die Subvention ganzer Regionen auch ein nicht zu unterschätzendes Konfliktpotenzial. Während sich die Bevölkerung von Pikaljowo und anderen von der Wirtschaftskrise besonders betroffenen Monostädten eine Besserung ihrer Lage durch eine Intervention aus dem Moskauer Machtzentrum erhoffen, formierte sich in Moskau selbst, aber auch in weiter entfernten Lokalmetropolen wie Nowosibirsk, zunehmend Kritik an der Subventionspolitik. Kern- und Angriffspunkt bildet die Subventionierung der Republiken im russischen Nordkaukasus mit Mitteln aus dem föderalen Staatshaushalt. Insbesondere die staatlichen Zuschüsse für Tschetschenien rufen Kritiker_innen auf den Plan. Bereits im Sommer 2011 führte eine Internet- und Telefonumfrage des liberal-oppositionellen Radiosenders Echo Moskwy zur Aktualität der Aussage »Es reicht, den Kaukasus zu füttern!« zu dem Ergebnis, dass 85 Prozent der Zuhörer_innen dem zustimmten (Echo Moskwy 2011). Eine Umfrage des Meinungsforschungsinstituts Lewada Zentrum ermittelte eine Zustimmung von 62 Prozent (Lewada 2011: 189)

Ende September 2011, nur wenige Tage nachdem Wladimir Putin und der damalige russische Präsident Dmitrij Medwedjew auf dem Parteitag der Kremlpartei »Einiges Russland« ihren – durch die Präsidentschaftswahlen im März 2012 vollzogenen – Ämtertausch angekündigt hatten, starteten die im extrem rechten politischen Spektrum verorteten Vereinigungen »Russische gesellschaftliche Bewegung« und die »Russische Bürgerunion« eine antikaukasische Kampagne unter dem Motto »Es reicht, den Kaukasus zu füttern!« Beim Start der Kampagne wiesen deren Initiatoren auch auf die Verarmung der russischen Bevölkerung und absehbare katastrophale Folgen für den infolge der Krise defizitären Staatshaushalt hin. Außerdem versuchten sie, sich die wachsende Unzufriedenheit in der Bevölkerung mit dem »Einigen Russland« zunutze zu machen, und stellten ihre antikaukasischen Forderungen geschickt mit dem Slogan in eine Reihe, der Wochen später Zehntausende zur

Teilnahme an Protestkundgebungen gegen Wahlmanipulationen mobilisierte: »Nieder mit der Partei der Gauner und Diebe!«

Damit betteten die rechten Initiatoren ihre nationalistische antikaukasische Kampagne von Beginn an in einen breiteren politischen Kontext ein. Durch das Abrufen in der russischen Gesellschaft weitverbreiteter antikaukasischer Ressentiments sicherten sie sich nicht nur die Unterstützung einer breiten Öffentlichkeit, sondern versuchten auch, ihre nationalistische Lesart der komplexen und komplizierten Geschichte der Beziehungen Russlands zum Nordkaukasus zum festen Ideologiebestandteil der sich formierenden Protestbewegung gegen die Machthaber im Kreml zu machen. Tatkräftige Beihilfe erhielten sie von dem nationalistischen Politiker und Aufsichtsratsmitglied der nationalen Luftfahrtgesellschaft Aeroflot, Aleksej Nawalnyj. Er ist jung, dynamisch und ehrgeizig; er gilt vielen als Hoffnungsträger der kremlkritischen Protestbewegung.

Auch wenn der Nordkaukasus zu den subventionierten Regionen gehört, so befindet er sich hinsichtlich der Subventionen pro Einwohner_in zumindest nicht an erster Stelle. Die am heftigsten umstrittene staatliche Pro-Kopf-Förderung für die tschetschenische Republik liegt auf Rang elf, während die obersten Plätze der Liste von Regionen im fernen Osten Russlands eingenommen werden (Balatskij 2010). Der damalige russische Präsident Dmitrij Medwedjew bezeichnete die Kampagne gegen die Subventionierung nordkaukasischer Republiken aus dem Staatshaushalt als Provokation, deren Folgen absehbar seien (Rosbalt 2011).· Gemeint ist eine Abspaltung des Nordkaukasus, insbesondere der Republik Tschetschenien.

Tatsächlich zielt die so formulierte Kritik an der Subventionspolitik der russischen Regierung keineswegs nur auf Wladimir Putin ab, gleichwohl muss der Aufruf, den Kaukasus nicht weiter »zu füttern«, durchaus auch als direkter Angriff auf den damaligen Premierminister verstanden werden. Denn die Gewaltherrschaft des tschetschenischen Präsidenten Ramzan Kadyrow wird durch Putin persönlich gedeckt. Er hob Kadyrow 2007 ins Amt und sorgte mit umfangreichen Aufbauhilfen für die von zwei Kriegen gezeichnete Republik dafür, dass die in neuem Glanz erstrahlende Hauptstadt Tschetscheniens den Schein einer ehemals abtrünnigen, heute aber geläuterten und Loyalität zum Moskauer Machtzentrum demonstrierenden Republik ins ganze Land trägt.

Der Aufruf, von Subventionen Abstand zu nehmen, belastet allerdings das ohnehin angespannte Verhältnis zu den Republiken im russischen Nordkaukasus und greift implizit eine Reihe weiterer populärer und rassistischer Vorwürfe an diese auf. Dazu gehören Undankbarkeit gegenüber dem russischen Staat und seiner Bevölkerung, Intoleranz gegenüber der russischen Orthodoxie als religiöse Grundfeste der russischen Mehrheitsbevölkerung, der

Export von Terrorismus, Kriminalität und Korruption aus dem Kaukasus in die restlichen Regionen Russlands (Davidis 2011). Auch wenn kein logischer Zusammenhang zwischen der Subventionierung einer ökonomisch schwachen Randregion und den hier dargelegten Vorwürfen besteht – schließlich wäre es naiv zu glauben, dass der islamistische Untergrund insbesondere in der bevölkerungsreichsten Nordkaukasusrepublik Dagestan ohne Regional-Subventionen aufhören würde zu existieren –, verfehlt deren Aneinanderreihung, wie sie häufig bei öffentlichen Debatten anzutreffen ist, ihre Wirkung nicht. Denn sie alle rufen die gleichen Ressentiments gegen eine in vielerlei Hinsicht schwierige Region und deren Bevölkerung ab, ohne allerdings reale Lösungsvorschläge zu entwickeln. Zumal sich dabei viele Ebenen vermischen. Wenn das Fehlverhalten junger Männer aus dem Kaukasus in Moskau angeprangert wird, indem nur die ethnische Herkunft als Erklärungsmuster herhalten muss, ohne den sozialen und politischen Kontext zu berücksichtigen, trägt das wenig zu einem echten Verstehen der nicht selten gewalttätig ausgetragenen Konflikte bei. In den beiden Metropolen Moskau und St. Petersburg kommt es regelmäßig zu Auseinandersetzungen zwischen jungen Männern kaukasischer Herkunft und lokalen Gruppen, die durch Medienvertreter_innen und Politiker_innen pauschal mit »russisch« gekennzeichnet werden.

Das Moskauer Zentrum für Information und Analyse SOVA stellt in seinem Bericht vom Sommer 2012 fest, dass nationalistische Gruppen darum bemüht waren, tatsächliche oder vermeintliche gewalttätige Auseinandersetzungen aufzubauschen. Sie hätten damit erreicht, dass das Thema »inter-ethnische Konflikte« nicht von der Tagesordnung verschwand (SOVA 2012). Im Übrigen sprechen sich über vierzig Prozent der Bevölkerung für Aufenthaltsbeschränkungen für aus dem Kaukasus stammende russische Staatsbürger_innen aus: Damit liegen diese an erster Stelle vor Vietnames_innen und Migrant_innen aus Zentralasien (Lewada 2012a). Hingegen unterstützt weniger als ein Fünftel eine Abspaltung der Nordkaukasusrepubliken von Russland (Lewada 2011: 187).

Bezeichnend für den Versuch, ökonomische Argumente für eine nationalistische Hetze gegen den Nordkaukasus zu instrumentalisieren, war, dass ein breites Spektrum oppositioneller Gruppen in vom Zentrum weit entfernt gelegenen Städten wie Nowosibirsk einerseits die gegen den Kaukasus gerichteten Impulse aufgriffen. Andererseits thematisierten sie die hohen Abgaben an das Moskauer Machtzentrum als politische und ökonomische Ausgrenzung und wandelten das ursprüngliche Motto um in »Es reicht, Moskau zu füttern!«

Arbeitsmigrant_innen als Zielscheibe

Generell lässt sich seit Beginn der Wirtschaftskrise eine Verschärfung der ablehnenden Haltung gegenüber Arbeitsmigrant_innen beobachten. So steigt die Akzeptanz für restriktive Beschränkungen der Aufenthaltsregelungen für ausländische Staatsbürger_innen und die konsequente Ausweisung oder Abschiebung bei Verstößen gegen das Aufenthaltsrecht. Das Jahr 2008 wies die meisten Vorfälle mit extrem rechtem Hintergrund auf, darunter 116 Morde mit rassistischem Motiv. Seither sank zwar die Anzahl der Mordfälle, gewalttätige Übergriffe bleiben dennoch ein alltägliches Phänomen, während in der Öffentlichkeit kaum kritische Stimmen hinsichtlich des hohen Gewaltpotenzials gegenüber Menschen mit »nichtslawischem Äußerem« zu hören sind. Dabei richtet sich die ablehnende Haltung einer breiten Bevölkerung nicht nur gegen ausländische Migrant_innen, sondern auch gegen nicht aus dem Kaukasus stammende russische Staatsbürger_innen, die auf der Suche nach Arbeit ihren Wohnort wechseln. So sprachen sich im September 2012 in einer Umfrage über die Hälfte der Befragten für generelle Zuzugsbegrenzungen in ihre Stadt oder Region aus, unabhängig davon, ob ein Wechsel des festen Wohnortes oder ein zeitweiliger Aufenthalt wegen Erwerbsarbeit beabsichtigt ist. 47 Prozent beurteilten die Präsenz ausländischer Arbeitskräfte im Baugewerbe negativ (Lewada 2012b).

Für eindeutige Schlussfolgerungen wäre zwar eine Betrachtung dieser Umfrageergebnisse vor dem Hintergrund der wirtschaftlichen Lage und der Situation auf dem Arbeitsmarkt in den entsprechenden Regionen notwendig, doch auch für sich genommen legen sie offen, dass sich in der Bevölkerung zwar eine deutlich ablehnende Haltung gegenüber ausländischen Migrant_innen manifestiert, jedoch die Frage nach den Folgen der innerrussischen Mobilität von Arbeitskräften unabhängig von ihrer Herkunft für sich genommen ebenfalls ein Konfliktpotenzial enthält. Und sie lassen vermuten, dass die Bevölkerung gesetzliche Regelungen zur Begünstigung lokaler Arbeitnehmer_innen erwartet.

An diesem Punkt korrespondieren die Erwartungen der Bevölkerung nur scheinbar mit dem Selbstverständnis staatlicher Behörden. Zwar inszeniert sich der Staat als Instanz, die Migrationsprozesse reguliert; er schafft durch gesetzliche Regelungen Hürden für eine legale Zuwanderung. Durch die Unverhältnismäßigkeit der ergriffenen Maßnahmen setzt jedoch keine erfassbare quantitative Einschränkung von Zuwanderung ein, sondern Zuwanderung wird illegalisiert. Nach außen Härte demonstrierend, setzen die Behörden seit Jahren viel zu geringe Quoten für die legale Beschäftigung ausländischer Arbeitnehmer_innen fest. Für Arbeitgeber_innen ist der bürokratische

Aufwand so hoch, dass sie lieber eine erhebliche Strafe oder die Zahlung von Schmiergeldern bei eventueller Aufdeckung illegaler Arbeitsverhältnisse riskieren. Zudem können sie durch Vorenthaltung von Lohnzahlungen noch Vorteile aus dem unsicheren Aufenthaltsstatus der ausländischen Arbeitnehmer_innen ziehen.

Eine systematische Ausbeutung ausländischer Arbeitskräfte lässt sich nicht nur in der Privatwirtschaft feststellen, sondern beispielsweise auch bei kommunalen Dienstleistern. Dort werden offiziell zu Tariflöhnen russische Staatsangehörige eingestellt, tatsächlich jedoch Migrant_innen vorzugsweise aus Zentralasien bei wesentlich geringerer Bezahlung beschäftigt. Diese ausbeuterischen Arbeitsverhältnisse werden häufig als Bevorzugung ausländischer Arbeitskräfte interpretiert, während die öffentliche Debatte ihr Augenmerk auf die Fragestellung legt, wie Migration in »geregelte« Bahnen zu lenken sei. Dabei erlaubt der nationalistisch-patriotische Grundtenor im politischen Diskurs keine Zugeständnisse an die Bedürfnisse der Zugereisten, die für ihre Misere oft selbst verantwortlich gemacht werden.

Erwähnt sei an dieser Stelle, dass ein patriotisches Selbstverständnis zu den Grundfesten der russischen Politik gehört, ebenso wie die Vorstellung eines alle gesellschaftliche Bereiche kontrollierenden Staatsapparats. Die Machthaber im Kreml, insbesondere der jahrelang für innenpolitische Fragen zuständige »graue Kardinal« in der Präsidialverwaltung, Wladislaw Surkow, begünstigten jahrelang nationalistische Vereinigungen. Im gleichen Zeitraum ließ sich ein stetes Ansteigen von Straftaten mit extrem rechtem und rassistischem Hintergrund beobachten. Erst im Krisenjahr 2008 setzte in solchen Fällen eine konsequente Strafverfolgung ein, die innerhalb kürzester Zeit zu einem deutlichen Absinken der hohen Zahl rassistischer Morde geführt hat. SOVA beklagt, dass die Praxis der Strafverfolgungsbehörden inzwischen allerdings erneut hinter der Entwicklung rechtsradikaler Gewalttaten zurückbleibe (SOVA 2012). Es wäre demnach falsch, die Wirtschaftskrise von 2008 als Ursache für den deutlichen Anstieg rassistischer Gewalttaten und nationalistischer Einstellungen in der russischen Gesellschaft zu sehen, da dieser Prozess sich in den Jahren zuvor vollzogen hatte. Doch verschafft die ökonomische Situation insbesondere den gegen Migrant_innen gerichteten Maßnahmen eine zusätzliche Legitimation.

In Zeiten der ökonomischen Instabilität übt der nationalistische Ansatz offenbar auch auf jene politischen Kräfte einen Anreiz aus, die sich bislang auf diesem Gebiet nicht exponiert haben. So reagierte die vormalige Partei des Milliardärs Michail Prochorow[1] »Rechte Sache« bei ihrem Parteitag Anfang November 2012 auf den allgegenwärtigen nationalistischen Trend. Ihr

---

1   Nach einer Spaltung im Jahr 2011 schied Prochorow aus der Partei aus.

Vorsitzender Andrej Dunajew setzt nun auf einen ideologischen Kurswechsel von der bislang favorisierten liberal-demokratischen Ausrichtung hin zu einem national-patriotischen Modell. Damit verspricht er sich Erfolge bei kommenden Wahlen. »Wir werden eine rechte Partei, eine rechte in jedem Sinne des Wortes« (Lenta.ru 2012, Übersetzung U.W.).

Die Staatsdoktrin lautet aber nach wie vor, dass Nationalismus mit dem Vielvölkerstaat Russland grundsätzlich nicht zu vereinbaren sei. Wladimir Putin äußerte sich im Januar 2012 in einem programmatischen Text zur »nationalen Frage«. Die Schaffung eines monoethnischen Staates sei »der kürzeste Weg zur Vernichtung des russischen Volkes und der russischen Staatlichkeit« (Putin 2012, Übersetzung U.W.). Putin propagiert stattdessen, unabhängig von der wirtschaftlichen Lage, beharrlich Patriotismus als Entwicklungsmodell für die Zukunft Russlands (Rossijskaja gazeta 2012).

Suche nach der Mittelschicht

Ausgrenzung funktioniert nicht nur über nationalistische und patriotische Denkschemata. Die Protestwelle im Winter 2011/2012 setzte, wie bereits erwähnt, einen ideologischen Zuschreibungsmechanismus in Gang, der die russische Gesellschaft über die Begrifflichkeiten »fortschrittlich« und »zurückgeblieben« charakterisiert, wobei die Zugehörigkeit zur Mittelschicht als Abgrenzungskriterium fungiert. So setzt sich das der Protestbewegung nahestehende Lewada-Zentrum mit der Zusammensetzung der Protestierenden auseinander, indem in Umfragen insbesondere bildungs- und einkommensrelevante Daten abgefragt werden. Vergleichbare Erhebungen in Bezug auf die ökonomische Selbsteinschätzung der Teilnehmer_innen von Pro-Putin-Kundgebungen fehlen und scheinen insofern überflüssig, als dass sich der überwiegende Teil davon aus staatlichen Angestellten und Belegschaften staatlicher Betriebe zusammensetzt.

Das mag eine Erklärung für ihre Loyalitätsbezeugung bieten, verortet sie vor dem Hintergrund der Protestbewegung jedoch per se jenseits der von oppositionell ausgerichteten Medien hofierten Mittelschicht. Das in Putins ersten beiden Amtszeiten zumindest partiell eingelöste Versprechen ökonomischer Prosperität brachte eine vorrangig in den russischen Metropolen ansässige Schicht hervor, die sich als ökonomisch unabhängig definiert und deren Lebensstil von individuellen Freiheiten geprägt ist. Die tatsächliche oder suggerierte Zugehörigkeit zur Mittelklasse diente allerdings auch als Ersatz für politische Rechte. Mit Einsetzen der Wirtschaftskrise 2008 begann dieser Pakt zwischen Staatsführung und Bevölkerung zu bröckeln. Aber erst nach den Parlamentswahlen im Dezember 2011 forderte die Bevölkerung in den

Metropolen lautstark Veränderungen. Die Mittelschicht diente während der regierungskritischen Proteste als durch die Medien forcierte Projektionsfläche zur positiven Identifizierung mit der Opposition.

»Die Debatte darüber, wie wichtig die Mittelschicht ist und ob es sie überhaupt gibt, begleitet die jüngere Geschichte Russlands, jedenfalls im Fernsehen und in den Zeitungen. Während der Finanzkrise von 1998 spekulierte man bereits über deren mutmaßliches Ende. Dann, im Jahr 2000, belebte die Wahl Putins die Hoffnungen auf ihren Wiederaufstieg – aber nur bis zur Wirtschaftskrise von 2008/2009. Die Suche nach der Mittelschicht ist inzwischen zu einer Art journalistischer Obsession geworden« (Bikbov 2012b, Übersetzung U.W.).

Die Protestwelle nach den Parlamentswahlen ließ die tiefgehende Spaltung der russischen Gesellschaft deutlich hervortreten. Doch stellt sich die Frage, ob sich die offen manifestierenden Differenzen zwischen Kreml-Kritiker_innen und aktiven oder passiven Befürworter_innen der Politik von Putin ausgerechnet an der Zugehörigkeit zur Mittelschicht festmachen. Denn gleichzeitig dient diese Kategorisierung als Instrument zur Abgrenzung gegenüber jenen, die aufgrund ihres Wahlverhaltens oder ihrer Teilnahme an Pro-Putin-Demonstrationen in den liberal-demokratischen oppositionellen Medien wie Echo Moskwy oder der Zeitung Nowaja Gazeta pauschal als reformunwillig und rückwärtsgewandt definiert werden. Mit der Politik des Kreml sympathisierenden Oppositionskritiker_innen wiederum dienten Negativzuschreibungen wie »Nerzmantelträgerinnen« als Versuch, den politischen Protest gegen die Regierung als Bewegung Gutverdienender zu denunzieren, anstatt die eigentlichen politischen und sozioökonomischen Protestmotive offen zu legen. Die Wirkungskraft dieser verzerrten Darstellungsweise konnte sich nicht nur aufgrund der unbestrittenen Vormachtstellung staatlicher Fernsehsender als Hauptinformationsquelle für politische Nachrichten entfalten. Sie deckt sich auch mit der in der verarmten russischen Provinz gängigen Vorstellung der über alle Maßen gesättigten Moskauer_innen.

In den russischen Medien und den öffentlichen Debatten halten sich diese Zuschreibungskriterien hartnäckig, obwohl Zweifel angebracht sind, ob dieser medial inszenierte Antagonismus zwischen vermögenden Oppositionellen und einkommensschwachen Regierungsbefürworter_innen in der Realität überhaupt Bestand hat. Die Arbeiten des Moskauer Soziologen Aleksandr Bikbov, der mit einer unabhängigen Forschungsgruppe[2] den sozialen und beruflichen Hintergrund und die Motivation Protestierender untersucht, zeigen: Die Mittelklasse fungiert eher als Kampfbegriff denn als Zustandsbe-

---

2   NII Mitingov – Unabhängige Forschungsinitiative. Der Name greift die russisch-sowjetische Abkürzung für ein wissenschaftliches Forschungsinstitut auf.

schreibung (Bikbov 2012a, Bikbov 2012c). Die Subsumierung Protestierender unter diesen Begriff grenzt gezielt jene aus, deren Existenz durch ihre unmittelbare Abhängigkeit vom Staatsapparat klarer Beschränkungen unterliegt, ja letztlich sogar die gesamte strukturschwache Peripherie. Im Übrigen deckt sich dieser Umstand damit, dass sich die liberale Opposition größtenteils entschieden gegen die Artikulierung sozialer Forderungen ausspricht, die bei Protestkundgebungen in den Regionen einen wesentlich größeren Raum einnehmen als in der Hauptstadt. Aufrufe aus der Linken, die selbstgewählten Abgrenzungsmechanismen zu überwinden und mehrheitsfähige Positionen zu formulieren, die insbesondere die berechtigten Interessen der in staatlichen industriellen Ballungszentren abhängig Beschäftigten berücksichtigen, blieben bislang unerhört.

Die Wirtschaftskrise von 2008 hat zwar keine speziellen Formen der Ausgrenzung hervorgebracht, wirkte sich jedoch verstärkend auf bereits bestehende Phänomene aus. An den Staat richten sich zwar Erwartungen hinsichtlich ökonomische Unterschiede ausgleichenden Subventionen für einzelne Regionen oder für von Produktionsstillstand betroffene Monostädte. Gleichzeitig ist die staatliche Subventionspolitik Gegenstand nationalistischer Kritik. Es ist zu erwarten, dass sich die hier skizzierten Tendenzen in den kommenden Jahren weiter verschärfen. Der defizitäre Staatshaushalt sieht zahlreiche Einsparungen vor. Ausgabenkürzungen im Bildungsbereich sind bereits beschlossene Sache, die strittige Rentenreform ist vorerst aufgeschoben. Nichts deutet darauf hin, dass die eklatante soziale Ungleichheit abgemildert wird, die nicht nur das Verhältnis zwischen Metropolen und den wirtschaftlich stark benachteiligten Regionen bestimmt, sondern auch die Lage innerhalb der finanzstarken Wirtschaftszentren. Credite Suisse kam im Jahr 2012 zu dem Schluss, dass die Schere zwischen Arm und Reich nirgendwo so stark ausgeprägt ist wie in Russland. Berücksichtigt man den zunehmenden Einfluss islamistischer Strömungen im Nordkaukasus und die im russischen Staatsapparat allgegenwärtige Korruption, so bietet die derzeitige Situation genügend Sprengstoff für eine krisenhafte Entwicklung bereits in der nahen Zukunft.

Quellenverzeichnis

Balatskij, Jewgenij 2010: Finansowaja nesostojatel'nost' regionow i mezhbjudzhetnyje otnoschenija. http://www.kapital-rus.ru/articles/article/176802 (Zugriff: 7.11.12).

Bikbov, Aleksander 2012a: Plody umolchanij. http://expert.ru/expert/2012/16/ plodyi-umolchanij, 23.4.12 (Zugriff: 3.11.12).

Bikbov, Aleksander 2012b: Das russische Zauberwort. http://www.monde-diploma-tique.de/pm/2012/05/11.mondeText.artikel,a0064.idx,21, 11.5.12 (Zugriff: 26.10.12).

Bikbov, Aleksander 2012c: Metodologija issledowanija »wnezapnogo« ulitschnogo aktivizma (rossijskije mitingi i ulitschnyje lagerja, dekabr' 2011 – ijun' 2012). In: Laboratorium 2 (2012). S. 130-163.

Davidis, Sergej 2011: O lozunge »Chwatit kormit' Kawkaz!«. http:// ej.ru/?a=note&id=11457, 8.11.11 (Zugriff: 26.10.12).

Echo Moskwy 2011: Wy po-prezhnemu sschtschitajete, dazhe posle trech zolo-tych medalej, kotorje prinesli Rossii wychodtsy iz Kawkazskich respublik, tschto lozung »chwatit kormit' Kawkaz« aktualen? http://www.echo.msk.ru/ polls/915844-echo.html (Zugriff: 25.10.12).

Gazeta.ru 2008: Monogoroda – istotschnik wzrywa. http://www.gazeta.ru/busi-ness/2008/12/24/2917453.shtml, 24.12.08 (Zugriff: 26.10.12).

Kuwschinowa, Olga 2012: Gosuprawlenije wynuzhdajet ljudej uchodit' v ten'. http:// www.vedomosti.ru/career/news/2319920/truzheniki_tyla, 26.7.12 (Zugriff: 26.10.12).

Lenta.ru 2012: »Prawoje delo« wzjalo kurs na nacional-patriotizm. http://lenta.ru/ news/2012/11/03/delo, 3.11.12 (Zugriff: 7.11.12).

Lewada Zentrum 2011: Obschtschestwennoje mnenije 2011. Moskau.

Lewada Zentrum 2012a: Rossijane o politike v otnoschenii prijezzhich. Pressemit-teilung vom 30.8.12.

Lewada Zentrum 2012b: 47% rossijan otricatel'no otnositsja k gastarbajteram. Pres-semitteilung vom 16.10.12.

Mezhdunarodnyj Institut Ekonomiki i Finansow 2009: Gosudarstwennaja sobst-wennost' v rossijskoj ekonomike. http://institutiones.com/general/1864-gosu-darstvennaya-sobstvennost-v-rossijskoj-ekonomike.html (Zugriff: 26.10.12).

Putin, Wladimir 2012: Rossija: nacional'nyj wopros. http://www.ng.ru/poli-tics/2012-01-23/1_national.html, 23.1.12 (Zugriff: 22.10.12).

Rosbalt 2011: Medwedjew: »Chwatit kormit' Kawkaz« – lozung gluptsow i prowo-katorow. http://www.rosbalt.ru/main/2011/10/20/903436.html, 20.10.11 (Zu-griff: 9.11.12).

Rossijskaja gazeta 2012: Putin: My dolzhny stroit' svojo buduschtschee na patriotizme. http://www.rg.ru/2012/09/12/patriot-anons.html, 12.9.12 (Zugriff : 11.11.12).

Sberbank 2011: Obzor centra makroekonomitscheskich issledowanij Sberbanka Ros-sii. http://www.sbrf.ru/common/img/uploaded/files/pdf/press_center/2011/03/ nisp_110228.pdf (Zugriff: 26.10.12).

SOVA 2012: Leto 2012: Wozwraschtschenije k projdennomu. http://www.sova-center.ru/racism-xenophobia/publications/2012/09/d25425, 29.9.12 (Zugriff: 11.02.13).

Patrick Eser

Kulturen der Ausgrenzung?
Der binnennationale Konflikt in Spanien im Kontext von Krise und Globalisierung

Nationalismus wird oftmals unter dem Aspekt der ausgrenzenden Auswirkungen untersucht, dies ist auch das diesem Band zugrunde liegende Erkenntnisinteresse. Nationalismus ist in dieser Perspektive durch eine Kultur der Ausgrenzung definiert, verstanden als ein Mechanismus und eine ausdifferenzierte soziale Praxis des systematischen Ausschlusses von Bevölkerungsgruppen, die als nicht zur Nation zugehörig definiert werden. Die dem Nationalismus inhärente Kultur der Ausgrenzung manifestiert sich am deutlichsten im Hinblick auf das »Außen« der Nation, des jenseits des »Nationalen« Verorteten; dieses besteht in anderen, zum Beispiel benachbarten Nationen, oder auch in den nicht zur Nation oder zur nationalen Kultur zugehörigen Elementen, Sachverhalten, Menschen oder Artefakten im »Inneren« der Nation (etwa »fremde Sprachen/Kulturen«, »Ausländer«). Die Grenzen der Nation sind ein grundlegendes, konstitutives Element ihrer eigenen Definition wie auch der Rhetorik des Nationalismus. Der Bezug auf die Grenze und das »Außen« konstituiert somit eine dem Nationalismus typische »Kultur der Ausgrenzung«.

Neben diesen exkludierenden Aspekten des Nationalismus, die als »Kultur der Ausgrenzung« beschrieben werden können, spielt der in den Sozialwissenschaften in Mode gekommene Begriff der Kultur auch in der Programmatik des Nationalismus eine zentrale Rolle: Der Nationalismus tritt nicht selten mit dem Anspruch auf, für die nationale Kultur und deren Bestandsschutz oder Emanzipation einzutreten, weshalb diese ein zentraler Gegenstand des nationalistischen Handelns ist. Noch in einem weiteren Sinn lässt sich der Nationalismus mit dem Begriff der Kultur verbinden, nämlich in einer Perspektive, die in der kulturwissenschaftlich geprägten Nationalismusforschung verstärkt angelegt wird. Im Anschluss an Benedict Andersons Konzept der Nation als »imaginierter Gemeinschaft« (Anderson 2005) werden die »kulturellen Produktionsverhältnisse der Nation« (Sarasin 2001: 28f.) beleuchtet, und es wird der Frage nachgegangen, aufgrund welcher kulturellen Formen die Fiktion der Nationalität und die Konstruktion des Nationalbewusstseins vonstattengehen. Der Analyse der kulturellen Formen der nationalen Zeit/ Geschichte und des nationalen Repräsentationsfeldes als bedeutenden kulturellen Formen in der Reproduktion des Nationalbewusstseins kommt dabei ein besonderer Stellenwert zu.

Im folgenden Beitrag soll der Fokus auch auf die kulturellen Formen, Medien und Topoi der Reproduktion und Aktualisierung der nationalen Ideologie gelegt werden; es soll am Beispiel des nationalen Konflikts im spanischen Staat, wie er von den baskischen und katalanischen Nationalbewegungen aufgeworfen wird, untersucht werden, wie die nationale Ideologie reproduziert und eine spezifische Kultur der Ausgrenzung aktualisiert wird. Es geht darum, die Aspekte der negativen Außenabgrenzung, der Feindbildkonstruktion und der Feindschaftsbeziehung zu anderen Nationalismen zu fokussieren. Diese sollen allerdings nicht, wie so oft in der Nationalismusforschung, als dem Nationalismus wesensimmanent behandelt werden, als ob sie die »strukturellen Grundbedingungen des ›nation-building‹« (Geulen 2004: 449) darstellten, sondern untersucht werden hinsichtlich des strukturellen Wandels des Nationalismus, der Imaginationsweise von Nationen und der Funktionalität von Feindbildern.

Virulenz des nationalen Konflikts und kultureller Grenzziehungen im Krisenkontext

Hinsichtlich der Auswirkungen der Wirtschaftskrise auf Spanien lassen sich verschiedene nationalistische Reaktionsformen identifizieren. Die gravierende Immobilienkrise und später auch die generelle Wirtschaftskrise in Spanien, mit dem Verfall des industriellen Wachstums und dem Eintritt einer Rezession im dritten Quartal 2011, resultieren in einer tiefen Krise, von der ein Großteil der Bevölkerung Spaniens betroffen ist. Drastische Arbeitslosenzahlen, zumal unter Jugendlichen, mit Arbeitslosenquoten von über 50 Prozent, die Hypothekenkrise und die Verarmung großer Bevölkerungsteile haben die gesellschaftlichen Ungleichheiten in Spanien drastisch verschärft. Breite gesellschaftliche Proteste gegen die Auswirkungen der Krise und das Krisenmanagement der spanischen Regierung und der Europäischen Union (EU) zeugen davon, dass sich die Wirtschaftskrise in Spanien schon längst zu einer latenten politischen Krise fortentwickelt hat.

Der vielschichtige Krisenherd in Spanien hat eine Wiederbelebung nationalistischer Regungen unterschiedlichster Art hervorgerufen. So ist eine verstärkte Xenophobie festzustellen, zum einen gegenüber den EinwanderInnen aus Lateinamerika, zum anderen aber auch gegenüber ImmigrantInnen aus Afrika. Der partielle Erfolg rechtspopulistischer Regungen in Katalonien, die sich vor allem auf lokaler Ebene gegen die marokkanisch-muslimische Bevölkerung richten, kann hierfür als, wenn auch auf Katalonien reduzierter, Beleg gelten (Eser 2012). Des Weiteren ist angesichts der EU-Krisenpolitik und der willfährigen Umsetzung der Austeritätspolitik durch die Regierung von Mariano Rajoy vom rechtskonservativen Partido Popular (PP) das Aufleben populistischer anti-europäischer sowie anti-deutscher Äußerungen zu beobachten. So wurde der Spanienbesuch der deutschen Bundeskanzlerin Angela Merkel (CDU) dahingehend kommentiert, dass diese mächtiger nach Madrid komme als einst Hitler bei seinem Spanienbesuch 1940 (Fombella 2012).

Parallel zu solchen populistischen Auswüchsen des nationalistischen Denkens nach Innen, gegen die Einwanderungsbevölkerung, sowie nach Außen, gegen das Spardiktat Deutschlands bzw. Europas gerichtet, ist im spanischen Krisenkontext ein schon klassisches Problem wiederaufgelebt, nämlich das Problem der inneren Einheit. Der binnennationalistische Konflikt zwischen dem spanischen Staat und den »historischen Regionen« Baskenland, Katalonien oder auch Galicien, der die noch recht junge Geschichte der spanischen Demokratie stets begleitet hat, scheint eine neue, wenn auch keineswegs eindeutige Entwicklungsdynamik aufzunehmen.

Im Baskenland und in Katalonien gingen im Herbst 2012 bei vorgezogenen Neuwahlen die nationalistischen Kräfte, die eine grundlegende Veränderung der gegenwärtigen Autonomiestatute und eine selbstbewusste Politik der nationalen Emanzipation anstreben, als Sieger hervor. Bei den Regionalwahlen in Galicien hingegen, ebenfalls abgehalten im Oktober 2012, erfuhr der konservative PP Rajoys, der die Ideologie des rechtskonservativen spanischen Nationalismus repräsentiert, große Zustimmung, die peripher-nationalistischen Kräfte konnten dort kaum an Einfluss gewinnen. Die Entwicklungen im Baskenland sowie in Katalonien weisen jedoch darauf hin, dass es nicht unwahrscheinlich ist, dass sich die Krise Spaniens zunehmend auch zu einer territorialen Krise entwickelt, in der die aktuelle Verfassung und die territoriale Integrität Spaniens von einem Großteil der Bevölkerung der Peripherie in Frage gestellt werden.

Katalonien und das Baskenland wiesen im Vergleich zu Rest-Spanien seit den 1990er Jahren bis zum Eintreten der Krise seit 2008 eine überdurchschnittlich positive Wirtschaftsentwicklung auf. Das Bruttoinlandsprodukt (BIP) sowohl des Baskenlands als auch – in abgeschwächter Form – Kataloniens konnte sich zwischen der zweiten Hälfte der 1990er Jahre und der ersten Hälfte der 2000er Jahre nominell fast verdoppeln (Instituto Nacional de Estadística 2004), was einherging mit einer Verringerung der Massenarbeitslosigkeit, die in der Autonomen Gemeinschaft1 (AG) Baskenland von 21,6 Prozent (1996) auf 9,2 Prozent (2004) und in Katalonien von 19,4 Prozent auf 9,4 Prozent zurückging. In den 2000er Jahren konnte die baskische Wirtschaft weiterhin äußerst positive Wirtschaftsdaten aufweisen, sie wuchs zwischen 2000 und 2007 um 30,7 Prozent, während das Wachstum

---

1 Die Autonomen Gemeinschaften, im Folgenden mit »AG« abgekürzt, sind die subnationalen territorialen Untergliederungen des spanischen Staates.

in Katalonien mit 24,5 Prozent unter dem spanischen Durchschnitt (25,9 Prozent) blieb (Instituto Nacional de Estadística 2010).

In der regionalen Verteilung des Pro-Kopf-BIP rangierte die AG Baskenland, nach der AG Madrid, auf dem zweiten Platz (bei 136 Prozent des EU-27-Durchschnitts), gefolgt von Navarra (132 Prozent) und Katalonien (124 Prozent) (Instituto Nacional de Estadística 2007: 3), die Verteilung des Pro-Kopf-Einkommens weist ähnliche Tendenzen auf. Auch hinsichtlich der Auswirkungen der jüngsten Wirtschaftskrise auf die Beschäftigungszahlen sind die beiden Regionen im Vergleich zu Rest-Spanien leicht im Vorteil geblieben: Im Baskenland lag die Arbeitslosigkeit im Herbst 2012 bei 15,5 Prozent, in Katalonien allerdings mit 22,6 Prozent fast schon auf dem spanischen Niveau von 25 Prozent (La Vanguardia 2012). Der Abstand der beiden Regionen, vor allem Kataloniens, zu Restspanien verringerte sich allerdings stark, was nicht zuletzt auch die Unzufriedenheit mit der spanischen Krisenlösung in den beiden Regionen verstärkte.

Der im Baskenland und in Katalonien virulente nationale Konflikt stellt eine spezifische Form des ausgrenzenden und nationalistischen Denkens dar. Im binnennationalen Konflikt stehen sich, vereinfacht dargestellt, zwei Diskursgemeinschaften gegenüber, die verschiedene Konzepte der Nation behaupten: Eine spanische, von ihren Gegnern auch als »españolistisch« bezeichnet, vertritt ein Konzept der umfassenden spanischen Nation, die je nach Spielart intern verschieden gegliedert sein kann, sowie eine periphernationalistische, die im Namen der »Nation ohne Staat« zu sprechen beansprucht und ein alternatives, konkurrierendes Nationenkonzept artikuliert und zu institutionalisieren versucht (Eser 2013: 51ff.). Beide versuchen, die vorherrschenden Grenzziehungen der kollektiven Identität und der politischen Gemeinschaft(en) sowie die damit verbundenen Ordnungen des Imaginären, auf der die soziale und politische Ordnung fußen, durch sinnstiftende, programmatische Diskurse zu beeinflussen. Es werden Vorstellungen von »der Nation«, Fremd- und Selbstbilder konstruiert sowie durch schöpferische ästhetische (literarische sowie ikonographische) Prozeduren Innen- und Außen-Grenzen (etwa Gründungsmythen) geschaffen, um dadurch überhaupt erst institutionsfähig zu werden (Koschorke u.a. 2007: 11).

Ökonomische Logik der Kultur der Abgrenzung

Seitdem im Rahmen des Übergangs vom frankistisch-autoritären Regime zur aktuellen Verfassungsordnung der demokratischen Monarchie eine Dezentralisierung des politischen Systems initiiert wurde und sich das System der Autonomen Gemeinschaften herausgebildet hat, konnten sich in der katalanischen und baskischen AG die bürgerlich-moderaten Flügel der Nationalbewegungen zu dominanten politischen Faktoren entwickeln. Unter dieser politischen Dominanz haben sich in beiden wirtschaftlich dynamischen Regionen Dispositive des »regionalen Staates« herausgebildet, die auch wirtschaftspolitische Dimensionen aufweisen. Nicht zuletzt war und ist das Eintreten für ein eigenständiges »nationales« Finanz- und Wirtschaftssystem in der Auseinandersetzung und im Distinktionskampf der Nationalbewegungen mit dem Zentralstaat von großer Bedeutung. Die Dezentralisierung der Kompetenzen und Ressourcen, die allerdings in den einzelnen AGen verschiedene Ausmaße angenommen hat, hat zu erheblichen Problemen geführt:

> »Im Kontrast zur Dezentralisierung der Mittel blieben die Einnahmequellen aber fest in der Hand der Zentralregierung, ohne ein transparentes System, wie in vergleichbaren Föderalstaaten (wie beispielsweise Deutschland) auszubilden« (Etxezarreta u.a. 2012: 31).

Die Konsequenz war, dass nicht zuletzt im jüngsten Krisenkontext in den Regionen, die ihren Kompetenzspielraum sehr großzügig ausgelegt haben, finanzielle Engpässe auftraten. So musste beispielsweise die wirtschaftsstärkste Region Katalonien im August 2012 die spanische Regierung um Finanzhilfe bitten. Der nationale Konflikt hat in den letzten Jahren eine ausgeprägte wirtschaftliche bzw. wirtschaftspolitische Dimension angenommen – eine Schwerpunktverlagerung, die sich in den Diskursen der beiden Nationalbewegungen schon seit längerem abzeichnete.

In Katalonien war die Nationalbewegung seit ihrer Entstehung eng verbunden mit der im Vergleich zu Restspanien sehr dynamisch entwickelten katalanischen Bourgeoisie und deren wirtschaftspolitischen Strategien. Die politische Option einer katalanischen Unabhängigkeit und eines von Spanien losgelösten, eigenständigen Wegs in die Moderne erschien immer dann attraktiv, wenn die Unzufriedenheit mit der spanischen Regierung groß war, die katalanische Bourgeoisie keinen nachhaltigen Einfluss auf das politische Zentrum Madrids ausüben konnte und ihre ökonomische Machtstellung keinen politischen Ausdruck fand (Vilar 1977). Die Vorherrschaft des durch die »Convergència i Unió« (CiU) repräsentierten, moderat-konservativen Nationalismus äußerte sich im Ausbau der regionalen Kompetenzen, der auch wirtschafts- und industriepolitische Maßnahmen umfasste.

Eine Politik der Förderung der endogenen Potenziale durch Innovationsmanagement und der Entfaltung des unternehmerischen Geistes hat sich in den letzten Jahren im Diskurs des konservativen Katalanismus verbunden mit dem stets lauter artikulierten Lamento über die schlechte finanzielle Ausstattung der katalanischen Regionalregierung, der »Generalitat«. Nicht zuletzt im Kontext der Wirtschaftskrise und der Verschlechterung der regionalen Finanzen hat die Unzufriedenheit ein so großes Ausmaß erreicht, dass der Weg der nationalen Unabhängigkeit auch seitens des moderaten Katalanismus verstärkt propagiert wird. Dies spiegelt die Stimmung in der katalanischen Bevölkerung wider, die sich in jüngsten Umfragen mehrheitlich für die Unabhängigkeit Kataloniens ausgesprochen hat: In einer Umfrage des katalanischen Meinungsforschungsinstitutes Centre d'Estudis d'Opinió beispielsweise befürworteten 57 Prozent der Bevölkerung die Unabhängigkeit.

Von der sozialdemokratisch ausgerichteten »Esquerra Republicana de Catalunya« (ERC) wird schon seit längerem die Loslösung vom spanischen Staat und Solidarverbund gefordert. Sie begründet ihre Forderung nach Eigenstaatlichkeit damit, dass Katalonien nur unter den Bedingungen der vollen ökonomischen und politischen Souveränität einen nachhaltigen katalanischen Wohlfahrtsstaat unterhalten könne. Auch aus dezidiert neoliberaler Perspektive wird die ökonomisch und wirtschaftswissenschaftlich untermauerte Forderung nach der Loslösung Kataloniens vom spanischen Staat und Solidarverband gefordert. Der der CiU nahe stehende, an der Columbia University (New York) lehrende Ökonom und Wirtschaftsliberale Xavier Sala i Martín behauptet, dass die »ökonomische Möglichkeit der Unabhängigkeit Kataloniens« ein sinnvolles politisches Ziel darstelle (Sala i Martín 1998: 340f.). Er vertritt die Perspektive eines wirtschaftsliberalen und unabhängigen Kataloniens, das sehr gute Aussichten auf politischen Erfolg und ökonomisches Wachstum habe.

Auch im Baskenland hat der lange Zeit dominierende, moderat-bürgerliche Flügel der Nationalbewegung, der »Partido Nacionalista Vasco« (PNV), den Ausbau industrie- und wirtschaftspolitischer Kompetenzen aktiv betrieben. Angesichts der schweren Krise der baskischen Ökonomie zu Beginn der 1980er Jahre hat die baskische Regionalregierung mehrere Entwicklungspläne entworfen, um Produktivität und Wettbewerbsfähigkeit wiederherzustellen. Der proaktiven Wirtschaftsförderung und regionalen Kooperation zur Förderung der internationalen Wettbewerbsfähigkeit wurde die höchste Priorität in der politischen Regulation beigemessen, weshalb seit den frühen 1990er Jahren die Entstehung eines »basque developmental government« konstatiert werden kann, dessen primäres Ziel die Verbesserung der Wettbewerbssituation baskischer Unternehmen ist (Cerro Santamaría 2007: 129).

Die Orientierung auf die Förderung der »nationalen Wirtschaftsstruktur« geht einher mit einem ausgereiften System der Finanzautonomie, das die baskische Regionalregierung weitestgehend unabhängig von der spanischen Regierung macht. Da der Leidensdruck angesichts der im Vergleich zu Restspanien relativ guten Wirtschaftsdaten in der jüngsten Vergangenheit gering ist (die Arbeitslosigkeit lag Ende 2012 mit 14 Prozent deutlich unter den 25 Prozent Gesamtspaniens; das regionale Finanzsystem war bislang, anders als in vielen anderen Autonomen Gemeinschaften, vor keine größeren Probleme gestellt), ist im jüngsten Krisenkontext keine Radikalisierung des moderat-bürgerlichen Flügels der Nationalbewegung zu beobachten. Vielmehr wird die Internationalisierung der baskischen Ökonomie bei ausgeprägter Orientierung auf Europa propagiert und Werbung für den baskischen Wirtschaftsstandort vorangetrieben (Coloma 2012). Der wieder parlamentarisch vertretene Linksnationalismus, der zudem über eine starke gewerkschaftliche Repräsentation (die links-patriotischen Gewerkschaften LAB und ELA stellen die Gewerkschaftsmehrheit im Baskenland) verfügt, vertritt jedoch konsequent die Forderung nach der Separation von Spanien und erhebt die Forderung nach der vollkommenen nationalen Souveränität in politischer wie auch in ökonomischer Absicht. Erst ein vom »neoliberalen spanischen« klar losgelöster, unabhängiger »nationaler Wirtschaftsraum« sowie die Einrichtung eines baskischen Systems der Arbeitsbeziehungen und der sozialen Absicherung schafften die Voraussetzungen für ein solidarisches Wirtschaftssystem auf dem baskischen Territorium (Euskal Herritarrok 2001: 32).

Auch in dieser Variante des nationalistischen Denkens steht die Grenzziehung zwischen dem zu schützenden nationalen »Innen« und den negativen Auswirkungen des nationalen »Außen« im Vordergrund. Die Bezugnahme auf ökonomische und sozialpolitische Sachverhalte dient vor allem den linken Spielarten dazu, die Forderung nach nationaler Souveränität und Separation zu untermauern, während in den bürgerlichen Varianten eher standortpolitische und angebotsorientierte Argumente angeführt werden, denen zufolge die Wettbewerbsfähigkeit der baskischen Ökonomie in Einklang steht mit dem nationalpolitischen Ziel der Förderung der nationalen Kultur. Wie im katalanischen steht auch im baskischen Fall in der linken wie auch in der bürgerlich-moderaten Variante der Nationalbewegung die Konstruktion des nationalen Wirtschaftsraums und der nationalen Souveränität im Vordergrund, was gleichbedeutend ist mit der konsequenten Grenzziehung gegenüber dem nationalen »Außen« des spanischen Staates.

Der Wille zur politischen Abspaltung hängt dabei stark ab von der allgemeinen politischen Dynamik wie auch von den internationalen und außenwirtschaftlichen Perspektiven. Die jüngste politische Krise in Katalonien hat ihre Ursache in der großen gesellschaftlichen Unzufriedenheit mit der Krisenpolitik der spanischen Regierung und in der fatalen finanziellen Lage der katalanischen Regionalregierung. Nicht zuletzt drücken die wirtschaftsnahen Milieus ihren diesbezüglichen Unmut verstärkt aus, weshalb auch in den moderat-katalanistischen Spektren die Option der nationalen Unabhängigkeit wieder stärkere Zustimmung erfährt. Aber auch die katalanistische Linke hat in den letzten Jahren das Thema der »finanziellen Ausbeutung Kataloniens durch den spanischen Staat« zu besetzen versucht. Ihr mahnender Hinweis, dass der spanische Staat bedeutende Anteile der »nationalen Wirtschaftsleistung« abpresse, wird mit der Diagnose verbunden, dass der Nettotransfer von Ressourcen nach Spanien die Gangbarkeit eines katalanischen Wohlfahrtsstaats unmöglich mache. Eine ähnliche Begründung wird auch aus der Perspektive der baskisch-patriotischen Linken angeführt, für die die nationale Unabhängigkeit von einer historischen Forderung zu einer ökonomischen Notwendigkeit geworden ist: Das System der fiskalischen Autonomie des Baskenlandes bedinge überzogene Zahlungen an den spanischen Staat, weshalb ein neuer rechtlich-politischer Rahmens geschaffen werden müsse, der die Entwicklung eines alternativen Wirtschafts- und Gesellschaftsmodells ermögliche (Jurado 2010: 180ff.).

Ganz gleich, ob das Ziel die Konstruktion einer wettbewerbsfähigen nationalen Standortgemeinschaft oder die einer nationalen Solidar- und Wohlfahrtsgemeinschaft ist – in beiden Varianten der modernisierten peripher-nationalistischen Ideologie wird die primäre Konfliktachse in der Beziehung zum spanischen Staat lokalisiert. Die Selbst-Ausgrenzung vom gesamtspanischen politökonomischen Gefüge wird in beiden Varianten teils als zentrale politische Lösung oder, in schwächerer Form, als mögliche Entwicklungsoption angesehen, die dem Wohl der Nation und nicht zuletzt auch der politisch-kulturellen Eigenständigkeit gerecht werde. Die behaupteten ethnisch-kulturellen Grenzziehungen sollten, so die Forderung, auf politischer und ökonomischer Ebene ihre Anerkennung finden.

Der periphere Nationalismus im Krisenkontext: Kulturen der Ausgrenzung im Wandel

Das politische Programm der moderat-bürgerlichen Flügel der beiden Nationalbewegungen, das auf die Öffnung nach außen, auf die internationale Integration und die Verbesserung der globalen Wettbewerbsfähigkeit der eigenen Nation setzt, kann als »peripherer Entwicklungsnationalismus« (Eser 2013: 459ff.) beschrieben werden. Diese neue Form der nationalen Ideologie behauptet die lukrative Perspektive der Option der nationalen Unabhängigkeit relativ wohlhabender und wirtschaftlich dynamischer Regionen, für die der Austritt aus dem Solidarverband größerer politischer Staaten attraktiv erscheint.

Die Erfolgsbedingung dieser neuen Logik besteht in den strukturellen Veränderungen von Staatlichkeit, nämlich in einem Kontext, in dem der Nationalstaat seine privilegierte Stellung als Instanz der wirtschaftlichen Steuerung verliert und zunehmend die Vorteile der dezentralisierten, regionalen Wirtschaftspolitik deutlich werden: Anstatt zentraler Steuerung der Volkswirtschaft sind regionale Netzwerke mit endogenem Wachstumspotential gefragt, zudem scheint die regionale Regulation wirtschaftlicher Prozesse wesentlich effektiver zu sein (Zürn 2001: 126). Die Programmatik des peripheren Entwicklungsnationalismus hat sich in den beiden im Vergleich zu Rest-Spanien überdurchschnittlich entwickelten Regionen Katalonien und Baskenland als eine effektive und mehrheitsfähige Entwicklungsideologie bewährt. Die standortnationalistische Rhetorik ist damit eine Reaktion auf die jüngsten politisch-ökonomischen Veränderungen, die mit der neoliberalen Globalisierung einhergehen. Es ist nicht verwunderlich, dass spätestens seit den 2000er Jahren eine Ökonomisierung des peripher-nationalistischen Diskurses zu beobachten ist, in der die ökonomischen Perspektiven der »Nation ohne Staat« von zentraler Bedeutung sind.

Die Tendenz zur Nationalisierung des politischen Diskurses und der Krisenlösungen hat sich in der Neukonzipierung der nationalen Ideologie verhärtet, in deren Zentrum die Vorstellung eines »nationalen Wirtschaftsraums« steht, der von der übergreifenden politischen Regulierung durch den spanischen Staat abgelöst werden solle. Diese wirtschaftspolitisch untermauerten Visionen von der nationalen Unabhängigkeit implizieren neuartige Ausgrenzungsdiskurse sowie ein Wiederaufleben des nationalen Konflikts in Spanien. Im aktuellen Krisenkontext verschärft sich der Zentrum-Peripherie-Konflikt, und der ökonomisch argumentierende Nationalismus kann als aktualisierte kulturell-symbolische Form der Konstitution von Nationalität zunehmend Plausibilität beanspruchen. Er stellt die zentrale symbolische Form dar, in der sich die Erfindung und Vorstellung von der Nation heutzutage vollzieht. In den konkreten Praktiken, Formen und Verläufen der Imagination von Nationen wird eine Form der nationalen Gemeinschaft imaginiert, in deren Zentrum das wirtschaftliche Wohlergehen der nationalen Ökonomie und Bevölkerung steht.

Die Grenzziehung zum nationalen Außen und die nationalistische Ausgrenzung erfolgen vor dem Hintergrund dieser grundlegenden Semantisierung der sozialen Welt. Diese neue Logik der Separation stellt eine neue Kultur der Ausgrenzung dar, der ökonomisch kodierte Nationalismus stellt dessen kulturelle Produktionsbedingung in der Gegenwart dar. Die Konzeption eines »nationalen Wirtschaftsraums« ist der zentrale ideologische Stützpfeiler der aktuellen kulturellen Produktionsverhältnisse der Nation. Als zentrale symbolische Form der Konstitution von Nationalität, durch die sich die Reproduktion der Vorstellung von der Nation heutzutage vollzieht, ermöglicht der ökonomische Nationalismus eine in gewissem Sinne variable Grenzziehung der Nation, »die ihre vermeintliche Einheit nicht nur durch die tatsächliche Exklusion, sondern auch durch den befürchteten Ausschluss aufgrund einer steten Hervorbringung des Nicht-Identischen gewinnt« (Goltermann 2001: 95). Als Grenzen markierender Opponent fungiert der spanische Staat sowie dessen Redistributionsvorhaben und politisch-ökonomische Regulationsmechanismen.

Diese Grenzziehung nach »außen« wird von einer inneren Auseinandersetzung und Grenzziehung in den »Nationen ohne Staat« begleitet. Der nationalistische Diskurs hat somit auch nach innen spaltende und ausgrenzende Auswirkungen: Die Kultur der Ausgrenzung hat sich modifiziert, Ideologeme des Neoliberalismus und des Globalisierungsdiskurses werden in die modernisierten Fassungen des peripher-nationalistischen Selbstbehauptungsdiskurses verschiedentlich integriert. Es kann somit ein Strukturwandel des Nationalismus konstatiert werden, der sich hin zur ökonomisch fundierten Logik des Standortnationalismus bewegt hat. Die zunehmende Tendenz zur Abgrenzung vom spanischen Staat und Solidarverband kann dabei durchaus begleitet sein von einem nach innen inklusiven Konzept der nationalen (Standort-) Gemeinschaft, an der auch EinwandererInnen – unter bestimmten, in beiden Regionen differierenden Bedingungen – teilhaben können.

Abschließend ist festzuhalten, dass die linksnationalistischen Entwicklungsvorstellungen, die vor allem im Baskenland einen starken Rückhalt in der Bevölkerung erfahren, eine radikale Alternative zu der vom spanischen Staat vorangetriebenen neoliberalen Transformation und Sparpolitik artikulieren. Selbst wenn im nationalistischen Kode verfangen, wird in diesem Diskurs ein weiterhin nicht gelöstes, im Krisenkontext gar noch verschärftes Problem der spanischen Politik und des spanischen Nationalstaates selbstbewusst zu lösen versucht: Die durch die neoliberale Globalisierung und die technokratisch dominierte Krisenpolitik zunehmend ausgehöhlte politische Souveränität und demokratische Partizipationsmöglichkeiten wiederanzueignen oder wenigstens einzufordern.

Quellenverzeichnis

Anderson, Benedict 2005: Die Erfindung der Nation. Zur Karriere eines folgenreichen Konzepts. Frankfurt/Main.

Cerro Santamaría, Gerardo del 2007: Bilbao. Basque pathways to globalization. Amsterdam.

Coloma, Marta G. 2012: Urkullu propone crear la marca »Euskadi-Basque Country« para »vender país«. In: El Mundo, 25.10.12.

Eser, Patrick 2012: Rechtspopulismus in Spanien. Katalonien, der nationale Konflikt und die rechtspopulistische Plataforma per Catalunya (PxC). In: Forschungsgruppe Europäische Integration (Hg.): Rechtspopulismus in der Europäischen Union. Hamburg. S. 107-130.

Eser, Patrick 2013: Fragmentierte Nation – globalisierte Region? Der baskische und katalanische Nationalismus im Kontext von Globalisierung und europäischer

Integration. Bielefeld.

Euskal Herritarrok 2001: Socialismo identitario: Alternativa vasca al neoliberalismo. Referat auf dem WSF. In: Herria Eginez 87 (2001). S. 32.

Etxezarreta, Miren / Navarro, Francisco / Ribera, Ramón / Soldevilla, Victòria 2012: Boom und Krise der spanischen Wirtschaft und die Rolle der EU. In: Z. Zeitschrift marxistische Erneuerung 91 (2012). S. 21-33.

Fombella, Iván 2012: Despedida a ritmo de copla. In: El Mundo, 6.9.12.

Geulen, Christian 2004: Nationalismus als kulturwissenschaftliches Forschungsfeld. In: Jäger, Friedrich / Liebsch, Burkhard / Rüsen, Jörn (Hg.): Handbuch der Kulturwissenschaften. Band 3: Themen und Tendenzen. Stuttgart. S. 439-457.

Goltermann, Svenja 2001: Identität und Habitus. Konzepte zur Analyse von »Nation« und »nationalem Bewusstsein«. In: Jureik, Ulrike (Hg.): Politische Kollektive. Die Konstruktion nationaler, rassischer und ethnischer Gemeinschaften. Münster. S. 81-100.

Instituto Nacional de Estadística 2004: Contabilidad Regional de España (1995-2004). http://www.ine.es/daco/daco42/cre00/serieh/cre00_sh.htm (Zugriff: 1.9.11).

Instituto Nacional de Estadística 2007: Contabilidad Regional de España. Base 2000. Producto Interior Bruto regional. Serie 2000-2006. Cuentas de renta del sector hogares. Serie 2000-2005. http://www.ine.es/prensa/np488.pdf, 27.11.07 (Zugriff: 1.9.2011).

Instituto Nacional de Estadística 2010: Contabilidad Regional de España (2000-2010), http://www.ine.es/prodyser/pubweb/anuario10/anu10_10conta.pdf (Zugriff: 13.8.11).

Jurado, Nekane 2010: Independencia. De reivindicación histórica a necesidad económica. Tafalla.

Koschorke, Albrecht / Lüdemann, Susanne / Frank, Thomas / Mazza, Ethel Matala de (Hg.) 2007: Der fiktive Staat. Konstruktion des politischen Körpers in der Geschichte Europas. Frankfurt/Main.

La Vanguardia 2012: El paro sube en Catalunya en 18.800 personas hasta las 840.400. In: La Vanguardia, 25.10.12.

Sala i Mart'n, Xavier 1998: Independència de Catalunya: la viabilitat econòmica. http://www.columbia.edu/~xs23/papers/independ.htm (Zugriff: 13.11.12).

Sarasin, Philipp 2001: Die Wirklichkeit der Fiktion. Zum Konzept der imagined communities. In: Jureik, Ulrike (Hg.): Politische Kollektive. Die Konstruktion nationaler, rassischer und ethnischer Gemeinschaften. Münster. S. 22-45.

Vilar, Pierre 1977: La Catalogne dans l'Espagne moderne. Recherches sur les fondements économiques des structures nationales. Paris.

Zürn, Michael 2001: Politische Fragmentierung als Folge der gesellschaftlichen Denationalisierung. In: Loch, Dietmar / Heitmeyer, Wilhelm (Hg.): Schattenseiten der Globalisierung. Frankfurt/Main. S. 111-139.

Savaş Taş

Neue Ambitionen für das Establishment?
Türkischer Nationalismus in der aktuellen Wirtschaftskrise

Im Diskurs über die Krise wird in der Türkei oft die Aussage des Ministerpräsidenten Recep Tayyip Erdoğan zitiert, das Land werde die aktuelle globale Wirtschaftskrise mit geringstem Schaden überwinden. Trotz dieser Einschätzung wird die Krise im türkischen Kontext für politische Zwecke verhandelt und der türkische Nationalismus gestützt.

Ich möchte den Einfluss der aktuellen Wirtschaftskrise ausgehend von einer Analyse der Kontinuitäten des türkischen Nationalismus untersuchen.[1] Nach der Darstellung der historischen Komponenten, Ausformungen und Merkmale der nationalistischen Hauptströmungen der Türkei werden anhand der aktuellen Krise die wichtigsten nationalistisch und rassistisch argumentierenden Positionen rekonstruiert. Dabei ist die Kardinalsfrage, ob der türkische Nationalismus unter dem Einfluss der Krise neue politische Formen annimmt, die sich wesentlich von seinen historischen Auslegungen unterscheiden, oder ob letztere eher reproduziert werden. Dafür werden die nationalistischen Ideologeme des türkischen Nationalismus bezüglich seiner Hintergründe und seines historischen Werdegangs anhand wichtiger Stationen diskutiert und der durch die aktuelle Krise bedingte ideologische Wandel behandelt. Mit Hilfe eines diskurstheoretischen Ansatzes (Keller 2005; Jäger 2009) werden anhand aktueller Aussagen führender türkischer nationalistischer Akteure latente und manifeste Sinngehalte im Kontext der Krise analysiert.

Facetten des türkischen Nationalismus

Um die heutigen Elemente des türkischen Nationalismus zu verstehen, ist ein kurzer Blick auf die Phase des Niedergangs des Osmanischen Reiches sinnvoll. Die Entstehung des türkischen Nationalismus, insbesondere der atatürkistischen Staatsideologie und der »Partei der Nationalistischen Bewegung« (»Milliyetçi Hareket Partisi«, MHP)[2], geht auf die Jungtürkenbewegung zurück, die unter dem Einfluss der französischen Revolution 1789 das Os-

---

1   Ich beziehe mich dabei auf Ergebnisse meiner Dissertation zum türkischen Nationalismus (Taş 2012).

2   Die MHP ist im deutschen Sprachraum auch unter dem Namen »Idealisten« (»Ülkücü«) und »Graue Wölfe« (»Bozkurt«) bekannt und mit diesen Bezeichnungen austauschbar.

manische Reich mit Hilfe von militärischen, politischen und wirtschaftlichen Reformen vor seinem Ende retten wollte. Die Jungtürkenbewegung bildete die ideologische Grundlage für die künftige türkische Staatsideologie (Oran 1997: 50) und hatte als Hauptziel den Fortbestand, das Erstarken und die Reorganisation des Osmanischen Reiches nach dem Vorbild europäischer Nationalstaaten. Die Führungsgruppe der Jungtürkenbewegung bestand aus Angehörigen der gebildeten staatlichen Oberschichten sowie aus Soldaten. Die politischen Ideen waren insbesondere durch die Französische Revolution und durch den sozialpolitischen Wissenschaftsdiskurs wie den biologischen Materialismus und den Sozialdarwinismus geprägt (İnalcık 1993).

Während und infolge des Ersten Weltkrieges schrumpfte das osmanische Territorium enorm, im Vertrag von Sevrés[3] wurde letztlich das Ergebnis dieses Auflösungsprozesses festgeschrieben. In diesem spezifischen historischen Prozess gründete die spätere Angst im türkischen Nationaldiskurs vor Zerstörung und Einkreisung des Landes. Eine Aktualisierung dieses Syndroms fand in der Atmosphäre des Kalten Krieges aufgrund der »höchst sensiblen politischen Lage« und in Bezug auf die Kurdenfrage als ständige Existenzangst und als permanent empfundene Bedrohung statt (Bora 2001). Diese obsessive Anschauung bildet gemeinsam mit Verschwörungstheorien ein relevantes Merkmal des türkischen Nationalismus.

Gegen den Vertrag von Sèvres 1920 formierte sich die türkische Unabhängigkeitsbewegung unter der Führung von Mustafa Kemal. Nach dem Sieg der Türkei in diesem Befreiungskrieg wurde 1923 mit den Alliierten der die Souveränität der türkischen Republik in den heutigen territorialen Grenzen gewährleistende Vertrag von Lausanne unterschrieben. Bereits mit Beginn des türkischen Befreiungskrieges strebte Mustafa Kemal (nach dem europäischen Modell, das er schon in »Ittihat ve Terakki«, der Partei der Jüngtürken, vertrat) an, einen türkischen Nationalstaat zu konstituieren (Ahmad 1996: 222). Die von Mustafa Kemal entwickelten Maximen wurden als »Atatürkismus« (»Atatürkçülük«) bezeichnet und als türkische Staatsideologie durchgesetzt. Die atatürkistische Staatsdoktrin besteht aus sechs Prinzipien: Nationalismus Laizismus, Republikanismus, Populismus, Etatismus und Revolutionismus (Şen/Akkaya/Özbek 1998: 9-20).

Eine maßgebliche Rolle in der Aufrechterhaltung der atatürkistischen Staatsideologie spielte das Militär. Mit der Gründung der Türkischen Republik entstanden Staatseliten aus den militärischen und bürokratischen Kadern, die am Befreiungskrieg 1920/23 beteiligt waren. Aus diesen rekrutiert sich

---

3   Der Vertrag von Sevrés 1920, der die Aufteilung des Osmanischen Reiches regelte und eine kleine Resttürkei vorsah, wurde nach dem Ersten Weltkrieg zwischen Alliierten und dem Osmanischen Reich unterschrieben.

kontinuierlich bis zur Gegenwart die Staatselite, die das atatürkistische Erbe als ihre ideologischen Maximen ansieht. Sich als Hüter des türkischen Staates verstehend, putschten die Militärs 1960, 1971, 1980 und 1997[4]. Dies festigte die Machtposition des Militärs in der staatlichen Hierarchie enorm, wodurch sich die atatürkistische Staatsdoktrin – eng mit den Staatsapparaten verbunden – weiter durchsetzte.

Die Staatsideologie des Atatürkismus unter dem Einfluss des damaligen Klimas in Europa zielte in den 1930er Jahren darauf ab, eine »türkische nationale Identität« zu konstruieren, die sich gegenüber anderen Bevölkerungsgruppen als überlegen ansah (Maksudyan 2007: 56). Damit einher ging die Idee der ethnischen Homogenisierung Anatoliens, was sich exemplarisch an der durch die »Republikanische Volkspartei« (CHP) 1942-44 eingeführten Vermögenssteuer zeigt. Mit ihr legte der Staat den Minderheiten hohe – oft unbezahlbare – Abgaben auf. Das latente Ziel dessen war die Türkisierung der Wirtschaft und damit die Beendigung der ökonomischen Vormachtstellung der nichtmuslimischen Minoritäten wie etwa der türkischen JüdInnen, GriechInnen und ArmenierInnen. Auch die rassistischen Übergriffe auf griechische BürgerInnen am 6. und 7. September 1955 in Istanbul, bei denen etwa 15 Menschen getötet und über 5.000 Betriebe und Wohnungen zerstört wurden (Aktar 2010), sind als Folge dieser Türkisierungspolitik zu betrachten.

Ein wesentliches Element der Staatsideologie stellt die Kurdenpolitik und speziell in den 1970er Jahren die Politik gegen die türkische marxistische Bewegung dar, die sich am Beispiel der ultranationalistischen MHP darstellen lässt. Nach dem Militärputsch 1971 gewann die MHP die Unterstützung des Militärs und erhielt ihre Legitimation durch ihre Rolle als antikommunistische paramilitärische Kraft auf der Seite des Staates in den Auseinandersetzungen mit den erstarkenden linken Bewegungen in der Türkei (Can 2003: 663). Bis zum Militärputsch vom 12. September 1980 wurden die militanten Aktionen der MHP aufgrund der Bürgerkriegsstimmung von der Staatsmacht toleriert und unterstützt.

Nach der erneuten Zulassung des Parlamentarismus 1983 betraten die »Ülkücüs« in Form der »Partei der Nationalistischen Arbeit« (»Milliyetçi Çalışma Partisi«, MÇP), die 1993 wieder in MHP umbenannt wurde, die politische Arena. Das auffälligste Novum der MHP in dieser Periode war eine fortschreitende Islamisierung. Bis Ende der 1970er Jahre praktizierte die MHP noch eine eher selektive Heranziehung des Islams (Bora/Can 2007: 98, 123). Sie nutzte ihn für ihre Belange sowie für die Mobilisierung der Massen

---

4   Der Putsch vom 1997 wird als postmodern bezeichnet, weil er nicht mit militärischer Gewalt, sondern mit medialen und zivilgesellschaftlichen Methoden durchgeführt wurde.

(Taş 2012: 96). Demgegenüber basierte die Staatsideologie auf einem antiislamischen Laizismusverständnis (Göle 1995: 72).

Mit dem Beginn des bewaffneten Kampfes der »Arbeiterpartei Kurdistans« (PKK) 1984, die den Krieg erst Ende der 1980er Jahre intensivierte, und mit den nationalistischen Entwicklungen in den Regionen Balkan-Mittelost-Kaukasien erlebte die MHP einen politischen Aufschwung. Diese brachten in den 1990er Jahren zwei neue Aspekte in den Diskurs der MHP: das anti-kurdische Ressentiment und den wiederentdeckten Pantürkismus, der darauf zielte, mit den nach dem Zerfall der Sowjetunion ihre Unabhängigkeit proklamierenden turksprachigen Völkern eine Allianz unter der Führung der Türkei zu schließen. Mit diesen beiden Konzepten, die durch einflussreiche Kräfte im Staatsapparat unterstützt wurden, konnte die MHP sowohl ihre Beziehung zur Staatsideologie im Zusammenhang mit dem Militärputsch von 1980 rehabilitieren als auch sich dem staatlichen politischen Zentrum nähern (Bora 1994: 9-24). Aufgrund ihrer traditionell staatstreuen und nationalistischen Ideologie, ihrer absoluten Loyalität für die parteiübergreifende nationale Staatspolitik sowie ihrer Türkisierungspolitik gewann die MHP als Verbündete der Staatsideologie gegen die kurdische Untergrundbewegung an Legitimität.

Bei den Parlamentswahlen 2007 zog die MHP mit 14 Prozent der Stimmen ins Parlament ein. 2011 konnte sie unter dem Vorsitzenden Devlet Bahçeli mit 12 Prozent der Stimmen als die zweitgrößte Oppositionspartei ins Parlament einziehen.

Die Auswirkungen der aktuellen Krise auf den türkischen Nationalismus

Im Vergleich zum europäischen Raum ist die aktuelle Wirtschafts- und Finanzkrise in der Türkei nicht so stark zu spüren. Das türkische Establishment behauptet, das Land werde durch die Krise gestärkt. Mehr als die Frage, ob die Aussagen der Regierung oder der MHP der wirtschaftlichen Realität entsprechen, erscheint die Frage interessant, welche politischen und ideologischen Anknüpfungspunkte die derzeitige Wirtschaftskrise für den türkischen Nationalismus hat.

2001 erlebte die Türkei eine schwere Wirtschaftskrise. Zu ihrer Überwindung legte die damalige Regierung gemeinsam mit den internationalen Finanzinstitutionen (Internationaler Währungsfonds und Weltbank) ein typisches Strukturanpassungsprogramm auf. Die »Partei der Gerechtigkeit und Entwicklung« (AKP), die erst 2002 an die Macht kam, hielt die darin getroffenen Selbstverpflichtungen, wie Steuererhöhungen und Ausgabenkürzungen, ein. Anschließend konnte die AKP infolge der Neoliberalisierungswelle mithilfe internationaler Kredite die türkische Ökonomie stabilisieren und die öffentlichen Haushalte konsolidieren. Durch die Privatisierungswelle eröffnete die Regierungspartei sowohl großen als auch kleinen Kapitalgruppen neue Geschäftsfelder. Nach offiziellen Angaben ist die Türkei seit dem Amtsantritt der AKP bis in die Gegenwart wirtschaftlich permanent gewachsen (Bozkurt/Ay 2012).

Der türkische Ministerpräsident Recep Tayyip Erdoğan meinte bereits 2008, die Türkei werde die aktuelle globale Wirtschaftskrise mit geringstem Schaden überwinden (Uluengin 2008: 7). Diese Aussage gewann Zustimmung beim politischen Establishment sowie in nationalistischen Kreisen und wurde durch die Massenmedien weit verbreitet. Sie aktualisiert die türkisch-nationalistische Vorstellung, wonach der »türkischen Nation« aufgrund ihrer Geschichte eine übergeordnete Position zugeschrieben wird. Hier wird die Überwindung der Wirtschaftskrise mit der Zeit des Osmanischen Reiches assoziiert, die Türkei als mächtig, souverän und überlegen dargestellt und der ökonomische Erfolg als Beleg für die Dominanz der »türkischen Nation« aufgefasst (Taş 2012: 225). So sagte Erdoğan in einer Rede, dass »die Türkei während der Krise aufgrund ihrer hervorragenden Position ein erfolgreiches Muster ist und die Stärke der Türkei, die bei der Überwindung eine bestimmende Rolle spielt, auf ihrer Geschichte basiert« (zit. n. Zaman 2012b, Übersetzung S.T.)

Damit wird angedeutet, dass der türkische Staat dank seiner »starken Wirtschaft« in der Weltpolitik eine besondere Rolle einnehme und auch die Rettung Europas aus der Krise nur gemeinsam mit einer »starken« Türkei möglich sei. Dabei impliziert die Annahme einer »starken« Türkei auch den Stolz, ein Türke zu sein. Dieser Stolz ist ein zentrales Element in der Denktradition des türkischen Nationalismus (Taş 2012). Dieses Verständnis führt zur Annahme von Rangunterschieden gegenüber anderen Bevölkerungen.

Ein weiterer Aspekt der Krise ist der Versuch, die gesellschaftliche und politische Hegemonie der Türkei im mittelöstlichen Raum auszubauen, was auch durch die MHP unterstützt wird (Alp 2012: 3). Die »antiisraelische Positionierung« infolge der Ereignisse auf dem Mavi-Maramara-Schiff am 31. Mai 2010 und der »arabische Frühling« boten dem türkischen Nationalismus günstigste Grundlagen hierfür. Diesen regionalen Imperialismus nennt Soner Çağaptay »Neo-Osmanismus« (Çağaptay 2009). Pantürkismus erscheint unter unterschiedlichen Deckmäntelchen als Instrument von Souveränität und Hegemonie sowie zur Durchsetzung politischer und wirtschaftlicher Expansion (Taş 2012: 199). »Neo-Osmanismus« kann als Wiederbelebung der pantürkistischen Politik im türkischen Nationalismus betrachtet werden, welcher sich aufgrund der wirtschaftlichen und politischen Krise neu formierte. Eine Aussage des Kolumnisten Mümtazer Türköne zeigt exemplarisch die neo-osmanische Einstellung: »Wir haben Erdoğan als Ministerpräsident verabschiedet und dort [in Ägypten] wurde er als Großwesir empfangen« (zit. n. Ensonhaber 2011, Übersetzung S.T.)

Vor dem Hintergrund der durch die Krise im Westen eingetretenen wirtschaftlichen Schwierigkeiten und der wirtschaftlichen und politischen Belange wandte sich die türkische Regierung dem Nahen und Mittleren Osten und Nordafrika zu, um sich dort politisch und wirtschaftlich als Regionalmacht zu etablieren. Dafür verwendet das türkische Establishment – gegenüber diesen Ländern mit radikal-islamistischem Potential – insbesondere die osmanische Phase dieser Regionen und das Bild der Türkei als »laizistischem« Modellstaat als Legitimationsgrundlage.

Der aktualisierte türkische Nationalismus beeinflusst auch die Debatte um die EU-Vollmitgliedschaft, die in der Türkei jahrzehntelang ein zentrales politisches Thema war. Zu Beginn ihrer Regierungszeit sicherte sich die AKP die Unterstützung der Europäischen Union (EU) durch eine wirtschaftsliberale Politik der Privatisierung öffentlichen Eigentums, der Flexibilisierung des Arbeitsmarktes und der völligen Marktöffnung für ausländisches Kapital. Gleichzeitig instrumentalisierte die AKP als »Reformkraft« die durch ihre Politik in Aussicht gestellte EU-Mitgliedschaft gegenüber der türkischen Öffentlichkeit, um den Machtkampf gegen das sich als Hüterin des Laizismus gebärdende Militär zu gewinnen.

Seit 2008, als die AKP den Machtkampf gegen das Militär gewonnen hatte, hat sich die Perspektive der Türkei auf die EU-Mitgliedschaft allerdings enorm verändert. Zwar ist die EU-Vollmitgliedschaft für das türkische Establishment ein »langfristiges strategisches Ziel«, es hat aber keine hohe Priorität mehr. Die aktuelle Krise hat diese Abkehr von Europa weiter beschleunigt. Die türkische Regierung konzentriert sich auf den Nahen und Mittleren Osten, auf Nordafrika und auf den Kaukasus, um ihren Machtraum für ihre politischen und wirtschaftlichen Ambitionen auszuweiten.

Dabei versucht das türkische Establishment zur Verminderung der negativen Effekte der Wirtschaftskrise, Allianzen mit den turkstämmigen Völkern in Mittelasien zu etablieren. In diesem Kontext kehren Rhetoriken wieder, die vor allem in den 1990er Jahren virulent waren – zum Beispiel, dass die Türken »ein Volk mit zwei Staaten« oder »ein Volk mit sechs unterschiedlichen Flaggen« seien (Zaman 2012a, Übersetzung S.T.) Die Vorstellung, die unabhängigen turksprachigen Völker in Mittelasien zum Zweck der geographischen und wirtschaftlichen Expansion unter einem Dach vereinigen zu wollen, war schon nach dem Zerfall der Sowjetunion weit verbreitet. Um Machtpotentiale zu schaffen, wurden diese Bestrebungen damals insbesondere durch die MHP mit pantürkistischen Begründungen unterstützt (Bora 1994).

Wie mehrere Studien zeigen, steht die gebildete urbane türkische Mittelklasse heute vor dem Verlust ihrer Mittelschichts-Privilegien und neigt daher zunehmend zu (ultra-)nationalistischen Ideologien (Bora u.a. 2011; Saraçoğlu 2012). Diese Entwicklung scheint sich zu verstärken. Die gebildete bürgerliche Mittelklasse ist – unter anderem durch die Krise – weiter geschrumpft, was Abstiegsängste anreibt.

Es bleibt festzuhalten, dass sich die Ideologeme des türkischen Nationalismus in Bezug auf die Wirtschaftskrise nicht maßgeblich änderten. Dennoch kristallisieren sich in den Aussagen seiner Meinungsführer neue Strategien heraus. Das türkische Establishment bringt für seine politischen und wirtschaftlichen Belange alte Argumente ins Spiel, um das nach wie vor latente Ziel der politischen und wirtschaftlichen Expansion weiter legitimieren und verfolgen zu können.

Abschließend möchte ich zwei Akteure der türkischen Politik und deren Beziehung zur herrschenden Staatsmacht diskutieren: die kurdische Bewegung und die politische Linke in der Türkei. Die »Kurdenproblematik« war seit Ausbruch der Finanz- und Wirtschaftskrise kontinuierlich ein Thema. 2009 erklärte der türkische Staatspräsident Abdullah Gül die kurdische Frage zum dringendsten Problem des Landes und kündigte zu ihrer Lösung einen Prozess der »kurdischen Öffnung« an, der im Mai 2011 vor den Parlamentswahlen abgebrochen wurde. Während die Lösungsmöglichkeiten offen diskutiert wurden, gingen die Verhaftungswellen gegen die kurdische Bewegung weiter. Im Zuge der bis heute andauernden Verhaftungswellen sind circa 10.000 kurdische PolitikerInnen, AktivistInnen, GewerkschafterInnen, RechtsanwältInnen, AkademikerInnen und andere in Haft genommen worden.

Mit diesen Repressionen zielt die Regierungspartei darauf ab, die kurdische Bewegung zu schwächen. Diese Strategie scheiterte bei den Parlamentswahlen, bei denen der links-kurdische Wahlblock mit großem Erfolg ins Parlament einzog. Diese Zusammenarbeit zeigt schon, dass die Zusammenarbeit zwischen der türkischen Linken und der kurdischen Bewegung Erfolge erzielen kann. Sie hat das Potenzial, die Staatsmacht zurückzudrängen.

Entsprechend der autoritären Politik der AKP hatten sich die Repressionen während der aktuellen Wirtschaftskrise auf linke, regierungskritische Kräfte ausgeweitet. Es wurden viele linke Oppositionelle durch Staatsanwaltschaften mit Sondervollmachten verhaftet. Diese Verhaftungswellen betrafen fast alle Gruppierungen innerhalb der türkischen Linken, die sich gegen die Politik der Regierungspartei wenden. Die staatliche Eskalation von Repression und Gewalt gegen die Oppositionellen erinnert an die Zeiten nach dem Militärputsch 1980 und ist gegenüber den 1990er Jahren enorm angestiegen.

Die kurdische Gesellschaft in der Türkei leidet unter dem Trauma des seit 30 Jahren währenden schmutzigen Krieges mit zehntausenden Opfern, massiven Repressionen, Zwangsumsiedlungen und institutionalisierten Diskriminierungen. Dabei leidet auch die türkische Linke seit der Ausrufung der türkischen Republik unter dem militärischen Vormundschaftsregime. Die linken und die kurdischen Bewegungen sollten über die Bekämpfung der autoritären Regierung der AKP hinaus das Ziel verfolgen, gemeinsame Ziele zu schaffen. Durch diese könnten sie besser gegen die neoliberale und autoritäre Politik der AKP agieren – und durch ihr Handeln könnte die hegemoniale Ideologie verändert werden.

Quellenverzeichnis

Ahmad, Feroz 1996: İttihatçılıktan Kemalizme. Istanbul.

Aktar, Ayhan 2010: Varlık Vergisi ve Türkleştirme Politikaları. Istanbul.

Alp, Aysel 2012: Tezkere oylamasında kim kaç fire verdi. In: Hürriyet, 4.10.12.

Bora, Tanıl 1994: Türkiye'de Milliyetçilik Söylemleri: Modern bir Dilin Kalın ve Düzensiz Lügatı. In: Birikim 67 (1994). S. 9-24.

Bora, Tanıl 2001: Der nationale Reflex: Die fundamentalistische Disposition des Nationalen in der Türkei und der proto-faschistische Nationalismus der MHP. In: Sociologus 51 (1-2). S. 123-139.

Bora, Aksu / Bora, Tanıl / Erdoğan, Necmi / Üstün, İlknur 2011: Boşuna mı Okuduk. Türkiye'de Beyaz Yakalı İşsizliği. Istanbul.

Bora, Tanıl / Can, Kemal 2007: Devlet Ocak Dergah. 12 Eylül'den 1990'lara Ülkücü Hareket. Istanbul.

Bozkurt, Said Vakkas / Ay, Yalçın 2012: Üretim ve Büyüme. http://www.hazine.org. tr/tr/index.php/ekonomi/ueretim-ve-bueyueme (Zugriff: 31.12.12).

Çağaptay, Soner 2009: Türk Kimdir: Modern Türkiye'de İslam. Sekülerleşme ve Milliyetçilik. Istanbul.

Can, Kemal 2003: Ülkücü Hareketin İdeolojisi. In: Bora, Tanıl / Gültekingil, Murat (Hg.): Modern Türkiye'de Siyasi Düşünce Tarihi. Milliyetçilik. Istanbul. S. 663-668.

Ensonhaber 2011: Erdoğan Osmanlı sadrazamı gibi karşılandı. http://www.ensonhaber.com/turkoneden-erdogana-ovgu-dolu-sozler-izle-2011-09-14.html, 14.9.11 (Zugriff: 5.1.13).

Göle, Nilüfer 1995: Republik und Schleier: die muslimische Frau in der Moderne. Berlin.

İnalcık, Halil 1993: Osmanlı İmparatorluğu. Toplum ve Ekonomi. Istanbul.

Jäger, Siegfried 2009: Kritische Diskursanalyse. Eine Einführung. Münster.

Keller, Reiner 2005: Wissenssoziologische Diskursanalyse. Grundlegung eines Forschungsprogramms. Wiesbaden.

Maksudyan, Nazan 2007: Türklüğü Ölçmek. Bilimkurgusal Antropoloji ve Türk

Milliyetçiliğinin Irkçı Cephesi 1925-1939. Istanbul.

Oran, Baskın 1997: Atatürk Milliyetçiliği. Resmi İdeoloji Dışı Bir İnceleme. Ankara.

Saraçoğlu, Cenk 2012: Şehir, Ortasınıf ve Kürtler. Istanbul.

Şen, Faruk / Akkaya, Çiğdem / Özbek, Yasemin 1998: Länderbericht Türkei. Anfänge der Arbeitsmigration in Südhessen1955-1967. Darmstadt.

Taş, Savaş 2012: Der ethnische Dominanzanspruch des türkischen Nationalismus. Eine diskursanalytische Studie zur Ideologie des türkischen Staates und der MHP. Münster.

Uluengin, Hadi 2008: Kriz Yazıları (I). In: Hürriyet, 2.12.08.

Zaman 2012a: Başbakan'dan sıcak mesajlar. In: Zaman, 12.9.12.

Zaman 2012b: Erdoğan: Kriz bizi teğet geçecek demiştim, bazıları dalga geçti. In: Zaman, 17.9.12.

Lea Arnold / Patrick Schreiner

Mehrfache Krisen und rechte Allianzen
Soziale Ausgrenzung, Rassismus und Nationalismus in Ungarn

Nach 1989/90 galt Ungarn zunächst als Vorzeigeland für eine gelungene Transformation von einem realsozialistischen Regime zu einem demokratischen Rechtsstaat. Doch in den vergangenen Jahren wurden die demokratischen und rechtsstaatlichen Grundlagen des Landes durch politische und verfassungsrechtliche Reformen sowie durch eine immer weiter um sich greifende Rhetorik und Praxis des Nationalismus und der rassistischen Ausgrenzung untergraben. Zugleich scheint die rechtskonservative Regierungskoalition von Fidesz-Partei und Christlich-Demokratischer Volkspartei unter Führung von Viktor Orbán seit ihrer Wahl 2010 immer neue Vorwände zu suchen, um ihren Machterhalt institutionell abzusichern, Minderheiten zu stigmatisieren und rechtskonservatives Gedankengut zu verbreiten.

Zur Entwicklung des politischen Systems in Ungarn

Die jüngere Geschichte Ungarns lässt sich in vier Phasen einteilen. Von 1988 bis 1990 dauerte die Übergangsphase zu einem neuen politischen Regime, das in einer weiteren Phase bis etwa 1998 etabliert und konsolidiert wurde (Dieringer 2009: 6). Dabei ging der Transformationsprozess, anders als zum Beispiel in der ehemaligen DDR, nicht von gesellschaftlichen Massenbewegungen aus, sondern war Ergebnis von Verhandlungen politischer Eliten (Körösenyi/Fodor/Dieringer 2010: 402). Dieser Umstand verweist darauf, dass Ungarn nur wenige demokratische Traditionen hat. Die Probleme der Nationalstaatsbildung sowie die mangelhafte Demokratisierung des Staates bilden eine wesentliche Ursache für die noch heute spürbare skeptische Einstellung der Bevölkerung gegenüber Staat und Demokratie.

Ab 1998 folgte eine Phase der Europäisierung, der wiederum ab dem EU-Beitritt 2004 eine Krisenphase folgte (Dieringer 2009: 6). Ein Blick auf die letzten Jahre der sozialdemokratisch-liberalen Koalitionsregierung zeigt, dass in der öffentlichen Debatte jener Jahre insbesondere politische Instabilität, Reformstau und eine hohe Staatsverschuldung prägend waren.

Die verfassungsrechtlichen Grundsätze Ungarns, die 1989/90 festgeschrieben wurden, und die Staatsform der parlamentarischen Republik waren ein Ergebnis des Systemumbruchs. Ursprünglich wurde dem Parlament dabei eine starke Position zugewiesen, die aber seit einigen Jahren zunehmend eingeschränkt wird. So wurden nach 2006 durch die sozialdemokratisch-liberale Koalition wichtige Regierungsbefugnisse der Parlamentskontrolle entzogen. Zudem wurden auch die Ministerien insofern geschwächt, als wichtige Sachfragen zunehmend in Sachverständigengremien bearbeitet werden und direkt dem Ministerpräsidenten zugeordnet sind. Dies führte dazu, dass sich die Machtverhältnisse zwischen Parlament und Regierung deutlich zugunsten letzterer und somit in Richtung des Ministerpräsidenten verschoben. Auch die Zusammenlegung des Innenministeriums mit dem Justizministerium zum so genannten Ordnungsministerium gehört in diese Reihe zentralistischer Reformen (Körösenyi/Fodor/Dieringer 2010: 367-371).

Diese Abkehr von bürgerlich-demokratischen Grundlagen wurde später von der rechtskonservativen Fidesz-Regierung, die 2010 mit einer Zwei-Drittel-Mehrheit an die Macht kam, weitergeführt und verschärft.[1] Sie hat zunächst im Rahmen einer Änderung der alten Verfassung in völkisch-nationalistischer Manier die ungarische Staatsbürgerschaft an ungarische Minderheiten in den umliegenden Staaten vergeben. 2012 ging sie mit einer neuen Verfassung noch weiter. So heißt beispielsweise die »Republik Ungarn« nun nur noch »Ungarn« und der Verfassungstext verweist auf die christlichen Werte sowie die »tausendjährige Geschichte« des Landes. Neben diesen verfassungsrechtlichen Grundsätzen sind jedoch auch jüngere einfachgesetzliche Regelungen, wie das Verbot homosexueller Ehen und des freiwilligen Schwangerschaftsabbruchs, kritisch zu sehen (Braun 2012).

Zu dieser Entwicklung passt, dass die regierende Fidesz-Partei kurz nach ihrer Wahl die Medien gesetzlich faktisch gleichschalten ließ. Direkt von der Partei kontrolliert, kam es zu mehr als 600 Entlassungen regimekritischer JournalistInnen und TechnikerInnen (Braun 2012). 2012 folgte eine Novelle des Wahlgesetzes, die die Wahlkampfperiode von 90 auf 50 Tage verkürzte. Schon vor den neuen Reformen hatte die Regierung die Zahl der Abgeordneten von 386 auf 200 gesenkt, den Zuschnitt der Wahlkreise geändert und bestimmt, dass es fortan lediglich noch einen Wahldurchgang und keine Stichwahlen mehr gibt (Löwenstein 2013). Alle diese Maßnahmen begünstigen die Rechtskonservativen der Fidesz.

Auf »christliche Wurzeln« Ungarns beruft sich, wie Fidesz, auch die sich als nationalistisch bezeichnende, faschistische Jobbik-Partei. Sie vertritt eine rassistische und antisemitische Programmatik. Einer ihrer Abgeordneten forderte Ende 2012, die in Ungarn lebenden Jüdinnen und Juden in Listen zu erfassen und zu prüfen, »welche Juden, insbesondere im Parlament und in der Regierung«, ein »Sicherheitsrisiko« seien (zit. n. Verseck 2013). Jobbik

---

1   Hinzu kommen 12,18 Prozent der Stimmen für die faschistische Jobbik, die 2006 noch nicht ins Parlament einziehen konnte.

bringt in die parlamentarischen Debatten zudem regelmäßig die Forderungen der neonazistischen »Ungarischen Garde« (Barlai/Hartleb 2009: 38) ein, die seit 2007 systematisch insbesondere Roma attackiert (Engelhard 2012). Flankiert und sichtbar wird der Rechtsruck in Ungarn durch einen neuen Personen-Kult um frühere extrem rechte Politiker. Beispielhaft sei hier die staatlich geförderte und auch von der Regierungspartei Fidesz unterstützte Errichtung von Horthy-Statuen und Gedenktafeln genannt. Sie sollen an den antisemitischen Reichsverweser Miklós Horthy erinnern, der ab 1920 in Ungarn ein autoritäres Regime aufbaute. Er ist für die Verschleppung von über 400.000 Jüdinnen und Juden in die Vernichtungslager der deutschen Nazis verantwortlich (Verseck 2012a).

Die wichtigste Konfliktlinie in Ungarn war lange Zeit die zwischen kommunistischen und antikommunistischen Ideologien. Die Linke in Ungarn war deshalb vor dem Systemwechsel tendenziell linksliberal oder aber kommunistisch (Körösenyi/Fodor/Dieringer 2010: 387). Nach dem Systemwechsel übersetzte sich diese Konstellation in eine »Bipolarität« (Lang 2010) der Konservativen und der sozialdemokratischen Linken, die aber in den vergangenen Jahren durch die starke Fidesz als Partei der vermeintlichen »Mitte« und das Entstehen einer starken extremen Rechten aufgeweicht wurde. 2011 spaltete sich die sozialdemokratische MSZP zudem auf, so dass die Rolle der Sozialdemokratie bei den nächsten Wahlen derzeit völlig ungewiss ist (Verseck 2012b).

Zur jüngsten ökonomischen Entwicklung Ungarns

Ungarn galt unmittelbar nach dem Zusammenbruch des Warschauer Paktes und bis Mitte der 1990er Jahre wirtschaftspolitisch als Vorzeigeland. Eine weitreichende Öffnung des Landes und die Deregulierung des nationalen Finanzmarkts entsprachen durchaus westlich-neoliberalen Vorstellungen »vernünftigen« Wirtschaftens. Spätestens nach der Jahrtausendwende war dieser Ruf allerdings dahin. Aufgrund seiner steigenden Staatsverschuldung wurde Ungarn europaweit in Politik und Medien zunehmend kritisiert, auch die üblichen »Strukturreformen« mahnte man an.

Diese Kritik war und ist insofern inkonsequent und verkürzt, als sie eine wesentliche Ursache der ungarischen Staatsverschuldung notorisch ausblendet: Mit dem Ziel einer raschen Integration in globale Wirtschaftsstrukturen setzten die ungarischen Regierungen nach 1990 – mit Zustimmung westlicher Regierungen – auf ausländische Direktinvestitionen. Das Land wurde zu einer verlängerten Werkbank westeuropäischer Konzerne, die in erster Linie wegen deutlicher Steuernachlässe und niedriger Lohn(neben)kosten nach Ungarn kamen. Die Steuer- und Abgabenzahlungen dieser Betriebe blieben dadurch gering. Da auch die Zahl der durch sie geschaffenen Arbeitsplätze vergleichsweise klein war und eine erhoffte ungarische Zuliefererindustrie nicht entstand, konnten die öffentlichen Haushalte Ungarns von Investitionen und Wachstum nur unterdurchschnittlich profitieren (Knoke/Morazán/ Schneeweiß 2011: 32).

Anders als die meisten Staaten in Europa geriet Ungarn schon 2006, also vor der globalen Finanzkrise, in ernste ökonomische Schwierigkeiten. Insbesondere ein hohes Haushaltsdefizit von 9,4 Prozent des Bruttoinlandsprodukts (BIP) erwies sich als kaum mehr refinanzierbar. Die damalige Mitte-Links-Regierung legte ein drastisches Sparprogramm auf, durch das das Haushaltsdefizit auf 5,1 Prozent des BIP in 2007 und 3,7 Prozent in 2008 gesenkt wurde. Dies hatte einen Rückgang der Einkommen privater Haushalte und einen deutlichen Rückgang des BIP-Wachstums auf nur noch 0,1 Prozent in 2007 zur Folge; staatliche Investitionen sanken um 20 bis 30 Prozent (Inotai 2009; Eurostat). Steuerliche Mehrbelastungen trafen ebenso wie Ausgabenkürzungen insbesondere kleinere und mittlere Einkommen. Letztlich gelang die Senkung des Haushaltsdefizits damit nur unter Inkaufnahme einer veritablen sozialen und realwirtschaftlichen Krise. Hinzu kam, dass das globale wirtschaftliche Umfeld außerordentlich günstig war: Ungarn konnte seine Exporte um etwa 14 Prozent und die Investitionen im verarbeitenden Gewerbe um etwa 25 Prozent steigern (Inotai 2009). Dies sorgte vorübergehend für eine gewisse Stabilisierung, vertiefte aber die Abhängigkeit Ungarns von einer guten Weltkonjunktur.

Mit Ausbruch der aktuellen globalen Finanzkrise Ende 2008 waren diese günstigen Bedingungen nicht nur weggebrochen, sondern hatten sich ins Gegenteil verkehrt. Die ungarischen Haushaltsdefizite waren zwar seit 2007 rückläufig, lagen aber zu Beginn der Finanzkrise noch immer bei etwa vier Prozent des BIP. Zudem hatte Ungarn seit längerem ein hohes Leistungsbilanzdefizit: Es lag in den Jahren 1998 bis 2008 – teilweise deutlich – über sechs Prozent des BIP (Lang/Schwarzer 2009; Eurostat; OECD). Da sich das Land, wie alle osteuropäischen Volkswirtschaften, in einem ökonomischen Aufholprozess befand, waren solche Defizite nicht zwingend problematisch. Kapitalzuflüsse – und spiegelbildlich Defizite im Staatshaushalt sowie in der Leistungsbilanz – können durchaus Ausdruck einer solchen ökonomischen Situation sein (Hishow 2009: 6). Die Abhängigkeit von Kapitalzuflüssen kann allerdings dann zum Problem werden, wenn Rahmenbedingungen und Ausmaß der Defizite nicht stimmen – oder wenn eine globale Finanzkrise eintritt.

Genau dies zeigte sich Ende 2008. Nun erwies sich nicht nur die Orientierung auf Fertigungsbetriebe westlicher Konzerne, sondern insbesondere auch die jahrelang gefeierte Öffnung und Deregulierung des ungarischen Finanzmarkts als hochgradig problematisch. Der dortige Bankensektor war und ist stark von ausländischen – insbesondere österreichischen – Banken geprägt; 2005 gehörten 82 Prozent der Banken in Ungarn zu ausländischen Finanzkonzernen. Zudem hatten die Privathaushalte in den Vorjahren enorme Kredite aufgenommen; verglichen mit dem öffentlichen Schuldenstand erwies sich diese Verschuldung nun als sehr viel bedeutsamer. Es handelte sich zu einem hohen Anteil von 57,1 Prozent (2007) um – naturgemäß hochriskante – Fremdwährungskredite (Darvas/Pisani-Ferry 2008: 2-6; Rosenberg/Tirpák 2008). Etwa die Hälfte der ungarischen Haushalte hatte einen solchen Kredit aufgenommen (Knoke/Morazán/Schneeweiß 2011: 32). Als Ende 2008 der Wert der Landeswährung Forint dramatisch nach unten ging, waren immer mehr Haushalte durch die Zins- und Tilgungszahlungen hoffnungslos überfordert. Zugleich zogen die ausländischen Banken Kapital aus Ungarn ab – auch, um faule Kredite anderswo zu refinanzieren.

Die Europäische Union (EU) und der Internationale Währungsfonds (IWF) legten ein Rettungsprogramm im Umfang von 20 Milliarden Euro auf, das die Lage vorerst beruhigen konnte. Bedingung hierfür waren Haushaltskürzungen und Sozialabbau, wie sie später auch im Zuge der Kredite an südeuropäische Euro-Staaten durchgesetzt wurden. Aufgrund dieser scharfen Auflagen und der mehr als schwierigen Finanzlage musste die ungarische Regierung daraufhin trotz Krise Ausgaben reduzieren. Konjunkturstützende Maßnahmen waren damit nicht mehr möglich, der Staat als volkswirtschaftlicher Nachfrager fiel weitgehend aus. Wegen der steigenden Belastung durch Fremdwährungskredite brach zudem die volkswirtschaftliche Nachfrage durch Privathaushalte weg und auch die Nachfrage aus dem Ausland ging, anders als 2006, deutlich zurück (Trares 2009).

Die Folge war ein Einbruch der ungarischen Wirtschaftsleistung im Jahr 2009 um 6,8 Prozent. Auch in den Folgejahren wurden nur niedrige Wachstumszahlen erreicht, 2012 schrumpfte das BIP erneut. Die offizielle Arbeitslosenrate stieg 2010 auf über elf Prozent und ging in der Folgezeit kaum zurück. Dies war der höchste Wert seit mindestens 15 Jahren (Eurostat), die tatsächliche Arbeitslosigkeit dürfte aber noch weit höher liegen, da sich ein Großteil der Betroffenen nicht arbeitslos meldet (Knoke/Morazán/ Schneeweiß 2011: 32).

Nationalistischer Pseudo-Antikapitalismus

Schon vor der Krise waren große Teile der Bevölkerung von Armut betroffen. Mit der neoliberalen Austeritätspolitik erreichten Verelendung und soziale Ausgrenzung völlig neue Dimensionen. 2010 lebten etwa 30 Prozent der Menschen unter oder an der Armutsgrenze, wobei Roma weit überdurchschnittlich betroffen waren und sind (Knoke/Morazán/Schneeweiß 2011: 34). Ursachen dafür sind neben der gestiegenen Arbeitslosigkeit insbesondere gekürzte oder ausgesetzte Sozialleistungen wie Renten, Arbeitslosen- und Kindergeld. Hinzu kommen Lohnkürzungen im öffentlichen Dienst. Von Steuersenkungen konnten vor allem hohe und teilweise mittlere Einkommen profitieren, während Menschen mit geringen Einkommen stärker belastet wurden (Forkas 2011; Flückiger 2012).

Verschärfend wirkte sich die im starken Wertverlust des Forint gründende Überschuldung vieler Privathaushalte aus. Zwar wurde ein Gesetz erlassen, das die Banken verpflichtet, die Rückzahlung dieser Kredite zu festgelegten und für die Banken mit Verlusten verbundenen Wechselkursen zu akzeptieren.[2] Dies entlastet die SchuldnerInnen jedoch nur bedingt und gilt ohnehin nur, wenn der gesamte Kredit auf einen Schlag getilgt werden kann, so dass letztlich nur einige wenige Haushalte mit entsprechend großem Finanzpolster von dieser Möglichkeit Gebrauch machen konnten (DiePresse.com 2011).

2008 hatten sich Orbán und die Fidesz als Opposition noch deutlich gegen das Kürzungsprogramm der damaligen Mitte-Links-Regierung gestellt. Das Ausmaß der Krise spielten sie herunter, verurteilten mit nationalistischem Zungenschlag die mit EU und IWF geschlossenen Vereinbarungen und die von der Regierung durchgeführten Sozialkürzungen, das Ganze verbanden sie mit der Forderung nach Steuersenkungen. Diese opponierende Haltung war, neben zahlreichen Skandalen der sozialdemokratischen Vorgängerregierung, einer der Gründe für den fulminanten Wahlerfolg der Rechten 2010. Die Forderungen wurden allerdings nie in Regierungspolitik umgesetzt, ganz im Gegenteil: Orbán verkündete im Frühjahr 2011 ein weiteres, eigenes Kürzungsprogramm, das vor allem Beschäftigungspolitik, Bildung, Gesundheit, Verkehr und Renten betraf. Erneut waren es damit insbesondere sozial Benachteiligte, die unter der Krise und unter neoliberalen Politikrezepten zu leiden hatten (Forkas 2011). Die Regierung reduzierte Leistungen für Arbeitslose drastisch, beschnitt die Rechte der Beschäftigten und führte einen Arbeitszwang für EmpfängerInnen von Sozialhilfe ein (Verseck 2012c). Die Auszahlung von Sozialhilfe wurde zudem an die Ordnungskontrolle von Wohnungen gebunden, was sich unmittelbar gegen Roma richtete. Das Ganze wurde, wie so oft, begleitet von entsprechenden Beschimpfungen gegenüber Arbeitslosen, Armen und Roma (Verseck 2013).

Mit Politik gegen neoliberale Kürzungen und Austerität hat dies nichts zu tun. Dennoch wäre es falsch, von einer 180-Grad-Wende zu sprechen. Die ungarische Regierung kombiniert ihre neoliberalen Kürzungen vielmehr nach wie vor nicht nur mit nationalistischer, sondern auch mit pseudo-antikapi-

---

2   Einen großen Teil dieser Verluste übernimmt der ungarische Staat.

talistischer Rhetorik. So vermutete Orbán 2012 eine Weltverschwörung von Spekulanten als Ursache für eine erneute ungarische Liquiditätskrise – und wies den Geheimdienst an, die Schuldigen zu ermitteln (Flückiger 2012). Die eben dargestellten Gesetzesmaßnahmen, durch die unter bestimmten Umständen die Rückzahlung von Fremdwährungskrediten zu festgelegten Wechselkursen erfolgen kann, stellte er als nationale Kampfmaßnahme gegen das internationale Kapital dar. Und in ähnlicher Weise sollen wohl auch diverse Sondersteuern für internationale Konzerne verstanden werden, die die Regierung eingeführt hat (Verseck 2013). Allerdings profitieren von Maßnahmen wie diesen, wenn überhaupt, nur die Ober- und Teile die Mittelschicht – Orbán betreibt nationalistische Klassenpolitik mit pseudo-antikapitalistischem Mäntelchen.

Zur Situation der Roma

Insbesondere die Roma waren und sind in Ungarn von rassistischer Ausgrenzung betroffen. Ihre Situation hat sich in den vergangenen zwei Jahrzehnten massiv verschlechtert. Die kommunistischen Regierungen in Ungarn verfolgten noch eine Politik der Assimilation, die im Wesentlichen auf die Eingliederung der Roma in industrielle Arbeitsverhältnisse zielte. Wenngleich rein statistisch eine deutliche Zunahme der Beschäftigungsquote erreicht werden konnte, war mit dieser Zwangsintegration ihre Diskriminierung keineswegs vorbei. Vielmehr war diese Politik mit zwangsweiser Sesshaftmachung, soweit es sich um nichtsesshafte Roma handelte, sowie mit der bewussten Zerstörung bis dato gegebener Erwerbsmodelle verbunden. Zudem mussten Roma fast ausschließlich als Un- oder Angelernte einfache Tätigkeiten ausüben. Da solche Tätigkeiten unter den neuen kapitalistischen Verhältnissen zuallererst wegfielen, aber auch aufgrund überkommener Vorurteile, waren Roma die ersten, die ab 1990 von den neuen Fabrikbesitzern entlassen wurden (Stewart 2003; Barlai/Hartleb 2009).

Damit nahmen Arbeitslosigkeit, Armut und soziale Ausgrenzung in den 1990er Jahren unter den Roma massiv zu. Ihre Wohnverhältnisse verschlechterten sich dramatisch. Weil Wohnungen in Städten und Industriezentren für sie zunehmend unbezahlbar wurden, zogen viele Roma wieder zu ihren Verwandten in ländliche Siedlungen. An der sozialen Ausgrenzung der Roma änderten auch finanzielle und politische Interventionen der Europäischen Union sowie die Einrichtung diverser Institutionen und Programme nichts (Mappes-Niediek 2012; Barlai/Hartleb 2009; Matter 2005).

Die Ausgrenzung von Roma hat sich mit den mehrfachen wirtschaftlichen Krisen Ungarns nochmals verschärft. Dafür sprechen etwa die jüngsten Wahlerfolge der offen rassistischen Jobbik (Magyar 2009) und nicht zuletzt auch die Wahl Orbáns zum Ministerpräsidenten. Roma-feindliche Äußerungen vonseiten verschiedener Fidesz-PolitikerInnen nehmen in Anzahl und Schärfe zu. So veröffentlichte beispielsweise der Publizist Zsolt Bayer, ein Freund Orbans, in einer regierungsnahen Tageszeitung einen Beitrag mit der Kernaussage, »ein bedeutender Teil der Zigeuner« sei »nicht geeignet, unter Menschen zu leben«, sie seien »Tiere« (zit. n. Verseck 2013). Eine Abgrenzung der Fidesz von faschistischen Organisationen innerhalb und außerhalb des Parlaments erfolgt allenfalls halbherzig. Auch das Agieren von »Bürgerwehren«, die gegen Roma gerichtet sind, akzeptiert sie. In der »sozialpolitischen« Rhetorik der Regierung Orbán kehrt das Bild des faulen, von Sozialleistungen lebenden »Zigeuners« in unschöner Regelmäßigkeit wieder (Magyar/Filippov 2010, Barlai/Hartleb 2009, Verseck 2013).

Dieses Bild dient vor dem Hintergrund der Krise einmal mehr als Vorwand, um die Roma zu schikanieren. Der parlamentarische Ombudsmann für Minderheitenrechte, Ernö Kallai, legte Anfang 2013 seinen Bericht über die Situation der Roma im Land vor – bevor sein Amt abgeschafft wurde. Demnach sei das Ziel der ungarischen Regierungspolitik, die Roma zu vertreiben, was er am Beispiel einer kleinen Gemeinde bei Budapest veranschaulicht. Auch dort patrouillieren »Bürgerwehren« gegen Roma, das Gewaltmonopol des Staates wird gebrochen und Roma-Siedlung zu einem Ghetto gemacht. 2012 begannen im Ort Modellprojekte im Rahmen des öffentlichen Beschäftigungsprogramms, das jedoch zu rassistisch motivierter Schikane missbraucht wurde. Roma bekamen sinnlose, anstrengende Aufgaben zugeteilt, wobei SozialhilfeempfängerInnen, die nicht der Roma-Gruppe angehörten, als deren Aufseher eingesetzt wurden. Ansprüche auf den gesetzlichen Mindestlohn gab und gibt es im Beschäftigungsprogramm nicht. Das Gesetz ermöglicht es, BezieherInnen von Sozialhilfe »Anweisungen bezüglich ihres Lebensumfeldes« (Schicker 2012) zu erteilen. Dies ermöglichte Inspektionen des Jobbik-Bürgermeisters, der in Begleitung von vermeintlichen Amtspersonen und Polizisten ohne Voranmeldung bei Roma-Familien erschien, um »die Umsetzung der Anweisungen, das Wohnfeld betreffend« zu kontrollieren. Ohne Einverständnis der Betroffenen wurden zudem Videoaufnahmen und Vermessungen gemacht. Es hat sich herausgestellt, dass einige der Amtspersonen im Vorfeld auch an rechten Aufmärschen beteiligt waren (Schicker 2012).

Die Regierungspartei unterstützt darüber hinaus stillschweigend die rechtswidrige Diskriminierung von Roma im Bildungsbereich. Es haben sich separate Schulen herauskristallisiert, auf denen nur Kinder dieser Minderheit vertreten sind. Dazu kommt, dass Roma-Kinder häufig in der Grundschule durch Eignungstest ausgesiebt werden; sie müssen dann Schulen besuchen, die finanziell schlechter ausgestattet werden. Der Europäische Gerichtshof für Menschenrechte hat zwar bestätigt, dass diese schulische Trennung eine illegale Diskriminierung darstellt, und seit 2007 drei entsprechende Gerichtsurteile gefällt, die Trennung wird aber weiter fortgeführt (Hockenos 2011; Magyar/Filippov 2010). Dies führt dazu, dass weniger als die Hälfte der Roma-Kinder überhaupt die Grundschule abschließt (Barlai/Hartleb 2009: 37).

Zunehmende rassistische Ausgrenzung und Diskriminierung zeigen sich insbesondere auch an zunehmenden körperlichen und verbalen Angriffe gegen Roma. So konnte eine ganze Mordserie in Verbindung mit extrem rechten Organisationen gebracht werden (Pester Lloyd 2010). Im Februar 2009 wurden bei einem Brandanschlag ein Vater und sein fünfjähriger Sohn getötet. Nicht-physische Angriffe wurden seit ihrer Gründung 2007 vermehrt durch die paramilitärische »Ungarische Garde« verzeichnet, die hetzend durch Wohnviertel mit hohem Roma-Anteil zieht und eine Atmosphäre der Angst schafft (Barlai/Hartleb 2009: 38-39).

Festzuhalten ist allerdings, dass ausgrenzendes und rassistisches Denken gegenüber Roma keineswegs nur ein Phänomen der politischen Rechten darstellt. Es ist vielmehr gesellschaftlich breit verankert: So antworteten im Oktober 2008 in einer Umfrage 80 Prozent der Fidesz-WählerInnen, dass die Probleme der Roma gelöst würden, wenn diese nur endlich zu arbeiten begännen. Bei den WählerInnen der sozialdemokratischen MSZP betrug dieser Wert allerdings sogar 81 Prozent (Magyar 2009). Vor diesem Hintergrund überrascht es beispielsweise nicht, dass 2012 für einen Mord an einer Polizistin in der Nähe von Budapest nicht in erster Linie der Täter, sondern sofort die gesamte Minderheit der Roma verantwortlich gemacht wurde.

Quellenverzeichnis

Barlai, Melani / Hartleb, Florian 2009: Die Roma in Ungarn. In: Aus Politik und Zeitgeschichte 29-30 (2009). S. 33-39.

Braun, Paul 2012: Dossier Ost/Ungarn: Nationalistischer Schub und Wirtschaftskrise. http://www.forumcivique.org/de/artikel/dossier-ost-ungarn-nationalistischer-schub-und-wirtschaftskrise, 5.11.12 (Zugriff: 11.2.13).

Darvas, Zsolt / Pisani-Ferry, Jean 2008: Avoiding a new European Divide. In: Bruegel Policy Brief 10 (2008). http://www.bruegel.org/download/parent/227-avoiding-a-new-european-divide/file/651-avoiding-a-new-european-divide-english/ (Zugriff: 13.2.13).

Dieringer, Jürgen 2009: Ungarn in der Nachbeitrittskrise. In: Aus Politik und Zeitgeschichte 29-30 (2009). S. 6-11.

DiePresse.com 2011: Ungarn beschließt Gesetz zu Fremdwährungskrediten. http://

diepresse.com/home/wirtschaft/international/694445/Ungarn-beschliesst-Gesetz-zu-Fremdwaehrungskrediten, 20.9.11 (Zugriff: 15.2.13).

Engelhard, Karla 2012: Roma stellen Garde zur Selbstverteidigung auf. http://www.tagesschau.de/ausland/roma230.html, 7.9.12 (Zugriff: 13.2.13).

Flückiger, Paul 2012: Ungarns Krise wird Europas Problem. http://www.zeit.de/wirtschaft/2012-01/ungarn-pleite-krise, 9.1.12 (Zugriff: 10.2.13).

Forkas, Zoltan 2011: Ungarn und die Euro- und Finanzkrise. Berlin.

Hishow, Ognian 2009: Die Finanzsysteme der neuen EU-Mitgliedstaaten im Zeichen der weltweiten Krise. In: SWP-Studie 22 (2009).

Hockenos, Paul 2011: Sonderschulen für Roma-Kinder. http://www.taz.de/!64138/, 12.1.11 (Zugriff: 20.2.13).

Inotai, András 2009: Die globale Krise und Ungarn. In: Aus Politik und Zeitgeschichte 29-30 (2009). S. 18-26.

Knoke, Irene / Morazán, Pedro / Schneeweiß, Antje 2011: Im Schatten der Krise. Die Auswirkungen der Finanzmarktkrise in Indonesien, Paraguay, Tansania und Ungarn. Siegburg.

Körösényi, Andras / Fodor, Gabor G. / Dieringer, Jürgen 2010: Das politische System Ungarns. In: Ismayr, Wolfgang (Hg.): Die politischen Systeme Osteuropas. Wiesbaden. S. 357- 416.

Lang, Kai-Olaf 2010: Auf dem Weg in ein neues Ungarn. Innere und außenpolitische Folgen des Machtwechsels in Budapest. In: SWP-aktuell 43 (2010).

Lang, Kai-Olaf / Schwarzer, Daniela 2009: Krisen, Crashs und Hilfspakete. Die neuen Mitgliedstaaten sind von der Finanzkrise besonders betroffen. In: SWP-aktuell 12 (2009).

Löwenstein, Stephan 2013: Wem zum Vorteil? Ungarns Wahlrecht. http://www.faz.net/aktuell/politik/ausland/ungarns-wahlrecht-wem-zum-vorteil-12014738.html, 4.1.13 (Zugriff: 15.2.13).

Magyar, Kornelia 2009: The Situation of the Roma in Hungary. In: Nachrichten aus Ungarn 6 (2009).

Magyar, Kornelia / Filippov, Gabor 2010: Der Populismus von Viktor Orbán. http://library.fes.de/pdf-files/bueros/budapest/07400.pdf (Zugriff: 19.2.13).

Mappes-Niediek, Norbert 2012: Das Elend der Roma und die Ökonomie der Armut. In: Blätter für deutsche und internationale Politik 12 (2012). S. 73-84.

Matter, Max 2005: Zur Lage der Roma im östlichen Europa. In: Matter, Max (Hg.): Die Situation der Roma und Sinti nach der EU-Osterweiterung. Göttingen. S. 11-28.

Pester Lloyd 2010: Mord nach Plan. http://www.pesterlloyd.net/2010_32/32romamorde/32romamorde.html, 10.8.10 (Zugriff: 20.2.13).

Rosenberg, Christoph / Tirpák, Marcel 2008: Determinants of Foreign Currency Borrowing in the New Member States of the EU. In: IMF Working Paper 173 (2008). http://www.imf.org/external/pubs/ft/wp/2008/wp08173.pdf (Zugriff:

13.2.13).

Schicker, Marco 2012: Ungarns amtlicher Rassismus. http://www.zeit.de/gesellschaft/
zeitgeschehen/2012-02/ungarn-roma, 7.2.12 (Zugriff: 20.2.13).

Stewart, Michael 2003: Die Roma und der ungarische Kommunismus 1945-1989.
Eine Fallstudie. In: Matras, Yaron / Winterberg, Hans / Zimmermann, Michael
(Hg.): Sinti, Roma, Gypsies. Sprache – Geschichte – Gegenwart. Berlin. S.
189-230.

Trares, Thomas 2009: Ungarn auf dem Weg zurück in die Zukunft. In: Sparkassen-
Zeitung 43 (2009). S. 5.

Verseck, Keno 2012a: Neuer Horthy-Kult in Ungarn. Renaissance des Reichsverwe-
sers. http://www.spiegel.de/politik/ausland/ungarn-rechtsradikale-aus-orban-
regierung-pflegen-horthy-kult-a-835958.html, 1.6.12 (Zugriff: 15.2.13).

Verseck, Keno 2012b: Vom Musterland zum schwarzen Schaf. Ungarn zwei Jahre nach
Viktor Orbáns Wahlsieg. http://www.dradio.de/dlf/sendungen/hintergrundpoli-
tik/1738795/, 24.4.12 (Zugriff: 11.2.13).

Verseck, Keno 2012c: Ungarn in der Krise. Orbáns desolate Halbzeitbilanz. http://
www.spiegel.de/politik/ausland/regierungschef-viktor-orban-desolate-lage-in-
ungarn-a-830579.html, 3.5.12 (Zugriff: 15.2.13).

Verseck, Keno 2013: Viktor Orbán: Die rechten Ideengeber des ungarischen Premiers.
http://www.spiegel.de/politik/ausland/ungarn-orban-und-fidesz-bedienen-sich-
bei-der-rechtsextremen-jobbik-a-880084.html, 30.1.13 (Zugriff: 15.2.12).

Patrick Schreiner / Sebastian Friedrich

Ein kurzer Blick auf weitere Länder

Die Formen und Erscheinungsweisen von Nationalismus und Ausgrenzung in Europa sind vielfältig und bisweilen widersprüchlich. Zahlreiche Beispiele und Entwicklungen aus insgesamt zehn Ländern wurden von den AutorInnen dieses Bandes auf den vorhergehenden Seiten aufgegriffen und dargestellt. Andere Aspekte und andere Länder mussten aus den verschiedensten Gründen unberücksichtigt bleiben. Zumindest einen kleinen Teil dessen, was zu einigen dieser unberücksichtigten Länder zu sagen wäre, wollen wir im Folgenden kurz und schlaglichtartig ansprechen[1] – ohne Anspruch auf Vollständigkeit und ohne tiefere Analyse.

In *Finnland*, das Teil der Eurozone ist und das wirtschaftspolitisch eine Deutschland und Österreich nicht unähnliche Strategie verfolgt, spielte 2011 bei den Parlamentswahlen die Debatte über Hilfskredite für Portugal (»Bailout-Zahlungen«) eine wichtige Rolle. Die »Wahren Finnen« (»Perussuomalaiset«) nutzten diese Debatte und zogen nach einem von Nationalismus, Europafeindlichkeit und Rassismus geprägten Wahlkampf mit über 19 Prozent der Stimmen als drittstärkste Partei in den Reichstag ein.

Auch in *Schweden*, das Mitglied der EU, nicht aber der Eurozone ist, ist die Krise ein Thema. Dort gehen die »Schwedendemokraten« (»Sverigedemokraterna«) mit Nationalismus und Rassismus erfolgreich auf Stimmenfang. 2010 gelang ihnen mit 5,7 Prozent erstmals der Einzug in den Reichstag, das schwedische Parlament.

In *Zypern* erscheint ein Aufschwung der extremen Rechten mindestens möglich. Die neonazistische und rassistische Partei ELAM, erst 2008 gegründet und bislang kaum über den Status eines kleinen Häufchens Versprengter hinausgekommen, hat sich dabei die griechische »Goldene Morgenröte« zum Vorbild und Beispiel genommen. Ihre martialische Präsenz auf den Straßen und Plätzen hat ELAM im Zuge der »Zypernkrise« im März 2013 verstärkt. Der Austritt aus dem Euro und abgeschottete Grenzen sind ihre zentralen Forderungen, die sie mit vielen konservativen und extrem rechten Parteien in Europa teilt. Hinzu kommt eine ausgesprochen feindliche Haltung gegenüber dem türkischen Teil der Insel (Jacobsen 2013).

In *Belgien* stellt regionaler Nationalismus eine veritable Gefahr für den Zentralstaat als solchen dar. Der flämische Nationalismus, der in den vergan-

---

1 Für ergänzende Hinweise danken wir sehr herzlich Florentina Enache, Julia Hofmann, Ismail Küpeli und Jan Tölva.

genen Jahren das Land bis an den Rand des Auseinanderbrechens gebracht hat, zieht einen Gutteil seiner Legitimation aus dem ökonomischen Gefälle innerhalb Belgiens bzw. aus der eigenen wirtschaftlichen Stärke gegenüber dem strukturschwachen wallonischen Landesteil.

Eine gewisse nationalistische Befriedigung ob der eigenen wirtschaftlichen »Erfolge« findet sich im politischen Diskurs *Lettlands*. Dessen Regierung hatte mit Ausbruch der globalen Finanzkrise eine massive Kürzungs- und Austeritätspolitik betrieben und einen Einbruch der Wirtschaftsleistung um über 17 Prozent binnen eines Jahres provoziert. Eine Folge dessen war die massive Auswanderung gerade von jungen ArbeitnehmerInnen: Seit 2000 hat das Land fast 15 Prozent seiner Bevölkerung verloren, davon den größten Teil durch Auswanderung ab 2009 (Schreiner 2013). Die sinkende Arbeitslosenquote, im In- und Ausland oft als Beweis des Erfolgs neoliberaler lettischer Politik angeführt, ist in erster Linie auf diese Emigration zurückzuführen. Auffällig ist, dass überdurchschnittlich häufig Angehörige ethnischer Minderheiten auswandern, was wohl auch auf deren nach wie vor gegebene und sich tendenziell eher verschärfende Ausgrenzung in Lettland selbst verweist.

Wachsende Ausgrenzung stellte die »Commission nationale consultative des droits de l'homme« auch in *Frankreich* fest. Rassistische Handlungen und Drohungen nahmen 2012 gegenüber dem Vorjahr um 23 Prozent zu. In Umfragen teilt eine wachsende Zahl der Menschen entsprechende Meinungen, wobei der Zuspruch zu antimuslimischem Rassismus und vor allem zum Antisemitismus sehr stark zunimmt (LeMonde.fr 2013). Bei den Präsidentschaftswahlen im April und Mai 2012 und den Parlamentswahlen im Juni 2012 konnte die neonazistische Partei »Front National« (FN) deutliche Stimmengewinne verbuchen. Die damals noch regierenden Konservativen um Ex-Präsident Nicolas Sarkozy verweigerten im Vorfeld dieser Wahlen nicht nur eine strikte Abgrenzung gegenüber dem FN, sondern kopierten ostentativ deren Inhalte: Sarkozy hetzte gegen Roma, ImmigrantInnen sowie MuslimInnen und ließ BettlerInnen aus der Pariser Innenstadt vertreiben (Nonnenmann 2012).

Auch in *Portugal* verzeichnen antirassistische und migrantische Organisationen eine Zunahme rassistischer Einstellungen, was sich bislang (noch) nicht in Stimmengewinnen für neonazistische Parteien niederschlug. Eine nuancierte Anpassung des politischen Diskurses ist allerdings im gesamten politischen Spektrum festzustellen, und zwar bis in die Linke hinein. Wie in anderen Ländern auch, ist die Lebens- und Arbeitssituation von MigrantInnen meist äußerst prekär, insbesondere im Falle der etwa 80.000 bis 100.000 illegalisierten MigrantInnen (Steinmaier 2010). Viele von ihnen verlassen, ebenso wie auch viele PortugiesInnen, das Land. Stärker noch als gegenüber

MigrantInnen äußert sich der Rassismus in Portugal gegenüber den etwa 40.000 bis 50.000 Roma. Sie sind sozial und ökonomisch marginalisiert.

In *Polen* haben neonazistische Organisationen außerhalb der Parlamente starken Zulauf – und zwar verstärkt seit Beginn der Krise. Ihre Feindbilder sind vorwiegend Jüdinnen und Juden, ImmigrantInnen sowie Homosexuelle, der Einfluss des Katholizismus ist groß. Ob sich diese Entwicklung auch in Wahlerfolgen für extrem rechte Parteien niederschlägt, bleibt abzuwarten; Versuche zur Etablierung einer Sammlungspartei rechts der Konservativen laufen. Die Rolle der rechtskonservativen Partei »Prawo i Sprawiedliwość« (»Recht und Gerechtigkeit«) des ehemaligen Premiermierministers Jarosław Kaczyński ist dabei unklar – zumindest Teile von ihr verfolgen einen Kurs der Öffnung nach ganz rechts (Adler 2012; Schellenberg 2012).

Eine Zunahme rassistisch-ausgrenzenden Denkens lässt sich auch in *Rumänien* feststellen, und zwar verstärkt seit Beginn der Krise. Dies legen Meinungsumfragen im Land nahe. Von Ausgrenzung in besonderem Maße betroffen sind Roma, unter denen beispielsweise Armutsraten und Arbeitslosenquoten deutlich höher sind als im Landesdurchschnitt, die auch im Bildungsbereich stark benachteiligt sind und die zudem unter einem allgegenwärtigen Alltagsrassismus leiden. Eine zunehmende Verschlechterung ihrer Lebens- und Arbeitssituation erfahren auch ImmigrantInnen, die in den vergangenen Jahren vorwiegend aus Moldawien, China und der Türkei nach Rumänien gekommen sind.

Seit Ausbruch der Krise nehmen Nationalismus, Rassismus und Populismus auch in *Österreich* zu. Die rechte »Freiheitliche Partei Österreichs« (FPÖ) trägt dazu insofern bei, als sie immer wieder mit antijüdischen und rassistischen Aussagen an die Öffentlichkeit tritt. Vor allem die (diskursive und reale) Ausgrenzung von vermeintlichen oder tatsächlichen MuslimInnen und Geflüchteten ist in Österreich allgegenwärtig. Im Gegensatz zur FPÖ setzt die jüngst entstandene Partei »Team Stronach« nicht direkt auf rassistische Politik, sondern will nationalistische Fragen autoritär-populistisch beantworten. Parteichef Frank Stronach thematisiert vor allem Themen wie Korruption, Verkrustung des politischen Systems, Bürokratie und politischen Proporz. Er inszeniert sich als erfolgreicher Unternehmer mit globaler Wirtschaftskompetenz und stellt sich damit als Alternative zur traditionellen Politik in Österreich wie auch als neoliberal-nationalistische Führungsfigur im von Krisen erschütterten Europa dar.

Quellenverzeichnis

Adler, Sabine 2012: Aufflammender Nationalismus in Polen. http://www.dradio.de/dlf/sendungen/europaheute/1942416/, 6.12.12 (Zugriff: 27.3.13).

Jacobsen, Lenz 2013: Zyperns Goldene Morgenröte marschiert. http://www.zeit.de/politik/ausland/2013-03/zypern-krise-demonstration/seite-1, 30.3.13 (Zugriff: 30.3.13).

LeMonde.fr 2013: Forte hausse des actes et menaces racistes en France. http://www.lemonde.fr/societe/article/2013/03/21/forte-hausse-des-actes-et-menaces-racistes-en-france_1851349_3224.html, 21.3.13 (Zugriff: 28.3.13).

Nonnenmann, Jonas 2013: Sarkozy – bester Mann der Front National. http://www.fr-online.de/meinung/wahl-erfolg-fuer-le-pen-in-frankreich-sarkozy---bester-mann-der-front-national-,1472602,14974988.html, 23.4.12 (Zugriff: 28.3.13).

Schellenberg, Britta 2012: Rechtsradikale Erscheinungen in Ost- und Westeuropa. http://www.owep.de/artikel/492/rechtsradikale-erscheinungen-in-ost-und-westeuropa (Zugriff: 30.3.13).

Schreiner, Patrick / Redaktion Lunapark21 2013: Massenexodus als wirtschaftspolitische Strategie: Vorbild Lettland? In: Lunapark21 21 (2013). S. 4-5.

Steinmaier, Daniel 2010: Immer der Arbeit nach. http://jungle-world.com/artikel/2010/40/41811.html, 7.10.10 (Zugriff: 28.3.13).

Autorinnen und Autoren

Moritz Altenried promoviert am Centre for Cultural Studies der Goldsmiths University of London (Großbritannien) mit dem Arbeitstitel »Value: Time and Technology«. Davor hat er Politik- und Kulturwissenschaften in Berlin und London studiert. Zu seinen Schwerpunkten gehören Politische Theorie, Medien- und Technikphilosophie und Kritik der Politischen Ökonomie.

Lea Arnold ist Politikwissenschaftlerin, seit 2011 arbeitet sie in der Abteilung für Bildungspolitik, Öffentlichen Dienst und BeamtInnen des Deutschen Gewerkschaftsbundes in Niedersachsen. Zu ihren wissenschaftlichen und publizistischen Arbeitsschwerpunkten gehören Bildungspolitik, öffentliches Recht und vergleichende politische Systemlehre.

Umberto Bettarini studiert Labour Relations an der Fakultät für Politik-, Wirtschafts- und Sozialwissenschaften der Universität Mailand (Italien). Er ist zudem wissenschaftlicher Mitarbeiter der Abteilung für Internationale Beziehungen bei der Gewerkschaft CGIL in der Lombardei. Seine Arbeitsschwerpunkte sind industrielle Arbeitsbeziehungen und transnationale Gewerkschaftskooperationen.

Christoph Butterwegge ist Professor für Politikwissenschaft und Mitglied der Forschungsstelle für interkulturelle Studien (FiSt) an der Universität zu Köln. Zu seinen Forschungsschwerpunkten zählen die Armuts- und Sozialstaatsentwicklung, Rechtsextremismus und Rassismus sowie Migrationspolitik.

Alessandro Capelli ist Doktorand in Verfassungsrecht an der Universität Mailand (Italien) und Beauftragter des Mailänder Bürgermeisters für Jugendpolitik. Damit bewegt er sich zwischen Politik, Universität und eigenen Forschungstätigkeiten. Seine Arbeitsschwerpunkte sind der Verfall der repräsentativen Demokratie, neue Populismen, innerparteiliche Demokratie und politische Partizipation.

Anna Curcio ist prekär beschäftigte Wissenschaftlerin und Doktorandin in Soziologie an der Universität Bologna (Italien). Sie beschäftigt sich mit den Überschneidungen zwischen kritischem Marxismus und postkolonialer

Kritik. Ihre Forschungsschwerpunkte sind Transformationen der Produktionssphäre und soziale Konflikte, dabei widmet sie den Aspekten von Klasse, »Rasse« und Geschlecht ihre besondere Aufmerksamkeit.

Frank Eckardt ist Professor für Sozialwissenschaftliche Stadtforschung an der Bauhaus-Universität Weimar. Er hat von 1994 bis 2009 für die Zeitschrift »Forum Kommune« Niederlande-Kolumnen geschrieben und mehrere Veröffentlichungen zu den Niederlanden vorgelegt.

Patrick Eser ist wissenschaftlicher Mitarbeiter am Institut für Romanistik der Universität Kassel. Seine Forschungsschwerpunkte sind Nationalismusforschung sowie die Literatur, Kultur und Geschichte Spaniens.

Sebastian Friedrich ist Publizist, Mitarbeiter am Duisburger Institut für Sprach- und Sozialforschung (DISS) und Redakteur bei kritisch-lesen. de. Derzeit promoviert er als Stipendiat der Rosa Luxemburg Stiftung zur medialen Repräsentation von Sozialleistungsabhängigen. Zu seinen Arbeitsschwerpunkten gehören Soziale Ungleichheit, Klassenverhältnisse, Rassismus, Medienkritik und Diskurstheorie.

Bernd Kasparek, Mathematiker und Kulturanthropologe, schreibt derzeit seine Dissertation zum Thema Europäisches Grenzregime. Seine Arbeitsschwerpunkte sind Grenz- und Migrationsregime, Europäisierungsforschung, mittlerweile verstärkt im Zusammenhang mit der Krise der europäischen Staatsfinanzen. Er ist im Vorstand der Forschungsinitiative bordermonitoring.eu und Mitglied des Netzwerks Kritische Migrations- und Grenzregimeforschung.

Anika Kozicki studierte Europäische Ethnologie/Kulturwissenschaften, Politikwissenschaften sowie Friedens- und Konfliktforschung. Derzeit promoviert sie zu den Auswirkungen der aktuellen Wirtschafts- und Finanzkrise auf Europa als kulturelles Identitätskonstrukt. Ihre Arbeitsschwerpunkte sind Nationalismusforschung, die Untersuchung kultureller und kollektiver Identitäten, Europaforschung sowie Diskurstheorie und Diskursanalyse.

Sara Madjlessi-Roudi arbeitet als wissenschaftliche Mitarbeiterin an der Fachhochschule Düsseldorf. Sie ist Redakteurin bei kritisch-lesen.de und Mitglied der Diskurswerkstatt des Duisburger Instituts für Sprach- und

Sozialforschung (DISS). Zu ihren Arbeitsschwerpunkten gehören die Themenfelder Diskurstheorie, Zivilgesellschaft und deutsche Afrikapolitik.

Maria Markantonatou unterrichtet Politische Soziologie an der Fakultät für Soziologie der Aegean Universität (Griechenland). Ihre Forschungsschwerpunkte sind Prozesse der Neoliberalisierung auf nationaler und internationaler Ebene, Theorien der Biopolitik, Staatstheorien und soziologische Analysen der aktuellen Krise.

Sibille Merz promoviert am Goldsmiths College der University of London zu Arbeitsverhältnissen im Post-Fordismus, neomaterialistischer feministischer Theorie und Rassismus. Ihre Interessenschwerpunkte umfassen außerdem postkoloniale Theorie, Neoliberalismus- und Gouvernementalitätsanalysen und Queer theory.

Davide Schmid studiert Internationale Beziehungen an der Universität York (Großbritannien). Seine Forschungsschwerpunkte sind Kritische Theorien der Internationalen Beziehungen und zeitgenössische Politische Philosophie.

Ingo Schmidt hat an der Universität Göttingen zum Thema »Gewerkschaften und Keynesianismus« promoviert und leitet gegenwärtig das Labour Studies Program der Athabasca University (Kanada). Seine Forschungsschwerpunkte sind internationale politische Ökonomie, Geschichte der Arbeit und der Arbeiterbewegung sowie Europäische Integration.

Patrick Schreiner ist Politikwissenschaftler und Publizist, seit Mitte 2009 ist er für die Wirtschafts- und Europapolitik des Deutschen Gewerkschaftsbundes in Niedersachsen zuständig. Zu seinen wissenschaftlichen und publizistischen Arbeitsschwerpunkten gehören Finanz- und Wirtschaftspolitik, Verteilung, Nationalismustheorie und Diskurstheorie.

Mariana Schütt lebt und arbeitet in Berlin. Studiert hat sie am Otto-Suhr-Institut für Politikwissenschaften der Freien Universität Berlin. Zu ihren Schwerpunkten gehören unter anderem Politische Theorie, Geschichte des Realsozialismus und Psychiatriekritik.

Savaş Taş hat im Fach Soziologie an der Freien Universität Berlin studiert und promoviert. Zurzeit lehrt er an der Hochschule Magdeburg-Stendal und ist als freier Journalist tätig. Seine Schwerpunkte sind Rassismus, (Trans-)

Nationalismus, Diskursforschung, Ethnizitäts- und Migrationsforschung.

Vassilis S. Tsianos arbeitet am Institut für Soziologie der Universität Hamburg und habilitiert zu biometrisch-digitalen Grenzen im Schengener Raum. Seine weiteren Arbeitsschwerpunkte sind Migration und Stadt, Rassismustheorie, poststrukturalistische Soziologie und Border Studies.

Torben Villwock ist Politikwissenschaftler. Er promoviert derzeit zu einem gewerkschaftspolitischen Thema an der Leibniz-Universität Hannover. In seiner Freizeit beschäftigt er sich im Rahmen verschiedener ehrenamtlicher Tätigkeiten seit gut 15 Jahren mit der gesellschaftlichen und politischen Entwicklung in Belarus.

Ute Weinmann arbeitet als freie Journalistin und für Nichtregierungsorganisationen in Moskau. Zu ihren Arbeitsschwerpunkten zählen Migration, Nationalismus, extreme Rechte und Protestbewegungen.

Duygu Gürsel, Zülfukar Çetin
& Allmende e.V. (Hg.)

Wer

MACHT

Demo_kratie?

Kritische Beiträge zu Migration
und Machtverhältnissen

Reihe: kritik_praxis, Band 1
260 Seiten, 16,80 Euro
ISBN 978-3-942885-34-8

Wer MACHT Demo_kratie? lautet die zentrale Frage des Sammelbandes.
Die Autor_innen setzen sich in ihren Beiträgen u.a. mit Migrations- und
Flüchtlingspolitiken, Demokratie, Kapitalismus, Rassismus, Homonationa-
lismus, Kolonialismus, Feminismus, sozialen Kämpfen und migrationsbezo-
gener Sozialer Arbeit auseinander.
Sozialwissenschaftler_innen, Aktivist_innen und andere politischen Ak-
teur_innen kommen hier zu Wort und bringen Alternativen für politisch-
wissenschaftliche Auseinandersetzungen zum Ausdruck.
Das Buch ist ein Versuch, kritische Gesellschaftstheorie und Praxis vereinbar
zu machen, und möchte weitere Projekte dieser Art anregen.

Die Herausgeber_innen:
Duygu Gürsel: Doktorandin an der HU-Berlin. Promoviert zum Thema
Prekarisierung, Migration und Affekte und aktiv bei Allmende e.V.
Zülfukar Çetin: Antidiskriminierungsberater bei der Opferperspektive e.V. in
Potsdam, arbeitet zu kritischer Migrations- und Queer Theorie und engagiert
sich bei Allmende e.V. und Türkischem Bund Berlin Brandenburg.
Allmende e.V.: Migrant_innenorganisation.
Haus der alternativen Migrationspolitik.

Bernhard Schmid

DISTANZIEREN, LEUGNEN, DROHEN

Die europäische extreme Rechte nach Oslo

128 Seiten, 12,80 Euro
ISBN 978-3-942885-09-6

Antimuslimischer Rassismus als Obsession – vor und nach dem Massenmord von Oslo. An Beispielen in Frankreich, England, Italien, dem Benelux, Schweiz, Österreich und Deutschland.

Sebastian Friedrich (Hg.)
Rassismus in der Leistungsgesellschaft

Analysen und kritische Perspektiven zu den rassistischen Normalisierungsprozessen der „Sarrazindebatte"

264 Seiten, 19.80 Euro
ISBN 978-3-942885-01-0

Der Band vereint interdisziplinäre Analysen, Kritiken und Handlungsmöglichkeiten.

Moritz Altenried

Aufstände, Rassismus und die Krise des Kapitalismus

England im Ausnahmezustand

Reihe: Systemfehler, Band 2
80 Seiten, 9.80 Euro
ISBN 978-3-942885-10-2

Das Buch interveniert in die Debatte um den Ausnahmezustand in England im Sommer 2011 und arbeitet den politischen Charakter der Geschehnisse heraus.

Wolf Wetzel

Krise des Kapitalismus

und krisenhafte Proteste

Reihe: Systemfehler, Band 1
96 Seiten, 9,80 Euro
ISBN 978-3-942885-15-7

Wolf Wetzel beschäftigt sich mit den Fragen, die in verschiedenen Protestbewegungen aufgeworfen wurden, liegen geblieben sind und beantwortet werden müssen, wenn ein Weg zwischen pragmatischem Abwehrkampf und dem ‚Kampf ums Ganze' gesucht wird.

Petja Dimitrova, Eva Egermann, Tom Holert, Jens Kastner, Johanna Schaffer:

Regime

Wie Dominanz organisiert und Ausdruck formalisiert wird

128 Seiten, 10 Abb., 16,80 Euro
ISBN 978-3-942885-11-9

Das Buch ist aus Diskussionen hervorgegangen, die im Rahmen des Symposiums "Regime. Wie Dominanz organisiert und Ausdruck formalisiert wird" am 28. und 29. Mai 2010 an der Akademie der bildenden Künste Wien stattfanden.

Alle hier vorgestellten Titel der edition assemblage *sind in ihrer Buchhandlung erhältlich oder können direkt beim Verlag bestellt werden.*

edition-assemblage.de
Postfach 27 46, D-48014 Münster